프로이트의

"아이가 매를 맞고 있어요"

현대의
프로이트
전환점과
중대한문제

국제정신분석학회 **에셀. S. 퍼슨** 편집

라깡 분석치료 연구소 **김종주 · 김아영 · 김대연** 옮김

圖書出版 하나醫學社

On Freud's "A Child is Being Beaten"

by Ethel Spector Person

First Published in 1997 by The International Psychoanalytical Association

Published by Karnac Books Ltd, Publishers, represented by Cathy Miller Foreign Rights Agency, London, England

차 례

역/자/서/문

이 책은 국제정신분석협회에서 출간하는 모노그래프 시리즈 가운데 하나입니다. 특히 프로이트의 세 가지 논문들을 출판위원회의 자문위원들한테 제시하여 가장 많은 찬성표를 얻은 프로이트의 1919년 논문 『아이가 매를 맞고 있어요』에 대해서 유명한 정신분석가들에게 우리의 공통된 유산을 구현시켜 주도록 요청했던 글들입니다.

프로이트가 이 논문을 썼던 1919년은 우리한테도 잊을 수 없는 해입니다. 일본의 식민지배에 항거하여 전 민족이 들고일어난 항일독립운동인 3·1운동이 일어난 해이기 때문입니다. 그 당시 프로이트도 마음고생이 엄청나게 심했던 것 같습니다. 보스니아의 사라예보에서 그 비극이 시작된 제1차 세계대전(1914-18) 동안에 프로이트는 가족들에 대한 염려로 걱정이 끊이질 않았습니다. 군에 들어간 아들들에 대한 걱정과 가족들을 먹여 살리지 못할까봐 두려워했다는 것입니다. 그러한 곤경 속에서도 딸한테 분석경험을 마련해주고 또 이 논문을 썼습니다.

그러니까 이 논문에는 유명한 인물이 둘이나 들어 있습니다. 프로이트의 임상사례인 '늑대인간'과 안나입니다. 부녀간의 분석을 들여다볼 수 있는 특별한 사례입니다. 안나의 치료에는 매질환상이 핵심문제가 되고 있습니다. 안나가 분석가 회원 자격을 얻기 위해 1922년 비엔나학회에 제출한 논문이 『매질환상과 백일몽』입니다. 이 논문을 쓰기 전에는 환자를 봤던 경험이 없다고 알려져 있습니다. 이 유명한 부녀간의 분석에서 특별한 전이-역전이의 증거를 볼 수 있어 더욱 흥미로운 것입니다.

프로이트가 이 환자들을 보고 있을 당시에 아이들은 학교에서 흔히 매를 맞곤 했습니다. 요즘엔 종교나 임신, 가족상황, 성적인 지향과 같은 이유로 차별받지 않아야 하고 체벌을 전면 금지하며 물리적 폭력이나 언어폭력으로부터 자유로울 권리, 등등을 규정하는 "학생인권조례"의 시대를 살고 있습니다. 그 대신 바이커들한테서 시작된 문신이나 게이들 사회에서 시작된 피어싱처럼 "신체변형"운동 같은 가학·피학적인 환상들이 더욱 널리 퍼져가고 있습니다. 특히 보디 피어싱은 성적인 노예상태를 상징하고 간혹은 피학적인 쾌락까지 제공해준다고 알려져 있습니다.

이 책의 편집자인 에셀 스펙터 퍼슨은 우리의 쾌락 추구가 자명한 일인데도 "고통에 의한 쾌락 추구는 반직관적"이란 말로 서문을 시작하고 있습니다. 퍼슨이 읽기로는 프로이트가 쾌락과 고통을 연결하는 문제로 『아이가 매를 맞고 있어요』에서 "씨름하고 있다"고 표현합니다. 그런 표현을 사용할 수밖에 없었을 겁니다. 프로이트보다 45년 뒤에 태어난 라깡이 "고통스러운 쾌락"을 '향락'이란 용어로 멋들어지게 표현하고 있습니다. 향락(jouissance)의 어원인 'jouir'에는 물론 '즐긴다'는 뜻도 있지만 오르가슴에 도달하다(to come)는 뜻도 포함되어 있어서 성적인 의미가 고스란히 살아 있습니다. 그래서 단순히 "누려서 갖는다"는 '향유'보다도 향락산업이나 향락재가 연상되는 '향락'이란 단어를 선호하게 됩니다.

라깡은 이 책에서 지오바네티와 비냐르에 의해 인용되고 있는데, 라깡의 네 번째 세미나인 『대상관계』를 인용하고 있습니다. 지오바네티는 브라질의 분석가이고 비냐르는 우루과이의 분석가여서 역시 라깡이 남미에서 강세를 보이고 있다는 말을 실감할 수 있습니다. 상파울로의 지오바네티는 '절반-말하기'라든가 거울상, 구두점 찍기와 같은 라깡의 용어들을 서슴없이 사용하고 라깡한테 분석을 경험한 디디에 앙지외라는 프랑스의 정신분석가를 거론하고 있습니다.

제가 프로이디언들의 논문에 관심을 갖는 이유는 이렇습니다. 라깡의 캐치프레이즈 가운데 하나가 "프로이트로의 회귀"입니다. 더구나 요즘 학교폭력과 성폭력 문제를 해결해보려고 안간힘들 쓰는데 정신분석학자로서 거들 수 있는 일을 찾게 되었습니다. 마침 라깡독회에서 읽고 있던 책 속에서 귀중한 논문을 만나게 되었습니다. 듀크대학에서 SIC 시리즈로 나온 세 번째 책인데 Sexuation 이란 제목이 붙어 있습니다. 이 단어는 라깡이 만든 신조어입니다. "성적인 것으로 만드는 것"이라는 뜻으로 해석해서 그냥 간단히 '성화'라 부르고 있습니다. 이 『성화』의 제5장이 대리언 리더가 쓴 「매질환상과 섹슈얼리티」입니다. 리더는 케임브리지대학 컨퍼런스에서 만난 라깡 분석가입니다. 참으로 소박하고 친절한 사람입니다.

어떤 분석학자들은 프로이트의 『아이가 매를 맞고 있어요』

라는 논문으로 현대의 문화적 경향을 설명하려고 합니다. 우리는 지금 가학·피학적인 환상들이 점점 더 큰 주류를 이루는 시대에 살고 있습니다. 루이스 브뉴엘 감독의 《세브린느》의 주인공도 어린 시절에 당한 성폭행의 정신적 후유증 때문에 강렬한 섹스를 강박적으로 추구하고 있습니다. 몇년 전에 나온 하루키의 『1Q84』에도 성폭력의 희생자들이 등장하고 있습니다. 이런 문화적 경향은 이성애자뿐만 아니라 게이와 레즈비언한테서도 찾아볼 수 있습니다. 샌프란시스코에 퍼져 있는 1970년대 게이의 가죽점퍼들, 가학증과 피학증을 의미하는 S&M 클럽, 오토바이 폭주족들의 엠블럼, 현재 우리나라에도 유행하고 있는 문신과 피어싱, 이런 것들은 가학·피학적인 혈통의 현대적 후손들입니다. 이런 문화적 흐름을 라깡식으로 이해해볼 수 있습니다. 그런 시도의 하나로 대리언 리더의 논문을 몇 군데 소개해 보려고 합니다.

먼저 매질환상에 대해 간략히 소개해 보렵니다. 매질환상은 여성판과 남성판이 조금 다릅니다. 여성판의 첫째 단계에서는 주체가 아닌 어떤 아이가 아버지한테 매를 맞고 있습니다. 프로이트의 논문에는 "나의 아버지가 그 아이를 매질하고 있어요"라고 표현되어 있습니다. 그 아이가 형제자매 가운데 하나일 가능성이 크기 때문에 "내가 미워하는 아이"가 되고 아버지는 "나만을 사랑한다"는 뜻을 은근히 드러낸 셈입니다. 그와 대조적으로 둘째 단계는 분명히 하나의 환상입니다. 매를 맞고 있는 사람은 다름 아닌 그 주체로서 "나는 나의 아버지한테 매를 맞고 있어요"가 되어 가학증이 피학증으로 바뀝니다. 이런 환상에는 고도의 쾌락이 만들어지고 재구성되기 마련입니다. 따라서 이 둘째 단계가 세 단계들 가운데 가장 중요한 부분입니다. 그런데 이 부분은 전혀 기억되지 못합니다. 또한 "결코 의식으로 불러낸 적이 없었다"(it has never been brought to consciousness)고 하는데 이 평범한 문장을 스트레이치는 "의식화되는 데에 결코 성공한 일이 없었다"(it has never succeeded in becoming conscious)로 번역해서 '의식화'를 강조한 셈입니다.

많은 아이들이 아버지의 대리인한테 매를 맞고 있다는 셋째 단계는 주체를 복수로 만들고 그들의 성을 바꾸고 또 '대리인'의 모티프를 소개해서 첫 장면을 아주 복잡하게 만들어 버립니다. 아이들은 소년들이기 쉽습니다. 프로이트는 이 단계에서 원래 단순하고 단조로웠던 매 맞는 상황이 가장 복잡한 변화와 정교화를 거치는 방법에 주목하고 있습니다. 이 소년들은 단지 소녀 자신의 대체일 뿐입니다. 여기서 프로이트의 강세는 시나리오에 관련된 '향락'에 놓여 있습니다. 자위행위의 큼직한 쾌락이 셋째 단계에 연결되어 있다고 보는 것입니다. 그 소녀는 오직 구경꾼의 자리를 차지하고 있습니다. 어떤 분석가들은 프로이트의 환자가 보여준 피학적 환상들이 그 당시 흔했던 학교에서의 매질을 증언해준다고 주장합니다.

여성판의 첫째 단계는 아버지한테 독점적인 사랑을 요구하는 것처럼 보이지만 근친상간적인 유대는 아직 생식기에 연결되어 있지 않습니다. 근친상간적인 경향 때문에 생긴 억압 작용과 죄책감은 둘째 단계를 만들어내는데, 이 단계에서의 전반적인 태도는 스스로 벌을 받고 있어서 피학적인 것처럼 보입니다. 이렇게 해서 성적인 사랑과 죄책감은 한데 모아집니다. 그녀는 아버지와의 근친상간적인 연결고리로부터 방향을 돌려 소년이 되어 버립니다. 셋째 단계에서 소녀는 다른 아이들로 치환되어 매를 맞는 피학적인 상태로 되어갑니다. 소녀는 여성적인 역할을 그만두고 근친상간으로부터 멀어짐으로써 자신의 성을 포기하게 됩니다.

매질환상의 남성판에 대한 프로이트의 관심은 눈에 띄게 줄어듭니다. 남성판의 첫 단계는 여성판의 둘째 단계와 동일합니다. “나는 아버지한테 매를 맞고 있어요”로 시작되다가 “나는 어머니한테 매를 맞고 있어요”로 변형됩니다. 그다음에는 “나는 어머니의 치환인한테 매를 맞고 있어요”로 번역될 수 있습니다. 프로이트는 이것을 ‘개조’라고 부릅니다. 소년은 무의식적인 첫째 단계에서 “나는 아버지한테 사랑을 받고 있어요”라는 생각을 내보여 억압에 굴복하는 여성적인 태도를 보여줍니다. 퇴행과 억압의 관계는 1920년대에 프로이트의 핵심적 관심사항이었습니다. 매질하는 사람이 어머니로 변할 때 소년은 여성적인 위치를 유지해서 동성애적인 경향과 거리를 유지할 수 있게 됩니다. 소년과 소녀 둘 모두에게서 환상의 순서에 대한 열쇠가 아버지와의 근친상간적인 연결이라고 프로이트는 주장했습니다.

여기서 몇 가지 의문점들이 떠오르게 되는데, 그중에서도 소녀가 아버지의 대리인(representative)에 관련되고 소년이 어머니의 치환인(substitute)에 관련된다면 대리인과 치환인 사이에 어떤 차이가 있을 것 같다는 생각이 듭니다. 우리는 이런 의문을 통해 소년과 소녀의 ‘성화’에 대해 더 많은 것을 이해할 수 있습니다. 매질환상의 핵심적인 모티프가 사랑받는 일에 관련되는 것처럼 보인다면 우리는 더욱 숨김없는 사랑의 시나리오를 찾아낼 수 있을 것입니다. 또 한 가지 흥미로운 것은 이런 환상이 항상 아버지의 주위를 맴돌고 있다는 것입니다. 다시 말해 환상의 순서에 관련된 논리적인 변형이 부성 기능에 의하더라는 것입니다.

라깡의 시각은 환상의 순서를 논리적으로 밝히는 일에 도움이 됩니다. 특히 상상계와 상징계라는 개념은 여기서 매우 유용합니다. 경쟁자들 간의 상상적 세계는 경쟁자인 오빠나 남동생이 매를 맞게 되는 환상의 첫째 단계에서 재현됩니다. 그러면서 상징적 영역인 법의 세계로 들어가게 되고 아버지라는 인물이 구체화되어 나타납니다. 아이는 첫째 단계에서 둘째 단계로 옮겨가고 남자형제로부터 주체로 변하여 상상계로부터 상징계 쪽으로 옮겨가게 됩니다. 상상계가 그렇게 쓰임으로 해서 거울단계의 이미지가 상징적 이동에 의해 재구성됩니다.

따라서 매질환상의 시퀀스는 상상계에서 상징계로 가는 통과를 서술해주고 주체에 끼치는 언어 효과에 대해서도 말해줍니다. 주체는 둘째 단계에서 매를 맞을 수도 있지만 분명히 사랑도 받고 있습니다. 이러한 재해석은 우리가 일찍이 어머니의 자리에 대해 제기했던 문제에 대한 답이 되는데, 그 어머니는 소녀의 시퀀스에 결석 되어 있습니다. 프로이트 이후의 논평자들은 흔히 매질환상의 시퀀스에서 오이디푸스 단계 이전의 뿌리를 강조하고 라깡도 어머니의 구조적인 역할을 무시하지 않습니다. 라깡은 어머니의 존재와 욕망을 가정하고 남근적 대상에 대한 아이의 개념을 가정해야 첫째 단계의 의미를 제대로 알아볼 수 있다고 주장합니다. 남근과 아이가 하나로 수렴되는데, 그 덕분에 우리는 1925년 프로이트의 『두 성 간의 해부학적 구별의 어떤 정신적 영향들』이란 논문에서 매질환상의 이론에 덧붙인 말을 이해할 수 있게 됩니다. 그때 프로이트는 음경-소유의 문제가 형제간의 경쟁보다 앞서기 때문에 매질환상의 공식은 "음핵이 매를 맞고 있다"에 맞춰져야 한다고 주장했던 것입니다.

프로이트의 사례인 늑대인간의 분석에 연결시켜보면 더욱 흥미로워집니다. 늑대인간의 피학증적 환상은 "음경이 매를 맞고 있다"는 공식을 따르기 때문입니다. 누나의 유혹을 받은 뒤에 그는 "음경을 접촉시키는" 관계에 사로잡혀 있다가 난야한테 거세 위협을 받고부터 항문-가학증적 형태로 되돌아가게 됩니다. 그는 처음엔 그녀와의 접촉을 시도해보지만 그녀의 거절과 위협으로 매질환상 쪽으로 되돌아간 것입니다. 이제부터는 아버지가 그의 대상이 되는데, 가학증에서 피학증의 방향으로 전환되면서 "음경에 매를 맞는" 새로운 관계를 만들어내게 됩니다. 늑대인간 사례와 1919년 논문과의 사이에서 볼 수 있는 흥미로운 차이점은 행위자의 정체성입니다. 프로이트에 의해 재구성된 늑대인간의 최초 이미지는 여성에 관련되지만 매질환상에서는 아버지가 됩니다. 여기서 아버지는 환상 속에서 상징계를 부여하는 지표로 존재하게 됩니다.

아버지의 기능은 어머니와 아이에게 어머니의 욕망의 대상을 금지시켜서 상징계로 옮겨가도록 개입하는 일입니다. 어떤 의미에서 이것은 매질 시퀀스를 상상계에 대한 상징계 효과로 해석하는 것입니다. 매질환상이 상상계에 대한 상징계의 효과라고 본다면 치환 모티프에 대한 실마리를 찾아볼 수 있습니다. 소녀한테서 환상의 셋째 단계는 아버지로부터 아버지의 대리인으로 옮겨가는 변화를 보입니다. 다시 말해 그녀는 아버지한테 더 이상 매를 맞지 않지만, 그녀의 '치환인들'인 다른 아이들이 아버지의 '대리인'한테 매를 맞고 있습니다. 상징적 세계의 원칙들 가운데 하나가 치환입니다. 매질환상의 시퀀스가 보여주는 것은 아버지 기능의 상징적 존재인 '아버지의 이름'이 치환될 수 있다는 가능성입니다.

대리언 리더는 안나의 논문들을 참조해가면서 오이디푸스 콤플렉스의 규범적 성질이 보이는 임상적인 예증과 백일몽에 대해 설명하고 있습니다. 안나가 1922년 비엔나 정신분석학회에 분석가 자격 획득을 위해 제출했던 논문이 『매질환상과 백일몽』입니다. 그 사례는 분명히 그녀 자신으로서 프로이트가 1919년의 논문에서 보여준 여섯 사례들 가운데 하나입니다. 이 논문에서 안나는 '예술적 상부구조'를 만들어냅니다. 그녀가 초창기 논문에서 논리 문제에 관심을 보인 것은 놀라운 일입니다. 그것은 수음에 연결된 환상이 수음 없는 백일몽으로 변화되는 논리를 말하는 것입니다.

안나는 시설과 학교와 소년원에서 매질 장면이 벌어질 것으로 상상했습니다. 그녀는 매질환상을 수음의 절정으로부터 분리시키려는 시도를 체계적으로 시행하고 있습니다. 그녀의 경력이 8년 내지 10년쯤 되었을 때 매질환상은 '멋진 이야기들'로 변형되는데, 그 이야기에는 어릴 때 환상 속의 불확실한 이름들과 얼굴들로 꽉 채워져 있습니다. 수음이 그치고 "죄책감 없이" 이런 새로운 형태의 백일몽에 빠져들어 최초의 시퀀스의 파생물에서 분석을 시작했던 '예술적인 상부구조'입니다. 이런 연결은 온전히 분석치료의 결과로 이뤄진 것입니다.

안나의 구성이 갖는 핵심 모티프는 기사와 청년 사이의 관계로 볼 수 있습니다. 기사는 거칠고 잔인하며 젊은이는 고상하고 호감이 가서 그 둘 사이에는 대립관계와 적개심이 존재하게 됩니다.

환상의 첫 번째 시나리오가 매질로 끝나는 반면에 두 번째 시나리오는 화해로 끝난다는 점에서 서로 달라져 보이지만, 안나가 지적하듯이 그 두 시나리오에는 강한 인물과 약한 인물이 있고 막연한 악행도 있으며 공포와 불안의 시기도 있습니다. 그녀는 처벌의 위협이 어린 시절에 겪은 매질 장면의 메아리가 된다고 생각합니다. 그러나 본질적인 차이는 멋진 이야기들 속의 다정한 대우가 매질환상 속의 응징을 대신한다는 사실입니다. 매질 시나리오에서 소녀는 항상 소년으로 분장되어 나오기 때문에 안나는 이것에서 저것으로의 변천을 소중히 여깁니다. 멋진 이야기의 시나리오는 사랑의 유대라는 잠재적 모티프를 드러내는데, 그러한 유대는 프로이트가 매질 시퀀스에 대한 논의에서 특권을 부여했던 것입니다. 매질환상이 억압된 근친상간 소망의 회귀를 보여준다면 멋진 이야기들은 승화를 형성하면서 부드러운 감정적 매듭을 만들어내는데, 그것은 효율적인 억압의 결과입니다.

멋진 이야기가 처음 나타나고서 몇년 후에 안나는 단편소설의 또 다른 버전을 썼습니다. 그 이야기는 젊은이가 겪었던 고문이야기로 시작되다가 성에서 도망가길 거부하는 것으로 끝맺고 있습니다. 그 이야기는 "어떤 이야기의 이야기"가 되는데, 그것은 최초의 환상 시나리오의 2차 버전입니다. 또한 어떤 이야기가 다른 이야기의 대상이 되는 것은 젊은이의 아버지라는 존재 때문입니다. 젊은이가 감금된 성을 '부르크'라 부르는데, 그 명칭은 '베르크가세'라는 주소를 연상시켜 안나의 아버지를 떠올리게 해줍니다. 다시 말해 새로운 버전에서 '부르크'라는 시니피앙은 '베르크가세'라는 주소를 연상시켜 아버지에 연결되는 네트워크를 만들어냅니다.

이렇게 젊은이는 아버지와 기사 사이의 대화에서 교환의 대상이 되어갑니다. 안나는 최초의 시퀀스의 구조 밖으로 나가버린 것처럼 되지만 낯선 사람에 의해 만들어진 이야기를 참조해서 반영된 출구가 생겨난 것입니다.

그러나 안나는 매질환상을 철저히 검토하지 못한 결과로 약 2년 후에 아버지와의 분석으로 다시 돌아오게 됩니다. 멋진 이야기는 안나를 계속해서 괴롭히게 됩니다. 안나는 안드레아스-살로메한테 다음과 같은 편지를 씁니다. "계속하는 이유는 저의 훌륭한 내면생활에서 완전히 예의 바르지 못한 그런 태도 때문이었어요. 흔히 정신적으로나 육체적으로 점차 참을 수 없는 매질환상과 그 영향으로 생긴 백일몽들이 간혹 부적당하게 끼어드는데, 또 그것들 없이는 잘 지낼 수도 없었어요." 안나는 백일몽을 꾸는 사람 대신 젊은이로의 치환을 단순한 오이디푸스적인 방어로 해석했습니다. 다시 말해 매질 시나리오의 성적인 사랑 장면은 성 차이가 포기되는 조건으로 멋진 이야기가 될 수 있다는 것입니다.

매질환상의 핵심적 원리들 가운데 하나는 주체의 다양한 입장변화입니다. 주체는 때리는 사람이거나 맞는 사람의 입장 혹은 그 둘 모두에 위치할 수 있습니다. 안나가 매질환상에 관한 논문을 발표한 직후에 그 유명한 '공격자와의 동일시'란 이론을 다듬어 낸 것도 아마 우연은 아닐 것입니다. 소녀가 사건 전체에서 관찰자의 입장에 서 있다는 프로이트의 말은 제3의 장소를 가리키는 것입니다. 분석과정의 일부로서 주체는 그러한 동일시를 하게 되고 동시에 하나 이상의 위치에 서 있게 됩니다.

소녀가 한 소년이나 여러 소년들의 위치를 차지하게 되는 것은 매질환상의 셋째 단계에 암시되어 있습니다. 여기서 우리는 라깡에 의해 흔히 논의된 삼각관계를 생각해볼 수 있습니다. 소녀는 "그녀 자신으로서" 어떤 대상과 관계를 맺지 않고 있는데, 정확히 그 이유는 그녀가 치환인의 위치에 서 있기 때문입니다. 남성 시나리오에서 그 대상이 치환인일지라도 소년은 한 소년으로서 어떤 대상과 관계를 맺지만, 소녀는 "다른 어떤 사람"으로서 대상과 관계를 맺게 됩니다. 그녀의 자리는 관찰자의 시선에 국한될 수 있고 어떤 의미로는 성적인 장면에서 부재하거나 분리를 만들어내는데, 이것은 히스테리의 구조 이해에 아주 중요합니다. 프로이트는 1919년의 논문에서 치환인과 대리인을 암암리에 분리시키고 있습니다. 이런 용어들은 억압의 수준 차이를 가리키는데, 거기서 치환은 억압이 작동되었음을 가정하게 되고 대리와 위임은 억압이 부분적임을 가정하게 됩니다. 여성 섹슈얼리티의 핵심 개념은 다름 아닌 치환입니다.

이 책에 글을 쓴 11명의 분석가들 가운데 특히 우리의 눈길을 끄는 한 분이 있습니다. 항문성애와 영혼살해에 관한 이론으로 유명한 레오나드 셍골드는 분석가이면서 뉴욕대학 정신과의 임상교수입니다. 그는 프로이트의 논문에서 가학·피학증의 이해에는 공격성의 역할이 중요하다고 주장합니다. 인간의 공격적인 현상들은 자기-파괴적인 성향을 보이고 있어서 자기보존 본능에 반대되고 쾌락원칙을 넘어서는 비논리적인 신비감을 느끼게 해줍니다. 특히 셍골드는 흥미롭게도 스윈번이란 시인의 삶과 작품 속에서 매질환상의 발작이 근친상간적인 갈망에 대한 퇴행적 치환물이라는 프로이트 부녀의 통찰을 확인해주고 있습니다. 스윈번은 채찍질을 전문으로 하는 매춘굴에 자주 갔었다고 합니다. 또한 그는 거대하고 냉혹하면서도 감미로운 어머니한테 사정없이 두들겨 맞고 뺨 맞길 좋아했다고 하는데, 이런 일은 피학적인 남성들이 여성한테 매 맞는 환상을 갖는다는 프로이트의 관찰을 확인해주는 것입니다.

어떤 분석가는 구타당하는 아이의 문제를 성적인 학대의 문제까지로 확대시키고 있습니다. 또 어떤 분석가는 『아이가 매를 맞고 있어요』라는 프로이트의 논문을 현대 문화의 경향에 대한 설명에 적용해 보려고 합니다. 우리가 지금 가학·피학적인 환상들이 점점 더 큰 주류를 이루는 시대에 살고 있다는 말도 실감이 갑니다. 그러나 정신분석은 기본적으로 이런 폭력적인 문제들을 개인적인 수준에서 생각하고 그 해결책을 강구해 보려는 경향까지 보입니다. 다만 이런 정신분석적인 지식이 인문사회학자들처럼 더 넓은 맥락에서 이해되고 적용되는 데에 유용해지길 바랍니다. 그런 분석학자들이 눈에 띄고 있습니다. 그들한테 희망을 걸면서 이 번역본을 내봅니다.

제 아들과 딸이 모두 정신의학을 전공하고 있습니다. 학교폭력과 성폭력 문제는 역시 젊은 정신건강의학과 의사들이 맡아줘야 할 것 같아서 아들딸과 함께 셋이서 이 책을 번역하고 싶었습니다. 하지만 전공의인 아들은 정신분석 개념에 대한 이해가 아직 부족하여 많은 개입을 하게 되었습니다. 제 사위의 도움이 컸습니다. 국회 입법조사관인 조형근은 스페인어권 분석가들의 글을 번역하는 데에 큰 도움을 주었습니다. 이 자리를 빌려 고맙단 말을 전해야겠습니다.

머/리/말

국제정신분석협회(IPA)의 모노그래프 시리즈인 "현대의 프로이트 : 전환점과 중대한 문제"는 정신분석학계의 몇 가지 영역들 가운데 정신분석적인 사유들의 교환을 촉진시키기 위해 꾸며졌다. 강조하는 관점이 여러 영역들 내에서 또한 한 가지 영역 내에서도 다소 달라짐으로써 어떤 사유는 그 영역들의 독특한 시각—또한 그 영역들의 일치점과 상이점들—을 유포하게 되는데, 다수의 유명한 정신분석가들을 한 자리에 모아서 우리의 공통된 유산을 구현하는 프로이트의 여러 논문들 가운데 하나를 선정해 그에 대해 논의하게 하는 것이다.

모든 책들은 각각 프로이트의 고전적인 논문들 가운데 하나로 시작해서 지도적인 분석가들과 정신분석학의 선생님들 그리고 이론가들의 패널에 의한 기여가 뒤따르고 있다. 우리의 기고가들 각자한테는 현재의 흥미와 관심 사항들을 논평에 연결하기 위해 프로이트의 관찰과 이론들을 이용하도록 요청해두고 있다. 이 책에서 (앞서 출간된 책들도 마찬가지) 주목할 만한 점은 프로이트의 독창적인 작품에 따라 연주되는 광범위한 변주곡들이고 풍부하고 새로운 어떤 멜로디의 첨가이다.

논의를 위한 도약판으로 작용하게 될 프로이트의 논문을 선정하는 과정이 이 책에서는 수정되었다. 과거 몇년 동안 세계 여러 곳에서 찾아온 다수의 사람들로 구성된 IPA 출판위원회의 자문위원들한테 모노그래프의 주제를 제안하도록 요청하였다. 그러나 이 모노그래프에 대해서는 시간제약 때문에 우리는 자문위원들에게 제안하길 요청하기보다는 IPA의 실행위원회가 제안하도록 요구했다. 세 가지 논문들의 목록을 자문위원들에게 보내서 선호하는 순서를 매겨달라고 요구했다. 『아이가 매를 맞고 있어요』가 가장 많은 표를 받은 논문이었다. 이 논문이 특히 금년에 적절해 보이는 까닭은 이 논문이 1997년 여름 바르셀로나에서 열릴 IPA 컨퍼런스의 주요한 주제인 섹슈얼리티라는 토픽에 꼭 들어맞기 때문이다.

자문위원회의 제안에 거듭 감사드리는 이유는 프로이트의 논문을 최종적으로 선발해준 일에 덧붙여서 『아이가 매를 맞고 있어요』에 대해 가장 잘 논의해주고 현대 정신분석학에의 적절성을 언급해줄 수 있다고 생각되었던 정신분석가들을 세계 도처에서 추천해주었기 때문이다. 위원회의 선택이 현명했다는 것은 이 책의 글들에서 자명해질 것으로 생각된다.

모노그래프 시리즈의 모든 책들은 처음엔 영국에서 출판되지만 IPA의 세 가지 다른 언어인 불어와 독일어와 스페인어로 번역되었거나 번역될 예정이다. 여기에 덧붙여 이 시리즈는 이태리에서도 출간된다.

나는 여러 해 동안 IPA의 운영위원장인 발레리 터프넬과 IPA의 간행위원장인 재니스 아메드와 함께 일했던 행운을 갖고 있다. 오로지 그들의 협력과 헌신과 인내 덕분에 이와 같은 국제적인 출판 사업이 가능해졌을 것이다. 이 책뿐만 아니라 이전의 책들에서도 나의 행정보좌역인 린다 대그넬이 원고를 옮겨 써주고 새롭게 교정해주며 참고문헌을 검토해주고 마감시간을 놓치지 않도록 해주었다. 우리 프로젝트의 개시부터 관련되었던 예일대학 출판부의 편집장인 글래디스 탑키스의 지칠 줄 모르는 참여와 헌신이 없었다면 이 시리즈는 결코 성공하지 못했을 것이다. 그녀는 정신분석에 대해 굉장히 열광하고 지지하는 친구이며, 내 의견으로는 90년대 정신분석학계의 위대한 편집자들 가운데 한 분이다. 그녀는 우리의 영역에서 최선이 되는 것을 탐지해 낸다(또한 흔히 더욱 읽기 쉽게 만든다). 또한 글래디스의 행정비서인 재니스 벡한테도 감사의 말을 전하는데, 그녀는 우리에게 편집용 데이터를 입력하고 이 책이 이런 결과물로 나오도록 배려해주고 기술도 제공해주었다. 또한 제인 재닉코우스키의 철저하고 세련된 원고정리에도 감사의 말을 전한다.

에셀. S. 퍼슨

서/론

에셀. S. 퍼슨

우리의 쾌락추구가 자명한 것일지라도 고통에 의한 쾌락 탐구는 반직관적이다. 쾌락과 고통이 어떻게 연결되는지 그 이론적인 문제는 프로이트가 『아이가 매를 맞고 있어요』에서 씨름하고 있는 문제이다. 잭 노빅과 케리 켈리 노빅은 가학·피학증을 개념화하려는 프로이트의 노력이 그의 주요한 이론적인 변천들을 하나하나 유발시켰음을 관찰하고 있는데, 그런 변천에 의해 가학피학적인 현상들이 정신분석적인 추론에 얼마나 중요한지 암시될 뿐이다. 프로이트는 『아이가 매를 맞고 있어요』에서 어린 시절 매 맞는 환상과 그 변천단계, 주인공들의 변화된 배역 및 그 환상의 순서와 의미에서 소녀와 소년 간의 차이점들을 탐구하고 있다.

프로이트한테 "아이가–매를–맞고–있는" 환상은 소녀에게서 세 단계의 시퀀스로 나타난다. (1) 환상인은 자신의 라이벌인 다른 아이를 때리는 아버지를 보고 있다. (2) 그녀는 아버지한테 매를 맞고 있다. (3) 선생님과 같은 아버지의 치환인은 대개 소년들인 아이들을 때리고 있고, 환상인은 첫째 단계에서 참여자라기보다는 구경꾼의 역할로 존재한다. 환상의 첫째와 셋째 단계는 의식에서 기억될지라도 둘째 단계는 기억되지 못한다. 일반적으로 성적인 각성이 동반되는 것은 셋째 단계이다. 마침내 프로이트는 매질환상이 소녀의 아버지에 대해 저하된 성기적인 사랑을 근친상간적인 소망에 대한 처벌로 요약한다고 암시해준다. 그와 대조적으로 소년에게 있어서 프로이트는 오직 두 단계만을 가정한다. 비록 의식적인 환상은 어머니(혹은 다른 여자들)한테 매를 맞는 것이지만 무의식적인 환상은 소녀들의 환상처럼 "나는 아버지한테 매를 맞고 있어요"가 된다. 따라서 프로이트는 소녀의 매질환상처럼 소년의 환상이 아버지에 대한 성적인 사랑으로 더욱 부추기게 된다고 믿었다. 소년한테서는 소녀의 첫 단계와 닮은 그런 단계는 묘사되지 않았다.

프로이트는 "아이가–매를–맞고–있는" 환상이란 더욱 일반적인 용어를 사용해서 환상의 생성과 구조, 그 발달 순서, 그리고 무의식적인 환상과 의식적인 환상 간의 상호작용을 탐구하고 자신의 논의를 확장해서 피학증과 도착증을 포함시킨다.

이 책의 필자들은 피학증과 가학피학증이 치료적인 시각과 이론적인 시각에서 매우 중요한 관심사로 남아있다는 것을 충분히 보여주고 있다. 그러나 필자들은 매질환상 그 자체가 오늘날에도 프로이트의 시대만큼 널리 퍼져 있는지 그 여부에 대해서는 서로 의견이 다르다. 어떤 저자들은 자신의 환자들에게서 얼마큼은 규칙적으로 그런 환상을 관찰하게 된다. 오직 몇몇 환자들에게서만 보게 되는 다른 필자들은 프로이트의 환자들에게서 근원적인 피학적 환상이 그 당시에 흔했던 아이들의 학교 매질을 증언해준 결과로서 "아이가 매를 맞고 있는" 의식적인 형태를 취하게 되었다고 이론화한다. 그러나 우리의 필자들 가운데 몇 사람도 피학적 환상과 성적인 환상 및 다른 환상들이 다양한 형태로 지속적인 유행을 보이는 문제에 대해 의문을 갖고 있다. 피학적 환상의 이환율은 『정신질환진단통계편람』(DSM-III)을 흘긋 들여다보면 찾아볼 수도 있는데, 그 편람에는 "성적인 피학증의 진단은 그 사람이 오직 피학적인 성행위에 관련될 때에만 붙일 수 있지 단순히 환상으로는 진단할 수 없다"(p. 273-4)는 것을 알려주고 있다. 그런데도 이것은 가학증을 포함한 다른 성도착증에 적용할 수 있는 필요조건이 아니다. (그러나 이런 선행조건은 DSM-IV에서는 주장되지 않는다.) 피학적 환상은 매우 널리 퍼져 있어서 어떤 환자를 환상 한 가지에 근거해서 도착증으로 진단하는 일은 우리들 가운데 너무 많은 사람들한테 라벨을 붙여주는 것이 될 것이다. 이 점으로 미뤄보면 아마도 피학적 환상들은 (피학적 도착증과는 대조적으로) 반드시 어린 시절 우발적 사건들의 결과가 되는 것은 아니고 인간의 조건에 깊이 새겨진 것일 수도 있다.

프로이트의 논문은 유별나게도 최근에 벌어진 격렬한 논쟁의 주제에 관련되어 있음을 증명해주고 있다. 다시 말해 피학적 도착증과 피학적 성격병리에서 실제적인 매질이나 다른 형태의 학대가 지닌 병인학적 중요성을 검증하고 있다. 소아의 신체적인 학대와 성적인 학대가 오늘날 널리 퍼져 있는 이환율의 인정이라든가 정서발달에 대한 유아의 경험과 내면화된 대상관계의 영향에 대하여 더욱 커져가는 우리의 지식이 병인론에 관한 이론적인 관점에서 의견

차이를 가져왔다. 어떤 분석가들은 피학증의 주요한 원인 인자로서 급성의 외상이나 축적된 외상에 대한 새로운 믿음을 선호하여 피학증의 주요 병인학적 인자로서 무의식적 갈등이나 생물학적 소인에 대한 믿음을 포기해 버렸다. 그 결과로 프로이트가 암시했던 것처럼 피학적 환상이 주로 자율적으로 생성되는 환상의 산물(혹은 갈등적인 소망)인지 혹은 주로 빈번히 망각된 현실적인 사건의 파생물인지 그 여부에 대한 병인학적 질문, 그리고 이런 가능성들을 어떻게 구별하는지 그 방법에 대한 기술적인 질문, 그 두 가지 질문은 치료자와 이론가한테 최근의 관심사가 된다. 그와 비슷하게 치료자들은 이제 학대의 분명한 기억이 실재적인 사건의 기억이거나 환상의 파생물 혹은 이식된 기억인지 평가해봐야 한다. 프로이트는 1919년에 이미 놀랍게도 기억에 대한 환상의 관계에 대해 또한 외적인 유인이 환상의 의식적인 형태를 결정할 수 있는 방법에 대해 복잡한 생각을 품기 시작하였다.

『아이가 매를 맞고 있어요』는 최근의 이론적인 문제와 기술적인 문제에 관련될 뿐만 아니라 나는 그것이 어떤 체계를 제공해서 그 체계 내에서 현대의 어떤 문화적인 경향(이 책에서는 그저 가볍게 다룰 수 있을 뿐인 토픽)을 개념화하려고 시도하는 것으로 믿고 있다. 우리는 가학피학적인 환상들이(또한 아마 그 실행들도) 점점 더 주류가 되어가는 시대에 살고 있다. 비록 가학피학적인 환상들과 그 실행들이 오늘날에 더욱 일반적인 것은 아닐지라도 확실히 더욱 자주 논의되고 공유되거나 혹은 공개적으로 일어나고 있다.

이런 문화적인 경향은 이성애자들과 게이들 및 레즈비언들한테서 증명되어 왔지만, 처음엔 1970년대 게이의 가죽점퍼와 에스앤엠(S&M) 바의 공개적인 설치로 유명해졌다. 프랭크 브라우닝에 따르면, 1970년대까지 샌프란시스코의 남부시장 구역은 "세계에서 가장 많은 가죽점퍼 바와 에스앤엠 클럽들의 장소를 수용하고 있었다"(1994, p. 82). 에이즈(AIDS) 연구자들이 동성애적 욕망의 다양한 표현들을 연구하기 시작하면서, "그들은 남자들에 대한 사실적인 설명을 듣고서 아찔해졌는데, 그 사람들의 젖꼭지들이 사슬에 부착되어 잡아당겨지고, 고환은 가죽 끈으로 비틀려 있으며, 입속에는 모르는 남자의 성기가 틀어박혀 있는데, 그동안에 다른 사람은 주먹과 팔뚝을 그들의 창자 속에 아주 깊숙이 쑤셔 넣어서 심장의 수축을 손가락으로 느낄 수 있게 되었다"(p. 84). 본질적으로 에이즈라는 유행병은 게이의 세계에서 공개적으로 수행되고 단계적으로 증가하는 가학피학적인 실행들에 대해 수많은 이성애자들의 눈을 뜨게 해주었다.

그러나 가학피학증은 오직 게이의 분야만은 아니다. 브라우닝은 게이의 가학피학증에 대하여 밝혀내기 위해 에스앤엠 숍의 주인과 인터뷰했던 씨비에스(CBS) 리포터가 그 가게 단골손님들의 90퍼센트는 동성애라는 것을 어떻게 발견했는지 말하고 있다. 이성애자와 게이 사이의 차이점은 그 실행이 얼마나 우세한가보다는 그 실행이 얼마나 공개적인가에 더욱 관련될 수 있다. 헤테로와 레즈비언 각각의 조직화된 에스앤엠 그룹들은 지난 20여 년에 걸쳐 표면화되기 시작했다. 1980년대에는 에스앤엠 레즈비언 그룹들의 출현이 페미니즘 내에서 기묘한 대면을 하게 되었다. 에스앤엠 섹스가 자유롭게 한다고 주장하는 에스앤엠 레즈비언 그룹은 에스앤엠 포르노가 반여성적이라는 조직화된 여성주의 위치와는 공공연한 정치적 충돌을 가져오게 되었다(페이더맨, 1991 참조).

성적인 행위가 억제되거나 혹은 그 표현이 허용될 정도로 문화적인 변동 폭이 존재한다고 잘 알려졌을지라도 공적인 영역에서 가학피학적인 행위들이 단계적으로 확대될 문화적 배경은 문화비평에 의해 광범위한 방식으로 탐구되어야 한다. 그러나 우리는 관련된 도상(圖像)과 그 전염성에 대해 뭔가를 알고 있다. 수잔 손탁은 1974년의 논문인 『매혹적인 파시즘』에서, "이전에는 주인과 노예의 관계가 결코 그처럼 의식적으로 심미화되지 않았다. 사드는 처벌의 연극을 만들어내고 할퀸 상처에서 기쁨을 만들어내야 했는데, 무대장치와 의상과 불경스런 예식들을 즉흥적으로 해냈다. 이제는 누구나 이용할 수 있는 마스터 시나리오가 있다. 색깔은 검정이고 재료는 가죽이며 유혹은 아름다움이고 정의는 정직이며 목표는 무아경이고 환상은 죽음이다"(1980[1974], p. 105)라고 쓰고 있다. 손탁(1980)은 파시즘의 표지—가죽, 나치 헬멧, 스틸 스파이크 칼라, 모자, 사슬—가 특히 게이들 사이에서 가학피학적인 섹슈얼리티를 보충해주는 방식에 주의를 환기시킨다. 그러나 이런 버팀목들은 에스앤엠 게이들한테 특별한 것이 아니다. 그것들은 많은 오토바이 폭주족들이 선택하는 홀(笏)도 된다. 가학피학적인 도상은 1970년대에 가학피학적인 상호작용을 암시해주는 패션사진들뿐만 아니라 검은 가죽과 장식단추와 여성지배자의 스파이크힐 구두와 같은 노골적인 포르노 형식이란 하이패션을 합일화함으로써 일반대중에게로 들어가는 길을 마련하게 되었다.

우리의 문화에서 현대의 가학피학적인 혈통의 가까운 친척들은 "신체 변형" 운동으로 된 실행들인데, 여기에는 현재 대유행의 문신과 피어싱뿐만 아니라 코르셋과 낙인찍기 및 칼로 상처내기도 포함된다(레오, 1995). 보디 피어싱은 처음엔 게이들 사회에 나타났다가 뉴욕과 샌프란시스코 같은 대도시의 펑크 록 가수들한테 유행되었고 일류의 패션모델들이 채택하면서 주류를 이루게 되었다. 그와는 대조적으로 문신은 원래 바이커 무리들과 연결되었다. 어떤 젊은이들은 단지 최신의 패션을 따르거나 "나쁘게" 보이려는 시도일지라도 다양한 신체변형의 상징성 가운데 몇 가지는 잃지 않고 있다. 예를 들어서, 보디 피어싱의 심상은 성적인 노예상태를 상징하고 간혹은 특별히 피학적인 쾌락을 제공해준다. 심리학 교수인 내 친구 하나가 여성 대학원생한테 어째서 입술에 링을 달았느냐고 물었더니 그녀는 아무런 주저 없이 "재미로요"라고 대답하더라는 것이다.

대중문화의 많은 작업들이 부차적인 테마보다는 선도적인 테마로서 가학피학증을 이용한다. 《세브린느》(Belle de Jour)라는 영화가 방영된 1967년에 그것은 충격적인 것으로 생각되었다(어린 시절의 성적인 학대와 피학증 간의 연결이 심리학 문헌에서 지적되기 이전에 나타났다). 비록 《세브린느》가 아직도 영화적인 자질을 유지하고 있지만 현재 가학피학적인 성과 인간관계를 명백하게 묘사하고 있는 영화와 소설의 급격한 증가 이후로 그 충격은 사라지고 있다. 예를 들어 영어권에서는 최근의 영화로서 《블루 벨벳》과 《원초적 본능》과 《요리사, 도둑, 그의 아내 그리고 그녀의 정부》를 생각해 보고, 《크럼》이란 다큐멘터리, 혹은 홈스의 『앨리스의 최후』와 무어의 『파이널 컷』이란 소설을 생각해 볼 수 있다.

흔히 스스로한테 "생존자"란 이름을 붙이는 일이 이런저런 종류의 피해의식에서 극복되었음을 알려주며 현재 우리에게 문화적으로 이용될 수 있는 가장 중요한 영웅적인 스크립트로 출현했다고까지 말할 수 있게 되었다. 또한 생존자 스크립트는 (생존자라는 용어가 나오게 된 강제수용소와 다른 재해의 실재적인 생존자들의 생존 이야기는 당연히 제외하고) 고통을 통한 구출 이야기인 근원적인 피학적 서술을 흔히 숨기고 있다.

현실적인 자극이 무의식적 소망과 환상에 심상을 제공해주고 있다면 환상의 겹쳐 입기에 대한 프로이트의 묘사는 동시대의 사건들과 소설들이 의식적인 가학피학적 환상의 내용을 제공해주는 방식을 보여주는데, 여기에서 파시즘의 기장을 새긴 오토바이 패거리들의 대담한 연기와 에스앤엠 섹스가 오늘날에도 보급되어 더 큰 인구집단 속으로 스며들고 있다. 가학피학적인 조우에 관련된 다른 두 사람을 증명해줌으로써 환기하게 된 매질환상의 셋째 단계에 대한 프로이트의 묘사는 우리들 가운데 가학피학적인 도착증에 관련되지 않은 많은 사람들이 관음증 환자로서 혹은 말하자면 여행반려자로서 에스앤엠 장면에 끌려 들어가는 방식을 암시해주고 있다. 필자들 가운데 한 사람인 아놀드 모델은 의식적인 매질환상과 무의식적인 피학 환상 간의 관계를 발현몽 사고와 잠재몽 사고 간의 관계로 유추해내고 있다. 프로이트의 "견본" 환상(매질환상)에서 낮의 잔재는 엉덩이에 매질("자작나무 회초리로 때리기")을 경험하든가 증언하는 것으로 구성되거나 혹은 『톰 아저씨의 오두막』과 같은 문학작품에의 노출로 구성되어 있었다는 것을 프로이트는 암시해준다. 오늘날의 "견본" 환상은 다를지언정 근본적인 환상은 거의 똑같다.

이전의 책들에서 관습이 되었던 것처럼 우리의 논평자들은 우리의 주제 논문인 『아이가 매를 맞고 있어요』를 개인적 시각과 이론적 시각이란 두 가지 역사적 시각에 놓아두고 있다. 제1차 세계대전(1914-18) 동안 프로이트의 개인생활은 가족들에 대한 염려로 가득 차 있었는데, 특히 입대한 아들들에 대해 염려했고 적절한 부양수단을 유지하지 못할까봐 두려워하고 있었다. 전문적으로는 피학증의 본질을 이해하려는 노력에 대한 장애물에 부딪혀 있었다. 그러나 『아이가 매를 맞고 있어요』는 우리의 시리즈로서 이전에 출간된 책들에 언급된 논문들과는 달리 독특한 드라마를 구체화하고 있다. 마호니가 관찰하고 있는 것처럼 이 논문에 기술된 여섯 가지 임상 사례들 중에는 늑대인간뿐만 아니라 프로이트의 딸 안나라는 유명한 두 인물이 들어 있었다. 우리의 필자들 중에서 몇몇은 안나의 분석이 프로이트의 텍스트 주위를 맴돌고 있다고 암시하는데, 특히 매질환상에 대한 탐구가 그녀의 치료에 핵심적이라고 지적해준다. 또한 몇몇은 안나 프로이트의 논문인 『매질환상과 백일몽』(회원 자격을 획득하기 위해 1922년에 비엔나학회에 제출됨)이 그녀가 이 논문을 쓰기 전까지 어떤 환자도 보지 않았다면 아버지의 논문처럼 거의 확실히 그녀 자신의 분석에 근거하고 있었다는 것에 주목하고 있다(영-브루엘, 1988). 우리의 필자들 가운데 몇 사람은 이 유명한 부녀 분석과 그 주역들 각자에 의한 서로 다른 이론적 해석들이 특수한 전이-역전이의 증거로 세울 수 있음을 명백하게 제안하고 또한 분석 그 자체가 가학피학적인 실행을 구성한다고 제안한다.

열 명의 필자들한테 동일한 논문을 재검토해서 프로이트의 생각들이 현재까지 발전해온 경로를 추적하도록 요구할 때 거기에는 불가피하게 어떤 중복이 존재하게 될 것이다. 그러나 우리의 필자들 각자는 프로이트 논문의 서로 다른 견해를 강조하고 피학증에 관한 그의 후기 공식화에서 취한 방향을 강조하고 있으며, 또한 그들은 각자 프로이트의 중요한 테마들이 오늘날 다른 이론체계에서 표현되고 있는 방식에 초점을 맞추고 있다.

잭 노빅과 케리 켈리 노빅은 첫 번째 논문에서 『아이가 매를 맞고 있어요』에 포함된 매우 많은 생각들이 그 논문에 대해 상세히 다시 논의할 충분한 이유를 제공한다고 암시해준다. 여기에는 "내부 경험과 외부 경험의 조직자로서" 환상의 중요성에 대한 프로이트의 주장이 포함되는데, 그것은 바로 "환상의 변형과 변천"이고 또한 "신경증 형성에 대한 오이디푸스 콤플렉스의 중요성"이다. 노빅 부부는 프로이트가 오이디푸스 이후 발달의 중요성을 강조하고 억압의 동기로서 생각들의 불일치를 강조하는 방식을 지적해낸다.

그들은 1919년의 논문이 그 주제에 관한 나중의 논문(1924)보다 몇 가지 핵심적인 통찰, 예를 들면, 가학피학증의 자기애적인 요소를 더 잘 표현하고 있음을 보여주는데, 그것은 프로이트가 대상관계를 강조하고 동생의 면전에서 지위가 저하되는 아이의 자기애적인 외상을 강조하는 한에서 그러하다. 프로이트의 논문에서는 "상상적인 전능함의 온 하늘로부터 내던져졌던"(p. 187) 것으로 표현되어 있다. 따라서 프로이트는 경쟁과 원한이 소녀의 매질환상의 첫 단계에 기름을 붓는 격이라고 암시해준다. 즉 그녀의 쾌락은 그녀가 미워하는 경쟁자인 그 아이를 매로 때리는 그녀의 아버지에게 연결되어 있다. 또한 프로이트는 무의식적인 매질환상이 어떻게 성격에 관련되어 흔히 훗날의 생활에서 권위 문제를 가져오는지 설명해주고 있다.

그러나 가학피학증의 원인에 관한 프로이트의 기본적인 생각은 시간의 흐름에 따라 변해가고 있었다. 나중에 그는 성애적인 피학증을 첫째로 제안하게 되었는데, 단지 자기에게 향하는 가학증뿐만이 아니다. 오히려 그는 그것의 핵심기제로서 죄책감과 처벌에 대한 욕구도 언급하였다. 노빅 부부는 이렇게 표현하고 있다. "프로이트는 발달순서의 양 끝을 확장함으로써 가학피학증의 이론적인 문제에 대해 두 가지 해결책을 찾아내는데, 뒤쪽으로는 구강기까지 연장해서 일차성 피학증으로 해결하고 유아기의 끝을 거쳐 앞쪽으로 연장해서 가학적인 초자아와 피학적인 자아의 구조적 모델의 형성으로 해결한다."

프로이트의 1919년 논문은 "기억의 작용에 관한 근본적인 구성"을 내보인다. 소녀의 매질환상의 둘째 단계인 "나는 나의 아버지한테 매를 맞고 있어요"는 첫째 단계의 변형이지만 이 둘째 단계는 일반적으로 기억되기보다는 오히려 재구성된다. 따라서 프로이트에 의하면 "어떤 의미에서… 실재했던 일이 전혀 없었다"(p. 185). 노빅 부부는 "기억의 복잡성과 유순함 및 의도성에 대한 프로이트의 강조가 회복된 기억들의 신빙성에 관하여 심리학과 정신의학에 휘몰아치는 최근의 논쟁에서 그 중심을 차지하고 있다"고 기록해둔다.

셋째 단계에서 환상은 『톰 아저씨의 오두막』을 읽든가 학교에서의 매질을 증언하는 것 같은 현실적인 요인들의 자극 아래 흔히 나타난다. 환상 속에서 환상인이 보고 있는 동안 선생님(혹은 아버지의 다른 치환인)이 아이들을 매로 때린다. 그 환상은 일반적으로 성적인 흥분이 동반된다. 여기서 프로이트는 사후작용[1]의 이론을 이용해서 환상이 겪게 되는 변형을 설명하게 된다. 따라서 프로이트는 "매질환상의 단계들에서 보이는 임상적 현상학에 대한 묘사에서 기억과 환상 둘 모두의 복잡한 변형"과 그의 변형의 도식에 내재하는 발달체계를 가정하고 있다.

노빅 부부는 남성과 여성 사이의 몇 가지 차이점들에 대한 프로이트의 관찰을 확인하고 있는데, 그들은 그들 자신의 데이터에서 관찰하고 있었다. 그들은 "소녀에게서 오이디푸스 이후 정상적인 발달"의 일부가 될 수 있는 일시적인 매질환상을 확인하고 있다. 그러나 "아이의 정신·성생활의 영구적인 부분이 되는" 고착된 매질환상은 남녀 두 성들에서 어떤 피학적인 병리를 가리키게 된다. (아마도 이런 구별은 음경선망의 일시적인 비병리적 단계와 병리적으로 생각되는 음경선망의 고착 단계 사이에 간혹 이뤄진 그 구별과 유사한 것 같다.)

또한 노빅 부부는 프로이트의 1919년 논문의 한계점에 대해서도 논의하고 있는데, 누락된 것 가운데 중요한 것으로는 남녀 두 성의 피학증 발생에서 전(前)오이디푸스적인 어머니의 역할이다. 여성성과 수동성과 피학증 사이에 성립시킨 프로이트의 등식은 잘못되어 있고, 노빅 부부도 그런 관계를 그들의 경험적인 연구에서

---

1) **Nachträglichkeit** : "사후작용"은 라깡의 après coup(retroaction)의 번역어임. 프로이트의 영역본에는 "지연된 작용"(deferred action)으로 번역되어 있음. 이 용어는 정신 내에서 현재의 사건이 과거의 사건에 사후적으로(a posteriori) 영향을 미치는 방식을 가리킴. 왜냐하면 과거는 정신 안에서 현재의 경험에 비추어 재작업되고 재해석되는 일군의 기억들로 존재하기 때문임. 정신분석의 관심사는 실제로 일어난 과거의 사건이 아니라 이런 사건들이 현재의 기억 속에 존재하는 방식과 환자가 보고하는 그 방식임(역자).

보여줄 수 없었다. 그러나 1919년의 논문은 발달을 이해하기 위한 모델로서 남성보다는 오히려 여성을 이용한 프로이트의 논문 가운데 유일한 것이라는 특성을 보여주고 있다.

패트릭 조셉 마호니는 프로이트의 논문이 우리의 관심을 끌 만한 이유를 보여주고 있는데, 프로이트가 성애적인 환상의 단계적인 변형을 최고로 정교하게 다듬어냈기 때문이다. 즉 억압으로 이끌어가는 동기에 대한 프로이트의 가장 상세한 설명을 그 특징으로 삼고, 소년들과 소녀들에게서 서로 다른 발달선상에 대한 프로이트의 인식에 있어 분기점을 내보이며, 그의 후기 이론에 대해 중간역이 되는 피학증의 설명을 이차적인 것으로 제안하고(프로이트, 1924), 또한 초자아의 발견을 예시해주고 있다(프로이트, 1923).

마호니는 무의식적인 환상들과 그 파생물들의 "분류법"이 앞으로 "작성되어야" 한다는 것을 유념해두고 있다. 그는 가학피학적인 수음환상과 매질환상이 근본적인 피학적 환상의 "특수형"이라고 암시해준다. 마호니는 어째서 매질환상들이 어떤 환자들한테는 단지 주변문제에 불과한데 다른 환자들한테는 핵심적으로 중요한지 묻고 있는데, 그 환상들은 가학피학적인 방향으로 무의식적이고 중대한 영향을 주는 성격을 지속시키거나 혹은 의식적인 영향을 지속하고 있다(이 경우에는 그 환상들이 행동화로 나타날 수 있다). 마호니는 문헌상에서 매질과 관장이 매질환상에 줄 수 있는 영향—혹은 영향의 결여—에 관한 증거를 재검토하고 있다. 그는 명백한 신체적 피학증의 경우에는 어린 시절에 실제적인 매질의 과거력이 있거나 혹은 그 대신에 "남근적인 어머니와의 전(前)오이디푸스 문제"가 존재하기 쉽다고 믿는다.

마호니의 가장 특수한 접근방법은 그의 텍스트분석이다. 그는 "아이가 매를 맞고 있어요"라는 논문 제목으로 전달되는 수동성을 강조하고 있다. 그는 프로이트의 안나 분석이 법규를 만들어 냈다고 암시하는 우리의 필자들 가운데 하나이다. 확증하는 증거로서 그는 프로이트의 제목을 제시한다. "제목에서 문법적인 현재진행형은 프로이트가 딸에 대한 의원성(醫原性 iatrogenic)의 유혹과 학대에서 딸을 상징적으로 매질하고 그녀의 매질환상을 합성하는 과정 중에 있었다는 것을 암시해준다." 또한 그는 안나의 분석가로서 위태로워진 자신의 위치와 관련될 수 있는 프로이트의 텍스트에서 수많은 모순들에 주목하고 있다.

또한 프로이트의 논문 속에서 몇 가지 "주목할 만한 일회성 주장들"에 대한 마호니의 범주화는 유명하다. "선천적 동성애의 증거는 자신의 기억상실에 의해 제한되어 있는 성적인 경향의 기억에 근거를 둘 수 없고 또한 삶의 6번째 해보다 더 이른 때로 가지 않는다고—그 이후는 자주 잊혀진다고—프로이트가 때맞춰 생각나게 하는 것"이 그 가운데 들어 있다. 또한 프로이트는 가학피학증에 관련된 자기애를 관찰하고 매질환상을 편집증적 현상에 연결시킨다. 그리고 프로이트는 신경증 환자에게서 수음에 대한 죄책감이 어린 시절의 활동에는 관련되지만 청소년의 활동에는 관련되지 않는다고 주장한다.

아놀드 모델도 역시 그 자신의 특별히 새로운 방식으로 프로이트의 논문에 대해 통찰력 있는 독서를 우리한테 제공해준다. 그는 진료 중에 매질환상을 만나본 일이 극히 드물었다고 말하지만 여성에게서—간혹은 상투적인—수음환상을 흔히 관찰하였는데,

환상인은 창피를 당하고 통제되고 품위가 떨어지게 된다는 것이다. 만일 어떤 환자가 굴욕 환상을 성애화한다면 그 굴욕을 "자기의 지배 영역 내로" 가져올 수 있다고 모델은 암시한다. 그가 도착증의 핵심으로 간주하는 것이 고통스러운 정동의 성애화이다. 더구나 상투적인 성적 환상을 마음에 간직해둘 정도로 다른 것은 제외시켜 버린다. 따라서 역설적으로 굴복하고 싶은 소망은 환상에 표현되지만 환상의 보류는 "타자의 존재 내에서 홀로 남는 방법"을 제공해 준다.

모델은 피학적 환상들에 붙어있는 죄책감의 문맥이 "프로이트의 묘사처럼 한결같이 근친상간적인"것인지 묻고 있다. 그는 다른 가능성을 제시하는데, 다시 말해 죄책감이 "원초적이거나 기본적인" 환상의 산물일 수 있다는 것이다. "기본적인 경험은 다음과 같다. 좋은 것이 몸/자기 속으로 들어올 때 그것은 '완전히 사라져 버리고' 다른 가족들한테는 이용될 수 없다. 어떤 사람들한테 좋은 것—다시 말해, 즐거운 것—을 갖는다는 것은 어떤 다른 사람한테는 박탈되거나 고갈되었다는 것을 의미한다." 모델은 그 타자를 아이의 손상된 어머니로 확인하기 때문에 그 아이가 쾌락을 경험하려면 그녀의 허락이 필요하다는 것을 암시해준다. 만일 그녀가 그런 허락을 해줄 수 없다면 "그 견본환상은 증상으로 간주될 수도 있는데, 그 증상에는 타협형성이 들어있어서 성적인 쾌락의 추구는 굴욕의 고통에 의해 부정되어야 한다." 그 결과로 모델한테는 피학적인 환상들은—굴욕의 환상을 포함하여—그 발생에서 더욱 복잡해지고 더욱 수수께끼 같으며 그 변화의 정도에 있어서는 프로이트의 논문이 암시하는 것보다 훨씬 더 광범위하다.

모델은 아버지에 의한 매질의 근친상간적인 환상이 "최초의 환상"임을 프로이트가 암시하고 있는지 물으면서 매질환상의 둘째 단계가 "기억되지 못하고 의식화되는 데에 성공한 일이 결코 없었다"(p. 185)는 것이 무엇을 의미하느냐는 질문을 제기한다. 그는 바로 이 논문에서 프로이트가 본능적인 가학증을 피학증으로 바꾸는 기제로서 죄의식을 소개한다고 말한다. 모델은 몇몇 다른 필자들처럼 프로이트의 논문 출판이 "프로이트와 딸 사이에 공모의 실행"을 보여줄 수도 있다고 생각한다.

항문 성애와 영혼살해에 대해 우리가 이해할 수 있도록 기여해준 덕분에 잘 알려진 레오나드 셍골드는 『아이가 매를 맞고 있어요』에 대한 접근방법으로 가학피학증의 이해에 공격성의 역할을 강조하고 있다. 그의 주장처럼 오이디푸스 콤플렉스는 성에 관여할 뿐만 아니라 살해에도 관여한다. 셍골드는 "인간의 공격적인 현상들—살해와 식인풍습—을 이해하는 데 있어 어두운 길 위에 놓여 있는 비논리적이고 자기-파괴적인 신비의" 은유적인 장소가 "다른 것들(그것들은 간혹 방어적이고 적응적인 것으로 이해될 수 있는 것)을 목표로 삼을 뿐만 아니라 자기한테로 향하게 됨으로써 본능적인 자기보존에 의해 유발된 것이라는 우리의 집요한 가정에는 반대되는 것"으로 "쾌락원칙을 넘어선" 정신적 영역에 대해 언급하고 있다. 그는 또한 가학피학증에서 전(前)오이디푸스적인 선례를 강조하고 있다.

셍골드는 매질환상이 어린 시절에 매를 맞았던 사람들과 그런 기억이 전혀 없는 사람들 모두에게서 관찰된다고 말한다. 그는 최근에 신경학과 심리학에서 받아들이고 있는 "기억의 변하기 쉬운 특성"에 주목하면서 역사적인 진실의 회복이 "우리의 불가능한 직업에서 겨냥하는 불가능한 목표"라는 결론을 내리고 있다.

프로이트의 주된 초점이 소녀들의 매질환상에 맞춰져 있었기 때문에 셍골드가 매질환상의 발생과 기능에서 찾아볼 수 있는 몇 가지 변형들을 보여주는 두 명의 남성 사례들과 한 명의 신상자료를 제시하는 것은 상당히 중요한 일이다. 그는 다른 요인들 가운데 분리와 분노의 역할을 강조하는데, 그것은 피학적 환상의 발생에 기여 요인으로 생겨나고 대상관계를 안정시키려는 노력에서는 환상의 기능으로 생겨난다. C 환자에 대한 간결한 묘사는 어떻게 C의 "자극적인 피학증이 그가 상실하리라고 예상했던 부모의 대상들을 붙잡고 있도록—특히 그런 예상에 연결된 파괴적인 분노로부터 그것들을 보존하도록—디자인된 것 같은지" 그 방법을 보여주고 있다. D 환자는 가학피학적인 환상이 어떻게 전이에 영향을 주는지 그 방법을 보여주는데, 특히 오이디푸스적인 갈등으로부터 퇴행적인 은신처가 항문기의 리비도적인 퇴행을 넘어서 정체성의 상실과 자기의 상실이란 위험과 함께 구강적인 병합의 소망으로 확장되는 방법을 보여주고 있다. 셍골드는 이렇게 표현한다. "위험스러운 것은 또한 욕망되는데—자기애적인 퇴행 방어의 함정이다."

셍골드는 앨저넌 스윈번(1837–1909)이란 시인의 생애에서 흥미로운 자료를 가져오는데, 그 시인은 자신의 삶과 작품 속에 매질환상의 "발작들"이 근친상간적인 갈망에 대한 퇴행적인 치환물이라는 프로이트와 안나 프로이트의 통찰을 확인해주고 있다. 결코 결혼한 일이 없는 스윈번은 자신의 룸메이트와 성적인 관계는 아닐지라도 순종적인 관계를 발전시켰다. 셍골드는 "자작나무 채찍에 대한 빈번한 인유와 함께" 자신이 마치 학생이 된 것처럼 간혹 글을 쓰는 스윈번의 경향에서 "무의식적인 부모-자식 동일시"를 지적해내고 있다. 스윈번이 여성들의 채찍질을 전문으로 하는 매춘굴에 자주 갔다는 어떤 암시도 있다. 에드먼드 윌슨은 위험한 물속인 바다에서의 수영이 스윈번에게 쾌락을 제공해주었고 또한 "그가 냉혹하지만 '거대하고 감미로운 어머니'한테 사정없이 두들겨 맞고 철썩 뺨 맞길 좋아했다"고 쓰고 있다. 스윈번의 양식은 피학적인 남성들이 여성들한테 매 맞는 환상을 갖는다는 프로이트의 관찰을 확인해주는 것 같다. 프로이트는 무의식의 수준에서 아버지라는 인물이 어머니라는 인물 뒤에 숨어 있다고 말했을 것 같지만 생골드는 양친과 관련된 더 큰 의미의 중첩이 존재한다고 믿는다. (물론 어떤 남자들이 여자들한테 매 맞길 의식적으로 욕망하고 또 어떤 남자들은 남자한테 또한 어떤 남자들은 남녀 모두한테 매 맞길 의식적으로 욕망한다는 임상적인 증거와 문화적인 증거가 풍부하다.) 생골드는 "항문적인 가학피학적인 현상들이 성 차이와 세대 차이에 대한 부정을 목표로 삼을 수 있다"는 샤스게-스미르젤의 언급을 인용하고 있다.

생골드처럼 지오바네티는 샤스게-스미르젤의 통찰을 성도착증에 잘 이용하고 있다. 그가 도착증의 근친상간적인 핵심을 믿고 있을지라도 도착증의 발생에 밀접히 연결되어 있는 것으로서 죽을 운명의 발견(또한 그것과 타협을 이룰 수 없는 무능력)을 강조하고 있다.

프로이트의 논문들 하나하나가 "인류의 위대한 사상가들 가운데 한 사람의 연상의 연쇄에 의해 재현되는 기나긴 항해의 한

정박"에 불과하기 때문에 프로이트의 저술은 전작품의 맥락에서 읽어야 한다고 지오바네티는 생각하는 것이다. 그는 프로이트한테 1899년에서 1904년까지 또 1919년부터 1922년까지 비상한 재능을 발휘한 두 번의 시기가 있었다는 멜처의 관찰을 인용하고 있다. 지오바네티한테 이러한 변화는 프로이트가 지형학설에서 떠나 구조설로 옮겨감으로써 나타난다든지 혹은 성적인 본능과 자아본능에 대한 강조로부터 삶의 본능과 죽음의 본능에 대한 강조로 옮겨감으로써 나타난 것이 아니다. 오히려 지오바네티는 두 번째 천부적 재능의 시기가 죽을 운명의 역할에 대한 프로이트 자신의 숙고에 관련되어야 했던 저항을 극복할 수 있는 그의 능력에 의해 시작되었다고 주장한다. 그 결과로서 그는 『아이가 매를 맞고 있어요』라는 논문을 "프로이트의 모든 정전 가운데 가장 자극적이고 당혹스럽게 만들며 어려운 작품"으로 보고 있다. 프로이트의 새로운 개념적인 환상은 "유아적인 기억과 유아적인 성이론, 최초장면, 오이디푸스 콤플렉스, 거세 콤플렉스, 남근 및 쾌락—여기서는 가장 어두운 얼굴을 보여주는 쾌락과 함께—으로 엮여져 있다." 이것으로 지오바네티는 어떤 사람의 시작과 끝에 대한 지식을 통하여 자기의 한계에 대한 지식을 의미하고 있다. 그는 1919년에 프로이트가 자신의 저항을 극복하게 될 때까지 호기심과 출생, 오이디푸스적인 경쟁, 소유욕 및 질투와 같은 테마들이 그의 작품에서 더욱 두드러지게 된다고 믿는데, 그 결과로 섹슈얼리티의 어두운 쪽—즉 도착증과 죽음—을 강조하는 위대한 작품들이 출현하게 된다는 것이다. 프로이트는 『쾌락원칙을 넘어서』에서 죽음을 인정하게 되는데, 그 때문에 그것이 중심 단계를 차지한다고 지오바네티는 믿는다. 아이는 세대

간의 차이를 발견하면서 그 자신의 죽을 운명에 부딪치게 된다. 지오바네티의 의견으로 아이는 번식할 자기 차례를 기다린다는 생각을 받아들여야 하고 따라서 최후의 운명을 인정하게 된다. 번갈아 가며 아이는 도착증적 환상을 구성했다가 도착증적 세계를 구성하게 된다. 지오바네티가 무의식의 시제라고 부른 "아이가-매-맞고-있는" 환상의 시제에는 과거와 미래 둘 모두의 부정이 들어 있다.

따라서 샤스게-스미르젤처럼 지오바네티에게서도 도착증의 핵심은 두 성 간의 차이와 세대 간의 차이에 대한 부정이다. 도착증적 구조의 뿌리에서 그는 "지식의 거부를 인간이 그의 위대함과 그의 가장 철저한 한계 두 가지를 모두 구성하는 것—즉 성애적인 육체와 죽을 수밖에 없는 육체—을 발견하게 된 그 결과로" 보고 있다.

장-미셸 키노도즈의 "가상의" 세미나는 실제적인 교육 세미나를 시행할 수 있는 방법의 전형적인 모델을 제공해준다. 그는 그 논문을 프로이트의 "실재적인" 외부세계—제1차 세계대전의 "어두운" 시대—의 맥락에 놓아두지만 더욱 중요한 것은 자신의 딸인 안나의 분석의 맥락에 놓아둠으로써 시작하고 있다. 프라지에르와 포르-프라지에르를 인용하면서 키노도즈는 "프로이트가 실재계와 해부학적인 것을 재도입하고 여성의 리비도 발달에 음경선망을 주요 요인으로 만들면서 두 번의 분석에 걸쳐 딸에 대한 미해결의 오이디푸스 감정에 대하여 자신을 방어하고 그에 따라 아버지로서 자신의 죄책감을 부정하고 있었다(또한 그와 동시에 「부정」'Negation'[1925]이란 논문에서 자신의 이론에 부정denial이란 개념을 소개하고 있다)"는 것을 암시해준다. 그렇다 하더라도 『아이가 매를 맞고 있어요』는 프로이트가 피학증과 도착증의 특성 및 양성(bisexuality)을 개념화하기 시작하는 그 방법에 있어 중요한 논문이라고 키노도즈는 주장한다. 그는 또한 프로이트가 환상 구조의 이해에 대한 접근을 시작하는 것도 이 논문의 강점으로 보고 있다.

그가 피학증과 도착증에 대한 우리의 생각들을 갱신하기 위해 사용하는 네 가지 사례들에 대한 논의에는 특별한 관심을 보이게 된다. 키노도즈는 우리의 다른 기고자들보다도 클라인의 시각을 더욱 중요하게 여기는데, 특히 도착증에서 분리의 주된 역할에 대한 강조에서 그렇다. 그는 클라인의 견해에서 도착증의 특성이 "복합적인 분리로 인한 정신적 파편화의 중요성과 … 강렬한 투사적 동일시에서 전능함에 의한 역할"로 나타나는 방법에 대해 기록하고 있다. 그는 "병리적인 투사적 동일시의 과정을 뒤집어놓고 그에 따라 함입과 동일시의 과정을 촉진하기 쉬운" 요인들에는 "어느 정도까지 … 그가 투사시키고 있는 것이 그의 투사를 받아들이고 담아내는 대상과는 분리되어 있고 다르다"는 것을 인정할 수 있는 환자의 능력이 포함된다는 취지를 한나 시걸로부터 인용하고 있다. 아마도 키노도즈의 가장 소중한 기여들 가운데 하나는 자신의 사례연구를 통하여 프로이트의 논문에 나오는 매질환상이 비전의 것이거나 시간에 얽매인 것이라기보다는 오히려 오늘날의 환자들한테서 무의식적인 피학적 환상들에 민감해지는 방법을 우리에게 보여주는 것 같다.

따라서 우리의 필자들이 피학증의 발생과 피학증 환자에게 주는 영향에 대한 우리의 이해—성적인 환상과 그 실행에 관하여 또한 성격병리와 그 관계에 관하여—를 더욱 넓고 크게 확장시켜 주었다. 다음의 세 필자들도 역시 이러한 문제들을 깊은 통찰력으로 다루고 있지만 거기에 덧붙여 대개 매질환상과 피학증이 더욱 전반적인 관계의 측면들에 영향을 주는 방법과 더 큰 사회 조직에 접속시키는 방법에 대해 언급하고 있다. 이시도로 베렌스테인은 구타당한 아이의 문제를 다루고, 리브카 아이퍼만은 매질환상의 파생물들이 정신분석연구소에서 교육과 훈련과정에 교묘하게 수행되는 방법을 다루며, 마르셀로 비냐르는 가학피학증이 간혹 사회영역의 일부가 되는 방법을 다루고 있다.

베렌스테인은 『아이가 매를 맞고 있어요』라는 논문을 썼던 그 당시 프로이트의 개인적인 상황과 정신분석적인 난제들에 대해 통찰력 있는 논평을 제시하고 부분부분 매우 예리한 논평을 제공해준다. 그러나 그의 논문에서 독특한 점은 한 사례의 상세한 제시이다. 즉 그 환자의 "피학적인 구조가 명백한 부주의의 정점에 이르게 되는데, 그에 따라 그는 에이즈에 걸려서 결국엔 엄청난 고통 끝에 죽어가게 되었다." 이것은 환자의 현재 및 과거 생활의 상황들과 피학증과의 상호작용에 대한 훌륭한 임상실례가 된다.

베렌스테인은 역시 『아이가 매를 맞고 있어요』의 환상과 소아 구타 사이의 교차점에 대해서 우리의 다른 필자들보다 더욱 풍부하게 다루고 있다. 때리는 환상들이 매를 맞았던 경험이나 혹은 구타를 목격했던 경험에 의하는지 그 여부에 대한 질문을 넘어섬으로써 그는 실제적인 구타가 벌어질 때의 심리적인 상황을 묘사하고 있다. 여기서 그는 한 가족에게 퍼질 수도 있는 "세대를 넘어선 동일시의 모델"을 묘사한다. 구타는 구타당한 아이가 흔히 구타하는 사람이 되는 그런 방식으로 표현된다. 베렌스테인은 "처벌을 과하는 사람이 과도한 흥분으로 그렇게 한다"고 기록하며 사건의 강렬함은 아이가 개념화할 수 없는 것이라서 "그 때문에 의미 있는 사건을 구성하기보다는 차라리 그것은 어떤 행위 형태로 기억을 불러내게 된다"고 기록한다. 따라서 폭력의 사슬은 대대로 이어져 간다. 그러나 이것은 매 맞기의 피할 수 없는 결과는 아니다. 그 대신에 매 맞기는 "그 소망이 최종적인 생존의 표현으로서 아버지에게로 향하게 되는 피학증처럼 두 번째 리비도가 투자될" 수 있다.

베렌스테인은 특히 구타하는 아버지의 대상관계에 대한 논의에서 통찰력을 보여준다. "아이는 타자로서 받아들여지지 않고 아버지는 그를 내부적인 대상관계의 연장으로 바꾸려 한다. 만일 그 아이가 운다거나 아버지가 소망하는 대로 행동하지 않으면 그는 그를 잠잠하게 만들려는 생각으로 또한 참을 수 없는 자극, 즉 견딜 수 없는 타자로서 그를 억제시키려는 생각으로 그를 때리게 된다. 그러나 그것은 정확히 우리가 대상이라 부르는 것의 특성이고 따라서 우리는 다시 한 번 환상의 세계 속에 있게 되는 것이지 타자와 연결되는 것은 아니다." 그는 구타당하는 아이의 문제를 성적인 학대의 연구로까지 확대시킨다. 베렌스테인이 어머니보다는 오히려 아버지가 대체로 구타자가 된다는 평가에 있어 그가 옳든 그르든 연구의 중요한 분야에 우리의 관심을 끌게 되었고 그는 그것을 정신분석적인 사유와 이론에 연결시켰다.

베렌스테인의 논문은 그녀의 아들—그녀의 딸들이 아님—에게 매를 때리는 "발작"을 보여서 내가 한때 치료했던 여인이 생각나게 해주었고, 완전히 자아이질적인(ego-alien) 이러한 증상(그녀가 치료에 들어오게 된 가장 근접한 원인)에 대해 논의하는 과정 중에 그녀가 아이였을 때 젖먹이 남동생을 때리는 유쾌한 (비록 성적인 것은 아니더라도) 별개의 환상을 가졌다는 기억이 떠올랐다. 그러한 환상의 근원들은 여기서 내 논의의 범위를 벗어나지만 환상 그 자체(어린 시절에 발생했고 그녀 자신이 매를 맞았던 과거사가 없음)가 행위의 자극으로 작용했는지 그 여부에 대한 의문은 치료 중에 떠올랐다. 특수한 사례에서 인과관계의 성립은 항상 문제점을 야기하는데, 환자 자신이 환상과 매질 "발작"의 연결을 경험하게 되더라도 말이다. 이것은 아이를 때리는 일이 때로는 매 맞기의 산물이거나 빈약한 충동조절의 결과일지라도 간혹 독자적으로 일어난 매질환상의 실행이 될 수 있다는 가능성을 높여준다. 그런 경우에 매질환상은 성적인 행동에 알아볼 만큼 포함되는 것은 아니지만, 나중에는 반복된 환상으로서 수행된다(퍼슨, 1996).

아이퍼만은 가학피학적인 환상들이 프로이트와 프로이트의 분석에서 실행되었다는 자신의 생각을 유난히 분명하고 설득력 있게 만들고 있다. 그녀는 프로이트의 논문에 대해 논평해야 한다는 "상당한 (또한 우호적인) 압력" 하에 놓여 있는 느낌의 틀-이야기[2] 속에서 프로이트 부녀의 분석이 어떻게 실행을 구성해내는지 논의하고 있는데, 프로이트의 1919년 논문인 『아이가 매를 맞고 있어요』와 안나 프로이트의 1922년 논문인 「매질환상과 백일몽」을 나란히 놓고 두 논문에 대한 상세한 검토를 그 증거로 이용하고 있다. 그녀는 지그문트 프로이트의 논문에서 그의 역전이의 직접적인 결과라고 주장하는 왜곡을 정확히 짚어낸다. 그러한 역전이의 부분은

---

2) 틀-이야기(frame story)는 한 편의 이야기 속에 또 다른 이야기가 들어 있는 소설의 구조로서, 액자소설 혹은 격자소설이라 부르기도 함(역자).

"적극적인" 테크닉의 이용에서 명백해진다.

아이퍼만은 유사한 선입견들이 다른 분석에서도 존재할 수 있다는 것을 암시하기 위해 이런 독특한 분석에서 얻은 자신의 발견을 이용하고 있다. 매질환상 혹은 다른 가학피학적인 환상들의 파생물들은 오늘날 분석연구소에서 은밀한 힘이 되지만 과도한 분석적 개입뿐만 아니라 교육의 방법으로도 수행될 수 있다. 아이퍼만은 우리 영역의 역사에서 초기에 일어난 침해들에 관한 연구가 현대적인 위반의 가능성에 대해 우리에게 말해줄 수 있는 것에 유용하다고 보는데, 여기에는 교육에서의 "보여주기" "권유하기" "유혹하기" 및 "매질하기"가 포함되어 있다. 그녀는 지원자를 교육하고 슈퍼비전하고 분석하는 일에 관한 중요한 통찰과 연결시키는 그녀의 논평—이 책에 대한—을 써달라는 압력의 느낌을 이용하고 있다. 거기에 덧붙여 그녀는 "교육적" 훈련에 관한 흥미로운 관점을 제시해주고 있다.

비냐르가 비록 자신의 임상에서는 프로이트의 환자들한테서 나타났던 형태의 매질환상을 찾아본 것은 아니었지만 그런데도 그는 이렇게 주장하고 있다. "프로이트의 관심은 … 그 근거가 여전히 확실하고 또한 … 오늘날 우리의 문화는 그 핵심에 동통성애(algolagnia)—아픔을 통한 성적인 자극—라는 보편적인 정신적 경험을 보유하고 있는데 더 이상 매질환상의 형태로 나타나지 않아도 말이다." 그는 계속해서 환상의 구조에 초점을 맞추고 실제적인 놀라운 솜씨로 환상의 셋째 단계(여기서 환상자는 관찰자가 됨)를 개인심리학뿐만 아니라 전체적인 사회영역에도 연결시키고 있다.

그러나 이것은 그의 유일한 주요 통찰이 아니고 그의 첫 번째 초점도 아니다. 비냐르는 프로이트의 논문에서 환상의 계층적 구조를 강조하고 있다. "도착증과 피학증의 표면적인 테마들의 한 가운데에서 나는 프로이트적인 경험의 변천에 출현하는 환상의 발생과 구조—즉 주체의 구성—에 대하여 비할 데 없는 명료함을 찾아가는 열쇠를 발견했다."

비냐르는 매질환상의 둘째 단계인 "나는 아버지한테 매를 맞고 있어요"—프로이트가 "모든 것 가운데 가장 중요하고 중대한 것"으로 생각하는 단계—가 "어떤 의미로는" 결코 "실재했던 일"이 전혀 없었던 것으로 보고되고 있음에 주목한다. 비냐르가 지적하고 있듯이 이것은 "프로이트가 임상의학의 자연주의적인 사실주의와 결별하는 분명한 사례들 가운데 하나를 구성한다." 그는 둘째 단계가 "관찰되지 않을지라도 프로이트가 필요한 구조를 부여해주지 않았던—이젠 임상적 관찰의 관점에서가 아니라 그의 초심리학적인 가설에 의해서—그저 자의적이고 딜레탕트식의 변덕스러운 유아론(唯我論)일 뿐이고 그에 따라 서술의 통일된 이해를 성취하게 되었다"고 주장한다. (따라서 비냐르한테 정신분석적인 사유는 "순수한" 과학적 사유와 구별되어야 한다.) 비냐르는 프로이트가 제시한 단계들의 순서가 발생적이라기보다는 차라리 논리적이라는 뜻으로 라깡을 인용하고 있다. 그는 프로이트의 치료와 테마의 발달이 그의 특수한 발견의 옳고 그름을 떠나서 우리에게 제공해줄 것이 더욱 많다는 것을 강조한다.

매질환상의 셋째 단계는 사회 분야와 특별한 관련성을 가지고 있다. 비냐르가 우리에게 말해주듯이 라깡한테서 이 단계의 두드러진 특징은 주체가 "하나의 눈으로, 다시 말해 단지 무관심한 구경꾼으로 환원되어 더 이상 벌주는 인물과 피해자 사이의 상징적인 중재인이 되지 않는다"는 것이다. 이것을 라깡은 도착증 구조의 본질로 간주하고 있다. 환상 속에서 "관계없는 인물들—익명의 인물들이나 가족들—과 환상자 그 자신과의 사이에" 책임감의 동요가 비냐르한테 중요해지는 이유는 "견딜 수 없는 폭력에 대한 보편적인 인간의 태도"와 연결되기 때문이다. 여기서 우리는 사회 분야에서 폭력에 대한 우리의 관심과 관용 그리고 성적인 가학피학증 사이의 연결에 관하여 이 책에서 가장 강력한 힌트로 생각되는 것을 보게 된다.

이 책에 제시된 수많은 통찰의 풍성함에도 불구하고 가학피학증의 궁극적인 불가사의는 좀처럼 사라지지 않는다. 마호니는 우리를 위로해준다. 그는 "습관적으로 우리의 구별에 근거하는 모든 기호들이 그 근원에 더욱 가까이 다가갈수록 그 명료함을 상실하기 쉽다"(p. 187)는 프로이트의 말이 모든 이론을 만들어내는 프로이트의 초심리학 입장에 극히 중요한 것으로 잡아내고 있다. 마호니는 다음과 같이 다듬어낸다. "우리가 근원에 더욱 가까이 다가갈수록 우리의 서술용어는 더욱 더 허구의 구조가 되어가고 추측으로 시작되었던 것은 곧장 결정적인 주장으로 굳어질 위험이 생긴다." 첫 번째 원인들을 알고 있다는 주장은 간혹 그것이 내보이는 것보다 더욱 모호하게 만드는 환원주의를 수반하게 된다.

많은 사람들이 그 소설의 플롯 때문에 소설을 읽으면서 다른 국면에는 잘 조율하지 못하듯이 정신분석 논문을 읽을 때에도 역시 그 생각들을 엄격하게 평가하거나 어떤 전반적인 구조에 그 생각들을 올려두지 않고서 그 생각들에 익숙해지기 위해 읽으려는 유혹이 존재한다. 이 책에서 거론된 많은 토픽들에 더하여 몇 편의 글들은 『아이가 매를 맞고 있어요』라는 논문뿐만 아니라 모든 정신분석 논문들이 포함된 코퍼스에도 관련된 한 논문을 체계적으로 읽는 방법에 철저히 주목하고 있다.

메모: 이 시리즈의 네 번째 책인 『프로이트의 「창조적인 작가들과 백일몽」에 관하여』에서 나는 환상의 스펠링(fantasy 혹은 phantasy)을 표준화하기보다는 오히려 필자들이 각자 사용하는 그대로 남겨두기로 정했다. 왜냐하면 필자들이 훈련받은 전통에 따라 또한 그들이 말하는 이론적 입장에 따라 그 의미가 특수해지기 때문이다. 이런 방침은 이번 책에도 적용되었는데, 주요한 초점들 가운데 하나가 환상에 관한 것이다.

참고문헌

Browning, F. 1994. 『욕망의 문화 : 오늘날 게이들의 생활에서 역설과 도착성 (perversity)』. 뉴욕 : 빈티지.

『정신장애진단통계편람 제3판(DSM-III)』, 1980. 워싱턴 DC : 미국 정신의학회.

Faderman, L. 1991. 『외짝의 소녀들과 황혼의 애인들 : 20세기 미국에서 레즈비언 생활의 역사』. 뉴욕 : 컬럼비아대학교 출판부.

Freud, S. 1917. 『애도와 멜랑콜리아』. *Standard Edition(S.E.)* 14 : 237-56.

Freud, S. 1919. 「아이가 매를 맞고 있어요」. *S.E.* 17 : 175-204.

Freud, S. 1924. 「피학증의 경제적인 문제」. *S.E.* 19 : 157-70.

Leo, J. 1995. 「현대적인 원시인」, 유에스 뉴스 앤드 월드 리포트 V.

119(7월 31일).

Person, E. 1996. 『환상의 힘으로 : 우리는 우리의 생활을 어떻게 하는가』. 뉴욕 : 베이직 북스.

Sontag, S. 1980. 『매혹적인 파시즘』. 『토성의 기호 아래』에 재수록. 뉴욕 : 앵커 북스/더블데이.

Young-Bruehl, E. 1988. 『안나 프로이트 : 전기』. 뉴욕 : 서미트.

제 1 부

『아이가 매를 맞고 있어요』 (1919)

지그문트 프로이트

(p. 179)

"아이가 매를 맞고 있어요": 성도착증의 원인 연구에 대한 기고문

I

히스테리나 강박신경증 때문에 분석치료를 받으려고 찾아오는 사람들이 얼마나 자주 "아이가 매를 맞고 있다"는 환상 속에 빠져 있었는지 고백하게 되면 놀라게 될 것이다. 명백한 질환 때문에 분석을 받으러 올 필요가 없는 훨씬 더 많은 사람들 가운데 그런 환상을 보이는 경우가 아마도 더 흔할 것이다.

환상에는 유쾌한 느낌이 붙어 있고 그 때문에 환자가 과거 수많은 경우에 그걸 재생해 왔거나 혹은 여전히 그처럼 재생할 수도 있다. 상상적인 상황의 절정에는 거의 변함없이 수음의 만족감—다시 말해 성기로 수행되는 만족—이 존재한다. 처음에 이 일은 자발적으로 일어나지만 나중에는 환자의 노력에도 그렇게 되어가고 강박증의 특징을 띄게 된다.

이런 환상의 고백은 망설임 끝에 이뤄진다. 그 첫 번째 모습은 불확실하게 떠오른다. 그 토픽에 대한 분석치료는 명백한 저항에 부딪친다. 성생활을 시작했던 기억들에 대하여 비슷한 말을 하게 될 때보다 이런 연유로 아마 수치심과 죄책감을 더욱 강렬하게 불러일으킬 것이다.

결국 그 비슷한 첫 번째 환상들이 매우 이른 나이에 떠오르기 시작했다는 것을 확인할 수 있다. 그 시기는 틀림없이 학교에 들어가기 전이니까 대여섯 살 이후는 아닐 것이다. 아이가 학교에 들어가면 다른 아이들이 선생님께 매 맞는 모습을 보게 되는데, 만일 그런 환상들이 잠복해 있었다면 이러한 경험이 그 환상들을 다시 불러냈을 테고, 그 환상들이 여전히 존재해 있었다면 그 환상들을 강화시켜서 그 내용을 두드러지게 변경시켰을 것이다. 그때로부터 매를 맞고 있는 아이들의 "수효는 분명치 않았다." 학교의 영향이 너무나 분명해서 관련된 환자들이 처음엔 매질환상을 오로지 학교생활에 대한 이런 인상들로 거슬러 올라가 보려고 했는데, 그 시기는 **(p. 180)** 여섯 살 이후부터 시작되었다. 그러나 그들이 그런 입장을 고수하는 일은 전혀 가능하지 못했다. 환상들은 이미 그 이전부터 존재했기 때문이다.

비록 학교에서 고학년의 아이들이 더 이상 매를 맞지 않더라도 그런 일들의 영향은 독서의 효과로 대체되고 또한 대체되는 것 그 이상이 되는데, 그 중요성은 곧장 느껴지게 될 것이다. 내 환자들의 주변에서 그 내용이 매질환상에 새로운 자극을 불어넣는 책은 거의 항상 동일한 책들이다. 청소년들이 쉽게 접할 수 있는 책들은 "장미총서"[1]와 『톰 아저씨의 오두막』 등등으로 알려진 것들이다. 그 아이는 자신의 환상들을 만들어내고 수많은 상황들과 시설들을 구성해냄으로써 그러한 허구의 작품들과 겨루기 시작했는데, 그 속에서 버릇없는 짓거리와 나쁜 행동 때문에 아이들은 매를 맞거나 혹은 다른 방법으로 처벌되고 훈계되었다.

이런 환상—"아이가 매를 맞고 있어요"—은 변함없이 고도의

1) 세귀르 백작부인이 썼고 잘 알려진 일련의 동화책들로서 가장 유명한 것은 『소피는 말썽꾸러기』(Malheurs de Sophie)이다.

쾌락 에너지가 투자되어 있었고 즐거운 자가-성애적인 만족 행위에 문제가 있었다. 따라서 학교에서 매를 맞고 있는 다른 아이를 보는 것은 비슷한 즐거움의 근원이 되리라고 기대할 수 있었다. 그러나 실제로 이것은 그렇지 못했다. 학교에서 겪은 실제적인 매질 장면들의 경험은 그걸 목격했던 아이한테 특별히 흥분된 느낌을 불러일으켰는데, 그 감정은 아마도 혼합된 특성을 보이고 그중에서도 혐오감이 큰 몫을 차지했다. 몇몇의 사례에서 매질 장면의 현실적인 경험은 견딜 수 없는 것으로 느껴졌다. 더구나 처벌이 아이들한테 심각한 손상을 입히지 않아야 한다는 것은 항상 후년의 더욱 정교해진 환상들의 조건이 되었다.

집에서 아이를 기를 때 실제적인 체벌이 해낼 수도 있었던 몫과 매질환상의 중요성 사이에는 어떤 관계가 있는지 반드시 그 질문이 떠오르게 되었다. 자료의 편파성 때문에 그 관계가 전도된 것이라는 첫 번째 의심을 확인하기란 불가능했다. 이런 분석들에 사용할 데이터를 가져온 사람들은 어린 시절에 매 맞은 일이 매우 드물었거나, 아무튼 회초리의 도움으로 길러진 것은 아니다. 그러나 당연히 이런 아이들은 모두 한번쯤은 부모들이나 선생님들의 체력이 훨씬 더 강하다는 사실을 알게끔 되어 있었다. (p. 181) 모든 보육원에서 아이들은 가끔씩 서로 싸우기 시작하게 된다는 사실은 특별히 강조할 필요가 없을 것이다.

학교에서 받은 느낌이나 책에서 본 장면들의 영향으로까지 명백히 추적될 수 없는 초기의 단순한 환상들에 대해서는 더욱 자세한 정보도 기꺼이 받아들였을 것이다. 매를 맞고 있던 그 아이는 누구였는가? 스스로 환상을 만들어내고 있는 그 아이인가 다른 아이였는가? 항상 동일한 아이인가 혹은 종종 다른 아이였는가? 그 아이에게 매를 때리고 있는 것은 누구였는가? 어른이 된 사람이었는가? 만일 그렇다면 그는 누구였는가? 혹은 그 아이는 자신이 다른 아이에게 매를 때린다고 상상했는가? 이 모든 의문들에 대해 그 어떤 설명을 해봐도 알아낼 수 있는 것이 없었다. 오직 다음처럼 망설이는 대답이 있을 뿐이었다. "나는 더 이상 아는 것이 없는데, 아무튼 어떤 아이가 매를 맞고 있다는 거예요."

매를 맞고 있던 아이의 성에 대한 물음에는 더욱 성공적으로 답을 얻어내긴 했지만 그런데도 아무런 깨달음도 얻을 수는 없었다. 간혹 그 대답은 "항상 남자아이들이죠," 혹은 "여자아이들뿐이에요"였다. 더욱 빈번한 대답은, "모르겠어요," 혹은 "어느 쪽인들 상관없는데"였다. 그러나 그 질문들이 향하고 있던 요점, 즉 환상을 만들어내는 아이의 성과 매를 맞고 있는 아이의 성 사이에서 어떤 변함없는 관계는 결코 규명되지 않았다. 이따금 환상 내용의 또 다른 특징적인 세부사항이 밝혀지고 있었다. "어떤 작은 아이가 벌거벗은 궁둥이에 매를 맞고 있어요."

이러한 상황에서는 매질환상에 부착된 쾌락이 가학적인 것으로 묘사될지 피학적인 것으로 묘사될지 결정하는 일도 처음엔 불가능했다.

II

아마도 매우 어린 시절에 우연한 원인들로 생겨났다가 자가성애적 만족을 위해 유지된 이런 종류의 환상은 현재 우리의 지식에 비춰보면 성도착증의 주요한 특징으로 간주될 수 있을 뿐이다. 성 기능의 구성요소들 가운데 하나는 나머지보다 앞서 발전하였고, 그 스스로 너무 빨리 독립적인 것이 되었으며, 고착을 겪어낸 결과로 훗날의 발달과정에서는 뒤로 물러서게 되었고, 또한 이런 식으로 그 개인한테 특수하고 비정상적인 체질이 부여되었다. 우리는 이런 종류의 유아적 성도착증이 일생 내내 지속될 필요가 없다는 것을 알고 있다. 훗날에 가서 그것은 억압을 따르게 되고, 반동형성에 의해 대체되며, **(p. 182)** 승화에 의해 변형될 수 있다. (억압에 의해 저지되기도 하는 어떤 특수한 과정[2]으로부터 승화가 생겨나는 것은 가능한 일이다.) 그러나 만일 이런 과정들이 일어나지 않는다면 성도착증은 성숙기까지 지속된다. 또한 우리가 성인들에게서 성적인 일탈—도착증, 절편음란증, 역위(inversion)—을 찾아낼 때마다 암시되었던 것처럼 기왕력 조사로 어린 시절에 고착을 일으킨 어떤 사건이 드러나리라고 기대해도 좋을 것이다. 참으로 정신분석의 시대가 도래하기 오래 전부터 비네(Binet)와 같은 관찰자들은 성숙기의 이상한 성적인 일탈들에 대해서 유사한 흔적들까지 추적할 수 있고 정확히 어린 시절의 동일한 시기, 즉 5–6세까지 추적할 수 있었다.[3] 그러나 바로 이 지점에서 그 질문은 우리 지식의 한계에 부딪치게 되었다. 왜냐하면 고착을 일으키는 흔적들에는 외상을 일으킬 힘이 없었기 때문이다. 그것들은 대부분 아주 흔한 것이고 다른 사람들한테 자극적이지 않았다. 성적인 충동이 특히 그들한테 어째서 고착을 겪게 했는지 그 원인을 말한다는 것은 불가능한 일이었다. 그

2) 이것은 『자아와 이드』(1923b)의 제3장에서 다뤘던 승화의 이론에 관련될 수도 있다.
3) 비네(Binet)의 이러한 관찰은 프로이트의 『성에 관한 세 가지 논문들』에서 언급되었으며 1920년에 첨부된 각주에서도 논의되어 있다(*Standard Edition*『표준영역본』. 7:154).

러나 그것들이 너무 조기에 발달해서 앞으로 나아가기 쉬운 정확히 그런 구성요소에 고착의 기회(비록 그것이 우연한 것일지라도)를 제공해준다는 사실에서 그 의미를 찾아볼 수 있었다. 어쨌든 우리는 일련의 인과관계를 추적하면서 잠정적인 목표인 그 어딘가에 도달할 준비를 갖춰야 했다. 또한 선천적인 체질은 그런 정류장을 필요로 하는 것에 정확히 일치하는 듯이 보였다.

만일 너무 일찍 속박에서 풀려났던 성적인 요소가 가학증적인 것이라면 우리는 다른 근원에서 유래된 지식을 기반으로 삼아 그에 뒤이은 억압이 강박신경증의 성향을 가져오리라고 예상할 수도 있다.[4] 이런 예상은 조사의 결과와 모순된다고 말할 수 없다. 현재의 짧은 논문은 여섯 사례(4명의 여성과 2명의 남성)의 철저한 연구에 기반을 두고 있다. 이들 가운데 둘은 강박신경증의 사례인데, 한 사람은 대단히 심해서 무능하게 되었고, 또 하나는 중간 정도라서 치료효과에 꽤나 잘 반응할 수 있었다. 또한 세 번째 사례는 하여튼 (p. 183) 강박신경증의 매우 두드러진 개인적 특성을 내보였다. 네 번째 사례는, 그런 표현이 인정될 수 있다면, 동통과 금지를 지닌 순수한 히스테리였다. 생활상에서 단지 우유부단함 때문에 분석을 받으러 왔던 다섯 번째 환자는 개략적인 임상진단으로 분류될 수 없었거나 또는 "정신쇠약"으로 간단히 처리됐을 것이다.[5] 이런 통계에 대해 실망감을 느낄 필요는 없다. 첫째로 우리는 모든 성향들이 반드시 장애로 발전되는 것은 아니라고 알고 있다. 둘째로 우리는 우리들 앞에 놓

---

4) 『강박신경증의 소인』(1913i) 참조.
5) 여섯 번째 사례에 대해서는 여기서 아무런 언급도 없다.

여 있는 사실들에 대한 설명에 만족하게끔 되어 있고 어떤 일이 일어나지 않았던 이유를 분명하게 밝혀주는 추가적인 작업은 대개 회피하려고 한다는 것이다.

우리 지식의 현재 상태로는 매질환상에 대한 이해가 여기까지는 진전되었는데 그 이상은 없을 것이다. 분석적인 의사의 마음속에서 그것은 사실이고 이것이 그 문제의 최종적인 해결책이 아닐 것 같다는 불편한 의심이 남아 있다. 그는 이런 환상들이 대부분 신경증 내용의 나머지와는 별개로 존재하고 그 구조에서 적당한 자리를 찾지 못한다는 것을 그 스스로 인정해야 한다. 그러나 내 자신의 경험을 통해 알았듯이 이런 종류의 인상은 너무도 흔쾌히 무시하게 된다.

III

엄밀히 생각해서—또한 이 문제는 어째서 가능한 한 엄밀하게 고려되지 않았을까?—분석 작업은 오로지 그 시작부터 어린 시절(대략 2살 때부터 5살까지)에 대한 그의 지식을 어른한테 감추는 기억상실의 제거에 성공했을 때에만 진정한 정신분석으로 인정받을 만하다. 분석가들은 이 말을 너무 강조하기도 하고 너무 빈번하게 반복할 수도 있다. 기억나게 해주는 이런 것을 무시하려는 동기는 정말로 쉽게 알아차릴 수 있다. 더 짧은 기간에 적은 수고로 실제적인 결과를 얻어내는 것이 바람직할 것이다. 그러나 현재에는 이론적인 지식이 우리 모두에게 치료적인 성공보다 훨씬 더 중요하고, 소아기의 분석을 소홀히 하는 사람이라면 그 누구든 가장 큰 잘못에 빠지게 되어 있다. 여기서 가장 어린 시절의 경험을 강조하는 것은 후년의 경험에 대한 과소평가를 의미하는 것이 아니다. 그러나 환자의 입을 통해 훗날의 생활 흔적들을 충분할 만큼 큰소리로 말해주고 있는데 **(p. 184)** 어린 시절의 요구를 위해 목소리를 높여야 하는 사람은 바로 의사이다.

선천성의 리비도 요인들이 실제적인 경험들에 의해 처음으로 일깨워져서 특정한 콤플렉스에 부착되는 시기는 두 살에서 네댓 살 사이의 어린 나이다. 지금 논의 중인 매질환상들은 오로지 이 시기의 끝이나 그 이후에 그 자체를 보여줄 뿐이다. 따라서 그것들이 더 이른 역사를 지니는 것은 충분히 가능한 일이고 발달과정을 거치는 것도 가능한 일이며 최초의 징후가 아니라 최종결과를 보여주는 것도 가능한 일이다.

이런 의심쩍은 생각은 분석에 의해 확실해진다. 그것의 체계적인 적용은 매질환상들이 결코 단순치 않은 역사적 발달과정을 거친다는 것을 보여주고, 또한 그 과정 중에 그것들이 대부분의 관점에서 한번 이상 변한다는 것을 보여주는데, 환상의 장본인과의 관계에 대하여 그리고 그것들의 대상과 내용과 의미에 관련하여 변하게 되어 있다.

매질환상에서 이런 변화들을 쉽게 따라잡기 위해 나는 이제 나의 서술을 여성 사례들에 과감히 국한시켜 보려고 한다. 두 명의 남자들에 비해 그들은 네 명이나 되고 여하튼 내 자료들 가운데 더 큰 부분을 차지하기 때문이다. 더구나 남자들의 매질환상은 다른 주제와 연결되어 있는데, 그 주제는 이 논문에서 잠시 보류해두려고 한다.[6] 내 서술 가운데

---

6) 프로이트는 사실상 남자들의 매질환상들을 다음에 논의하고 있다(p. 196 이하). 그 환상

나는 평균적인 사례를 제시하는 일에 대해 불가피하다기보다 도식적으로 되는 것을 조심스럽게 피하려 하고 있다. 만일 그 이후의 관찰에서 더욱 크게 복잡해지는 환경들이 드러나더라도 나는 우리들 앞에 전형적인 사건이 나타날 것을 확신하게 되고 더욱이 그것이 드문 종류가 아니라는 것을 확신하게 될 것이다.

여자아이들에게서 매질환상의 첫째 단계는 반드시 어린 시절 중에서도 매우 이른 시기에 해당된다. 어떤 특징들은 마치 아무래도 상관없는 것처럼 흥미롭게도 불명확한 채로 남아 있다. 환자들이 "아이가 매를 맞고 있어요"라는 첫 번째 진술에서 알려준 빈약한 정보는 이 단계에 대해서는 정당화되는 것처럼 보인다. 그러나 다른 특징들은 확실하게 입증될 수 있고 모든 사례에서 동일한 결과에 도달할 수 있다. 매를 맞는 아이는 결코 환상을 만들어낸 아이가 될 수 없고 언제나 다른 아이가 되는데, 누군가가 있다면 그건 형제나 자매인 경우가 가장 흔하다. **(p. 185)** 다른 아이가 소년이나 소녀이기 때문에 환상을 만들어낸 아이의 성과 매맺는 아이의 성과의 사이에는 일정한 관계가 있을 수 없다. 따라서 그 환상은 반드시 피학증적인 것은 아니다. 그것을 가학적이라 부르고 싶은 마음이 들겠지만 환상을 만들어내는 아이가 그 스스로 결코 매질하지 못한다는 사실을 간과할 수는 없다. 매질을 하는 사람의 실제적인 정체성은 처음엔 애매한 상태이다. 다만 이만큼은 확인될 수 있다. 즉 그 사람은 아이가 아니라 어른이라는 것이다. 이후에 이런 불확실한 성인이 애매하지

들이 갖고 있는 특히 여성적인 기본은 그가 아마도 "다른 주제"에 대해 이야기할 때 마음속에 간직한 바가 될 것이다.

않고 분명하게 (소녀의) **아버지**로 인식될 수 있다.

따라서 매질환상의 이러한 첫째 단계는 **"나의 아버지가 그 아이를 매질하고 있어요"**라는 말로 완전하게 표현된다. 나는 훗날 이 말 대신에 "나의 아버지는 내가 미워하는 그 아이를 매질하고 있어요"라고 말할 때 제시되는 것들 가운데 많은 부분을 무심코 드러내게 된다. 더구나 '환상'의 특징들이 훗날의 매질환상으로 향하는 이 첫걸음에 속하는 것이라고 생각할 수 있을지 그 여부를 말하기가 망설여진다. 아마도 그것은 차라리 증언되었을 사건들의 회상문제가 되거나 혹은 다양한 경우에 일어났던 욕망의 문제가 될 것이다. 그러나 이런 의문은 별로 중요하지 않다.

깊숙한 변화는 이러한 첫째 단계와 그 다음 단계 사이에서 벌어지게 되었다. 매질하는 사람이 동일인(다시 말해, 아버지)이라는 것은 사실이다. 그러나 매를 맞는 아이는 다른 아이로 변해버려서 이제는 변함없이 환상을 만들어내는 아이가 된다. 그 환상에는 고도의 쾌락이 동반되고 이젠 중요한 내용을 얻게 되는데, 우리는 훗날에 가서 그 내용의 발단에 대해 관심을 갖게 될 것이다. 따라서 그 자구표현은 다음처럼 되어간다. **"나는 나의 아버지한테 매를 맞고 있어요."** 그것은 틀림없이 피학적인 특성을 지니게 된다.

이 둘째 단계는 모든 단계들 가운데 가장 중요하고 가장 중대하다. 그러나 우리는 어떤 의미에서 실재했던 일이 전혀 없었다고 말할 수 있다. 그것은 기억되지 못하고, 의식화되는 데에 성공한 일이 결코 없었다. 그것은 분석의 구성물이지만 그런데도 그런 이유 때문에 필연적이다.

셋째 단계는 다시 한 번 첫째 단계를 닮아 있다. 그것은 환자의 진술에서 우리에게 익숙해진 어구가 포함되어 있다. 매질하는 사람은 결코 아버지가 아니라 첫째 단계에서처럼 확정되지 않은 채로 남아있거나 혹은 특징적인 방식에 의해 선생님처럼 아버지의 대리인으로 변하게 된다. (p. 186) 매질환상을 만들어내고 있는 아이는 그 속에서 자신의 모습을 더 이상 내보이지 않는다. 집요하게 물어대는 질문에 대한 답으로 환자들은 이렇게 선언할 뿐이다. "나는 아마 바라보고 있을 거예요." 매를 맞고 있는 한 아이 대신에 그곳에는 대체로 많은 아이들이 존재하고 있다. 가장 흔하게 (소녀의 환상 속에서) 매를 맞고 있는 사람은 소년들이다. 하지만 그 주체는 그들 가운데 아무도 개인적으로 알지 못한다. 원래부터 단순하고 단조로웠던 매 맞는 상황은 이렇게 가장 복잡한 변화와 정교화를 거칠 수 있다. 또한 다른 종류의 처벌과 굴욕으로 매질 그 자체를 대체할 수 있다. 그러나 이 단계의 가장 단순한 환상도 첫째 단계의 환상과 구별해주고 또한 중간단계와 연결해주는 본질적인 특징은 다음과 같다. 이제 그 환상은 그에 부착된 강렬하고 명백한 성적인 흥분을 지니게 되고 그에 따라 수음의 만족에 대한 수단을 제공해준다. 그러나 정확히 이것은 당혹스럽게 만들어주는 일이다. 매를 맞는 낯설고 알지 못하는 소년들의 환상(이때까지는 가학적인 것으로 되어 있던 환상)은 어떤 경로를 통해 어린 소녀의 리비도적인 경향을 영구적으로 소유하는 길을 찾아내게 되었을까?

또한 우리는 지금까지 매질환상의 다른 특수성들뿐만 아니라 세 단계들의 상호관계와 순서도 매우 난해한 채로 남아있다는 것을 스스로한테 숨길 수가 없다.

IV

만일 매질환상들에 관련되어 있고 그 환상들이 회상되는 어린 시기를 분석하게 되면 우리에겐 부모의 콤플렉스 때문에 마음의 동요를 일으킨 아이가 나타나게 된다.

어린 소녀의 애정은 아버지한테 고정되어 있는데, 그 아버지는 아마도 딸의 사랑을 얻어내기 위해 할 수 있는 모든 일을 해냈을 것이고 같은 식으로 어머니를 미워하고 어머니와 경쟁하는 태도의 씨앗을 뿌려놨을 것이다. 이런 태도는 어머니에 대한 애정 어린 의존성의 흐름과 나란히 존재하게 되고, 세월이 흘러감에 따라 더욱 더 분명하고 강력하게 의식 속으로 들어오게 하거나 혹은 어머니에 대해 지나친 애정반응을 촉진시키도록 예정될 수도 있다. 그러나 매질환상은 어머니와 그 소녀의 관계에 연결되어 있지 않다. 아기방에는 단지 몇 살 더 많든가 적은 다른 아이들이 있고 **(p. 187)** 온갖 종류의 또 다른 이유로 그 아이들을 미워하지만, 주된 까닭은 부모의 사랑을 그들과 나눠 가져야 하기 때문이다. 또한 같은 이유로 그들은 그만한 나이에서 정서 생활의 특징이 되는 더욱 더 야성적인 활력 때문에 쫓겨나기도 한다. 만일 문제의 그 아이가 (4명의 사례들 가운데 3명에서처럼) 남동생이거나 여동생이라면 그 아이는 미움을 받을 뿐만 아니라 얕보이기도 할 것이다. 맹목적인 부모들이 항상 가장 어린 아이한테 줄 것 같은 애정의 공유를 아이는 그 자신한테로 끌어들이고, 또한 이것은 놀라운 모습이고 피할 수 없는 광경이다. 매 맞는 일이 크게 마음을 상하게 해주지 않더라도 사랑의 박탈과 굴욕을 의미한다고 곧장 알아차리게 될 것이다. 또한 부모들이 제공하는 확고부동한 애정의 자리에 안전하게 올랐다고 스스로 믿었던 많은 아이들은 단 일격으로 상상적인 전능함의 온 하늘로부터 내던져졌다. 따라서 이처럼 미운 아이에게 매를 때린다는 아버지의 생각은 받아들일 수 있는 것으로서 그가 실제로 그런 행동을 보였는지 그 여부와는 아무런 상관도 없었다. 그것은 이런 의미이다. "나의 아버지는 이런 다른 아이를 사랑하지 않고 **오직 나만을 사랑한다.**"

이것이 첫째 단계에서 매질환상의 내용이고 의미이다. 환상은 분명히 아이의 질투심을 만족시켜주고 아이의 인생에서 성애적인 측면에 의존하고 있지만, 아이의 이기적인 관심에 의해 강력하게 강화된다. 따라서 환상이 순수하게 '성적인' 것으로 묘사되어야 할지 혹은 '가학적인' 것이라고 과감히 부를 수는 없는지 그런 의구심은 남는다.

잘 알려진 것처럼, 습관적으로 우리의 구별에 근거하는 모든 기호들이 그 근원에 더욱 가까이 다가갈수록 그 명료함을 상실하기 쉽다. 따라서 아마도 우리는 세 마녀들이 뱅코우한테 해준 예언[7]을 상기하는 투로 말할 수 있을 것이다. "분명히 성적인 것도 아니고 본질적으로 가학적인 것도 아니지만 훗날 두 가지가 모두 나오게 될 재료." 그러나 어떤 경우에서도 이런 첫째 단계에서 환상은 이미 성기에 관련된 흥분을 제멋대로 이용하고 또한 수음행위에서 그 배출구를 찾아낸다는 것은 의심할만한 이유가 없다.

7) 셰익스피어의 『맥베스』 제1장 3막에 나오는, "맥베스만은 못하나 더 위대하신 분. 운이 그만은 못하나 훨씬 더 행운이 있으신 분. 왕이 되지는 못하나 자손 대대로 왕을 낳으실 분"을 가리킴(역자).

아이의 성생활이 성기적 구성 단계에 도달하게 되었고 근친상간적인 사랑이 이런 조숙한 대상선택을 이루게 했다는 것은 분명해진다. 이것은 소년들의 경우에 더욱 쉽게 실증될 수 있지만, 소녀들의 경우에도 논란의 여지없이 명백하다. 훗날 최종적이고 정상적인 성의 목표가 되는 것에 대한 예감 같은 것이 아이의 리비도 성향을 지배한다. 우리는 이것이 왜 그런지 제대로 알고 싶지만 성기들이 **(p. 188)** 이미 흥분과정에서 제 몫을 해내기 시작했다는 사실의 증거로 간주할 수도 있다. 소년들로서는 어머니한테서 자식을 낳게 하고 싶은 소망이 결코 없지 않지만, 소녀들로서는 아버지에 의해 자식을 갖고 싶은 소망도 똑같이 한결같다. 또한 이런 소망을 충족시키는 방법에 대해 분명한 생각을 완전히 형성할 수 없음에도 불구하고 그러하다. 비록 끊임없이 생각해보면 예를 들어 함께 잠을 자는 것, 상대방이 있는 곳에서 오줌을 누는 것, 등등처럼 그의 부모들 사이에서 당연하게 여겨지는 친밀한 행위의 본질을 다른 관계들에서도 찾아볼 수 있을지라도 아이는 성기가 그 일과 어떤 관련이 있다고 확신하는 것 같다. 또한 후자와 같은 자료는 성기에 연결된 미스터리보다 언어심상에서 더 쉽게 이해될 수 있다.

그러나 때 이른 이런 개화는 서리를 맞아 상하게 되는 때가 찾아온다. 이런 근친상간적인 사랑들은 억압의 운명을 피할 수 없다. 환멸감으로 이끌어가는 어떤 발견 가능한 외부사건—예를 들어 예기치 못한 냉대, 새로운 남동생이나 여동생의 달갑지 않은 출생(그것은 믿을 수 없는 일로 느껴짐), 등등—의 경우에 그런 사랑들은 그것에 굴복할 수도 있다. 혹은 그런 사건들과는 아무런 상관도 없이 내부적인 상태 때문에 동일한 일이 벌어질 수 있는데, 아마도 그 이유는 단지 그들의 그리움이 너무 오랫동안 충족되지 못한 채로 남아있기 때문일 것이다. 특별한 장애물이 무엇인지 말할 수는 없더라도 그러한 사건들이 유력한 원인들이 아니고 이렇게 사랑하는 일들이 조만간에 슬픔으로 변하게 되어 있다는 것은 의심할 바 없는 사실이다. 십중팔구 그것들은 사라져 버리는데, 왜냐하면 그것들의 시간이 끝났기 때문이다. 다시 말해서, 아이들이 새로운 발달단계로 들어갔기 때문인데, 앞선 단계에서 그들이 바로 그런 종류의 대상-선택을 실행하도록 강요당했던 것과 똑같이 그들은 인류의 역사로부터 근친상간적인 대상-선택의 억압을 반복하게끔 강요되고 있다.[8] 새로운 단계에서는 무의식적으로 존재하는 근친상간적인 사랑-충동의 그 어떤 정신적 산물도 의식으로 들어온 것은 없다. 또한 이미 의식 속으로 들어온 것이 그 무엇이든 그로부터 축출된다. 이런 억압과정이 일어남과 동시에 죄책감이 나타난다. 이것의 근원은 알 수 없지만 근친상간적인 소망과 연결된다는 것에는 전혀 의심의 여지가 없고, 무의식 속에서 그런 소망들의 지속성으로 정당화된다.[9]

(p. 189) 근친상간적인 사랑의 시기에 보이는 환상은 이렇게 말하고 있었다. "그(나의 아버지)는 나만을 사랑하지 다른 아이를 사랑하지 않아. 그가 그 아이를 매로 때리고 있기 때문이야." 죄책감은 이런 승리의 반전보다 더 심한 처벌을 찾아낼 수 없을 것이다. "아니야. 그는 너를 사랑하지 않아. 그가 너를 매로 때리고 있기 때문이야." 이런 식으로 그녀의 아

---

8) 오이디푸스의 신화에서 운명의 신이 맡은 역할과 비교해보라.
9) [1924년에 첨부된 각주] 이런 생각들은 『오이디푸스 콤플렉스의 해결』(1924d)에 계속됨.

버지에 의해 매 맞는 환상인 둘째 단계의 환상은 그 소녀가 지닌 죄책감의 직접적인 표현이 되는데, 이제 아버지에 대한 그녀의 사랑은 그것에 굴복하게 되었다. 따라서 그 환상은 피학적인 것이 되고 말았다. 내가 알고 있는 한, 이것은 항상 그렇게 된다. 즉 죄책감은 변함없이 가학증을 피학증으로 바꾸는 요인이다. 그러나 이것은 분명히 피학증의 모든 내용이 아니다. 죄책감이 그 싸움에서 혼자 힘으로 이겼을 수는 없다. 즉 하나의 몫은 사랑-충동에게 돌아가야 한다. 우리는 가학적인 요소가 체질상의 이유 때문에 조숙하게 발달되어 별개로 존재할 수 있었던 아이들을 다루고 있다는 사실을 기억해 둬야 한다. 우리는 이런 관점을 버릴 필요는 없다. 그들의 성생활이 특히 전(前)성기적인 가학-항문적 구성으로 되돌아가기 쉽다는 것을 알고 있는 사람들은 정확히 그런 아이들이다. 만일 성기적 조직화가 거의 실행되지 못했을 때 억압을 만나게 되는데, 그 결과는 근친상간적인 사랑의 모든 정신적 표상이 무의식으로 되거나 그런 상태로 남아있을 뿐만 아니라 그 위에 또 다른 결과도 찾아오게 된다. 즉 낮은 수준으로 성기적 조직화 그 자체의 퇴행적 저하를 말한다. "아버지가 나를 사랑한다"는 것은 성기적 의미를 내보였다. 다시 말해 퇴행 때문에 그 말은 "아버지는 나를 매로 때린다(나는 아버지한테 매를 맞는다)"로 변하게 된다. 이렇게 매 맞는 것은 이제 죄책감과 성적인 사랑의 수렴이 된다. **그것은 금지된 성기적 관계에 대한 처벌일 뿐만 아니라 그런 관계에 대한 퇴행적 치환도 된다.** 또한 이런 후자의 근원에서 그것은 이제부터 그것에 부착되어 있는 리비도적인 흥분을 이끌어내고 수음행위에서 배출구를 찾아내게 된다. 여기서 우리는 처음으로 피학증의 본질을 보게 된다.

이런 둘째 단계—아버지한테 매를 맞는다는 아이의 환상—는 대체로 무의식 상태로 남아있는데, 아마도 강렬한 퇴행의 결과가 될 것이다. 그런데도 나는 어째서 여섯 사례들 가운데 하나인 남자의 사례에서 그것이 의식적으로 기억하게 되었는지 그 이유를 설명할 수 없다. 이제 어른이 된 이 남자는 비록 그 자신의 어머니를 학우들의 어머니로 곧장 치환했거나 어떤 점에서는 그녀를 닮은 다른 여자들로 치환했던 것이 틀림없지만 수음의 목적으로 어머니한테 매 맞는 생각을 이용하곤 했다는 사실이 기억 속에 뚜렷이 보존되고 있었다. **(p. 190)** 소년의 근친상간적인 환상이 그에 상응하는 피학적인 환상으로 변할 때에는 소녀의 경우보다 한 가지가 더 많은 반전이 일어나게 된다는 것을 잊지 말아야 한다. 다시 말해 적극성을 대신하여 수동성으로의 치환을 잊어서는 안 된다는 것이다. 또한 이런 부가적인 왜곡 덕분에 환상은 억압의 결과로서 무의식 상태에 남아있지 않아도 괜찮을 것이다. 이런 방식으로 죄책감은 억압 대신 퇴행에 의해 충족되고 있을 것이다. 여성의 경우에 죄책감은 아마도 본래부터 더욱 가혹할 것 같은데 그 두 가지의 결합으로 진정될 수 있을 뿐이다.

네 명의 여자 사례들 가운데 둘에게서 백일몽의 정교한 상부구조는 관련된 사람의 인생에 커다란 의미를 갖게 되면서 피학적인 매질환상을 넘어 서서히 형성되고 있었다. 이런 상부구조의 기능은 수음행위를 그만두더라도 만족된 흥분의 감정을 느낄 수 있도록 해주는 것이었다. 이런 사례들 가운데 하나에서 주체 자신의 자아가 얄팍하게 위장되어 알아볼 수 없게 되었다면 다시금 그 내용—아버지한테 매를 맞는 것—은 과감히 의식 속으로 들어오도록 허용되었다. 이 이야기들의 주인공은 변함없이 그의 아버지한테 매를 맞았다(혹은 훗날에 벌을 받거나 창피를 당하거나, 등등).

그러나 나는 환상이 대개 무의식 상태로 남아 있고 오로지 분석과정에서 재구성될 수 있다는 말을 반복하고 싶다. 아마도 이런 사실은 수음이 매질환상의 셋째 단계(간략하게 논의될 것임) 이전에 그 모습을 드러냈다고 기억하는 환자들의 말을 옹호해줄 것이다. 또한 이 단계는 훗날에 첨가됐을 뿐인데 아마 학교에서 겪은 장면들 때문일 것이라고 생각하게 되었다. 내가 이런 진술들을 믿게 될 때마다 나는 수음이 처음엔 무의식적인 환상들의 지배하에 있었다고 가정하면서 의식적인 환상들은 그 뒤에 가서 그것들을 대신하게 되었다고 가정하고 싶은 마음이 들곤 했다.

나는 마지막 형태인 친숙한 셋째 단계에서 매질환상을 이런 종류의 치환으로 간주한다. 여기서 환상을 만들어내는 아이는 거의 구경꾼처럼 보이지만, 그의 아버지는 권위를 가진 선생님이나 다른 사람의 모습으로 지속되어 있다. 이제 첫째 단계의 것을 닮은 그 환상은 다시 한 번 가학적인 것이 되었던 것처럼 보인다. 그것은 "나의 아버지가 그 아이를 매로 때리고, 나만을 사랑한다"는 말로 나타나는데, 두 번째 부분이 억압을 겪고난 뒤에 그 강세는 다시금 첫 번째 부분으로 옮겨갔다. (p. 191) 그러나 오직 이 환상의 **형태**만이 가학적이다. 그로부터 얻어진 만족은 피학적이다. 그것이 억압된 부분의 리비도 부착과 동시에 그 부분의 내용에 붙어 있는 죄책감을 이어받았다는 사실 속에 그 의미가 놓여 있다. 선생님한테 매를 맞고 있는 불특정 다수의 아이들 모두가 결국엔 그 아이 자체의 치환인들에 불과하다.

여기서 우리는 처음으로 환상 속에서 어떤 역할을 해내는 사람들한테서 성의 불변성 같은 것을 찾아보게 된다. 소녀들의 환상에서와 마찬가지로 소년들의 환상 속에서도 매를 맞고 있는 아이들은 거의 언제나 소년들이다. 이런 특징은 자연히 두 성들 간의 어떤 경쟁에 의해 설명되는 것은 아니다. 그렇지 않다면 소년들의 환상 속에서 매를 맞고 있을 아이들은 당연히 소녀들이 될 것이다. 또한 첫째 단계에서 미움을 받았던 아이의 성과는 아무런 관련도 없다. 그러나 소녀들의 경우에 그것은 어떤 복잡한 문제를 가리켜준다. 그들이 성기적인 의미를 지닌 아버지에 대하여 근친상간적 사랑을 거부하게 되면 여성의 역할도 쉽게 포기해 버린다. 그들은 그들의 '남성성 콤플렉스'(반 오푸이센, 1917)에 박차를 가하여 적극성 쪽으로 몰아가며, 그때부터는 소년들이 되길 원할 뿐이다. 그런 이유 때문에 그들을 나타내는 매맞이-대역의 소년들도 역시 소년들이다. 그 둘의 백일몽 사례들—그 가운데 하나는 거의 예술작품의 수준으로 격상되었음—에서 주인공들은 항상 젊은 남자들이다. 참으로 여자들은 이러한 창작물 속으로 들어오지 않았는데, 수년 후에 첫 번째 모습을 드러냈는데 그것도 사소한 역할을 맡았을 뿐이다.

V

나는 분석적인 관찰을 충분하리만큼 상세히 제시하게 되었길 바라면서 또한 내가 자주 언급해왔던 여섯 사례들이 내 자료들을 철저히 규명하지는 못했다고 부언하고 싶을 뿐이다. 다른 분석가들처럼 나는 더욱 철저히 연구하지 못했던 훨씬 더 많은 수효의 사례들을 내 마음대로 활용하게 된다. 이런 관찰들은 다양한 노선을 따라 이용될 수 있는데, 일반적인 도착증의 발생과 특히 피학증의 발생에 대한 규명이라든가 신경증의 역동에서 작용하는 성 차이의 역할에 대한 평가이다.

그러한 논의의 가장 분명한 결과는 도착증의 원인에 대한 적용이다. (p. 192) 이와 관련하여 단 하나의 성적인 요소의 체질적 강화나 조숙한 성장을 전면으로 가져온다는 생각은 참으로 확고하다. 그러나 그것은 전반적인 진실을 구성하는 것으로 보이지 않는다. 도착증은 아이의 성생활에서 더 이상 하나의 고립된 사실이 아니다. 그것은 우리에게 익숙해져 있는, 정상적이라고 말하는 것은 아니지만, 전형적인 발달과정 중에 제자리를 차지하고 있다. 그것은 아이의 근친상간적인 애정대상과의 관계, 즉 오이디푸스 콤플렉스와의 관계 속으로 들어가게 된다. 그것은 처음엔 이런 콤플렉스의 영역에서 두드러져 보인다. 그러나 콤플렉스가 실패된 후에 그것은 흔히 저절로 그 콤플렉스로부터 리비도 부하의 계승자에게로 넘어가 있고 그것에 붙어 있던 죄책감으로 짓눌려 있었다. 비정상의 성적인 체질은 오이디푸스 콤플렉스를 특별한 방향으로 몰아감으로써 또한 유별난 잔재를 남기도록 강요함으로써 마침내 그 힘을 보여 주었다.

잘 알려진 것처럼 소아기의 도착증은 유사한 의미를 지니고서 평생 동안 지속되면서 도착증의 구성에 기초가 될 수 있는데, 그것은 주체의 모든 성 생활을 사로잡을 수도 있다. 다른 한편 도착증은 중단되어 정상적인 성 발달의 배경 속에 남을 수도 있는데, 그러나 그로부터 얼마큼의 에너지를 계속해서 빼내가게 된다. 이러한 대안들 가운데 첫 번째는 분석 시대 이전부터 이미 알려져 있었다. 그러나 그처럼 충분히 발전된 사례들의 분석적인 연구는 둘 사이에 벌어진 심연을 거의 모두 메워주고 있다. 우리는 흔히 이런 도착증 환자들도 대개 사춘기의 나이에는 정상적인 성 활동을 발전시켜 보려고 시도했다는 것을 충분히 알고 있다. 그러나 그들의 시도는 충분한 힘을 갖지 못하여 첫 번째 장애물 앞에서 포기되고 말았는데 그 장애물은 불가피하게 일어났고, 그 때문에 마침내 유아적인 고착에 의지하게 되었다.

오이디푸스 콤플렉스에서 시작된 유아적 도착증의 근원이 일반 원칙으로 주장될 수 있는지 그 여부를 아는 것은 당연히 중요해질 것이다. 이것은 더 깊이 연구하지 않으면 해결될 수 없긴 하지만 불가능해 보이진 않는다. 우리가 도착증의 성인 사례에서 획득했던 병력을 생각해볼 때, 이 모든 도착증 환자들과 여성물건광(fetishist) 등등의 결정적인 기억, 즉 "첫 번째 경험"이 여섯 살 이전의 어느 시기로 간신히 되돌아보게 된 것을 알지 못할 리가 없다. 그러나 이 시기에는 오이디푸스 콤플렉스의 지배가 이미 끝나버린다. 기억해낸 경험과 **(p. 193)** 혼란스런 방법으로도 효과적이었던 경험은 그 콤플렉스의 유산을 매우 잘 보여주었을 수 있다. 분석이 첫 번째 '병원성'(pathogenic)의 기억보다 앞선 그 이전의 시기를 밝혀주지 못하게 되면 지금까지 억압되어 왔던 콤플렉스와 경험 사이의 연결은 애매한 채로 남아 있게 될 것이다. 그러니까 예를 들어 동성애 사례가 선천적이라는 주장에는 아무런 가치도 없다고 상상해볼 수 있는데, 그때 이런 믿음에 대한 근거는 문제의 그 사람이 여덟 살이나 여섯 살 이후로 오직 그 자신의 성에 대한 성향을 느꼈을 뿐이라는 것이다.

그러나 만일 오이디푸스 콤플렉스에서 나온 도착증들의 파생물이 일반적으로 확인되고 있다면 그 중요성에 대한 우리의 평가는 추가된 힘을 얻었을 것이다. 왜냐하면 우리의 견해로는 오이디푸스 콤플렉스가 신경증의 실제적인 핵심이 되기 때문이고 또한 이 콤플렉스에서 절정을 이루는 유아적 섹슈얼리티가 신경증의 진정한 결정인자가 되기 때문이다. 무의식에 콤플렉스로 남아있는 것이 어른에게서 훗날 신경증의 발전에 한 소인으로 나타난다. 이런 식으로 매질환상과 다른 유사한 도착증적 고착들이 오직 오이디푸스 콤플렉스의 침전물이 될 수도 있고, 다시 말해 동일한 종류의 자기애적인 상흔에 상응하는 그 유명한 "열등감"처럼 그 과정이 끝난 후에 남겨진 상흔일 수도 있다. 그에 대한 관점을 받아들이는 데 있어서 나는 마르시노우스키(1918)에 전적으로 동의할 수밖에 없는데, 그는 최근에 그것을 매우 만족스럽게 제안한 일이 있었다. 잘 알려진 바와 같이 이런 신경증적 열등감의 망상은 오로지 한 부분일 뿐이며 다른 출처에서 유래된 자기-과대평가의 존재와 완벽한 조화를 이루게 된다. 나는 다른 곳에서 오이디푸스 콤플렉스 그 자체의 근원에 대해 논의했고 또한 모든 동물들 가운데 유일하게 인간으로 하여금 성생활을 두 번씩이나 시작하게 만드는 운명—모든 문제들은 인간의 "고풍스런 유산"과 관련되어 있음—에 대해 논의한 일이 있어서[10] 이 자리에서는 설명할 생각이 없는데, 두 번의 성생활 중에 첫 번째는 다른 모든 생물체들처럼 어린 시절 초기에 시작되고 그 다음엔 오랫동안 중단되었다가 사춘기 나이에 한 번 더

---

10) 프로이트는 이 문제에 대해 이전에는 길게 논의하지 않았지만 『정신분석에 관한 입문강의』(1916–17)에서, 특히 XXI번째 강의와 XXIII번째 강의에서는 기다랗게 논의하였다.

시작하게 된다.

매질환상에 대한 논의에서 우리는 피학증의 발생에 대해 밝힌 것이 별로 없다. 우선 첫째로 피학증이 **(p. 194)** 주요한 본능의 표현이 아니라 자기에게로 방향을 바꿨던—다시 말해, 대상에서 자아로 퇴행함으로써—가학증에서 비롯된다는 견해를 확인한 것 같다.[11] 수동적 목표를 지닌 본능이 존재하는 것으로 인정되어야 하는데, 특히 여성들한테 분명히 존재하는 것으로 인정된다. 그러나 수동성은 피학증의 전부가 아니다. 불쾌의 특징도 또한 그것에 속하는데, 본능의 충족에 대한 당혹스런 부수물이다. 피학증으로 바뀌는 가학증의 변형은 억압 행위에 관련되는 죄책감의 영향 때문으로 보인다. 그러니까 여기서 억압은 세 가지 방식으로 작용하고 있다. 억압은 성기적 구성의 결과를 무의식적인 것으로 만들어간다. 억압은 그런 구성 자체로 하여금 더욱 이른 시기인 가학-항문성 단계로의 퇴행을 강요한다. 또한 억압은 이 단계의 가학증을 피학증으로 변형시키는데, 피학증은 수동적인 것이고 또한 어떤 의미로는 자기애적인 것이다. 이런 세 가지 결과들 가운데 두 번째는 성기적 구성이 약해져서 가능하게 되는데, 그 구성은 이런 사례들에서 미리 예상되어야 한다. 세 번째가 필요해지는 이유는 죄책감이 성기적으로 품게 되는 근친상간적 대상-선택에 대해 갖는 혐오감처럼 가학증에 대해서도 많은 혐오감을 갖기 때문이다. 다른 한편 분석들은 죄책감 그 자체의 근원에 대해서 우리에게 알려주는 것이 별로 없다. 아이가 들어서는 새로운 단계에 의해 그것이 촉

---

11) 『본능과 그 변천』(1915c) 참조. [『쾌락원칙을 넘어서』(1920g), 『표준영역본』, 18: 54-5에서 프로이트는 결국 제1의 피학증이 존재할 수 있다고 암시하였다.]

진되는 것처럼 보이며, 그리고 만일 그것이 그 뒤로도 지속된다면 열등감과 닮아 있는 상흔 비슷한 형성물에 상응하는 것처럼 보인다. 아직도 불명확한 상태인 자아의 구조에서 우리의 현재 오리엔테이션에 따르면 우리는 그것을 마음속에 있는 기관에 할당해주어야 하는데, 그 기관은 자아의 잔여와 대조해서 그 자체를 비판적인 양심으로 세우게 된다. 여기서 그것은 꿈속에서 질베러(Silberer)의 기능적 현상을 만들어내고 또한 감시당한다는 망상 속에서 자아로부터 떨어져 나온다.[12)]

여기서 다루고 있는 유아적 도착증의 분석이 옛날의 수수께끼를 푸는 데에 도움이 된다고 우리는 내친김에 말해버릴 수도 있는데, 그것은 사실상 분석가 자신들뿐만 아니라 정신분석을 받아들이지 못했던 사람들도 항상 괴롭혀 왔던 문제이다. 그런데 최근에 블로일러는 신경증 환자들이 수음을 죄책감의 중심점으로 삼는 것은 주목할 만한 사실이지만 설명될 수 없는 것으로 간주했다. **(p. 195)** 우리는 이런 죄책감이 아주 어린 시절의 수음과 관련되는 것이지 사춘기의 수음과 관련되지 않는다고 오랫동안 가정해 왔고, 또한 대개는 죄책감이 수음행위에 연결되는 것이 아니라 환상에 연결되는데, 이때 그 환상은 비록 무의식적이지만 그 뿌리에 놓여 있는데, 다시 말해, 오이디푸스 콤플렉스와 함께 한다.[13)]

매질환상의 세 번째이면서 분명히 가학적인 단계에 관하여 나는 수음으로 몰아가는 자극의 매개물로서 그것이 획득하는 의미에 대해

---

12) 자기애에 대한 프로이트의 논문의 III부(1914c) 참조. 이 기관은 훗날에 가서 당연히 "초자아"로 묘사되었다. 『자아와 이드(1923b)』의 제III장 참조.

13) 예를 들어, "쥐인간" 사례(1909d)에 대한 논의를 참조. 『표준영역본』, 10 : 202 이하를 볼 것.

이미 논의해 보았다(p. 190-1). 또한 나는 그것이 어떻게 상상력의 활동을 불러일으키는지 그 방법을 보여주었는데, 그 상상력은 한편으로 동일한 방식으로 환상을 지속시키고 다른 한편으론 보상을 통해 그것을 중립화한다. 그런데도 둘째 단계, 즉 아이 자신이 아버지한테 매를 맞고 있는 무의식적이고 피학적인 단계는 비교가 안 될 정도 훨씬 더 중요하다. 이렇게 된 이유는 그 자리를 차지하는 그 단계의 대리인을 통해 그것이 계속 작동하기 때문일 뿐 아니라, 우리는 또한 그 인물에 끼치는 효과들을 간파할 수도 있는데, 그 효과들은 그의 무의식적인 형태에서 직접 유래되고 있다. 이런 종류의 환상을 품고 있는 사람들한테는 아버지의 부류에 포함시킬 수 있는 사람이라면 그 누구든 그에 대한 특별한 감수성과 과민성이 발전되고 있다. 그들은 이런 종류의 사람에게 기분을 상하기 쉽고, 또 (그들 자신의 슬픔과 희생에 대해) 그런 식으로 아버지한테 매 맞는 것으로 상상된 상황을 실현해낸다. 나는 어느 날 동일한 환상이 편집증의 망상적인 소송광(litigiousness)의 기초라는 것을 증명할 수 있다 해도 놀라지는 않을 것이다.

VI

내가 한두 가지 관련성을 제외하고는 여성들의 사태에 국한시키지 않았다면 유아적인 매질환상을 명백하게 조사해내는 것은 분명히 불가능한 일이었을 것이다. 내 결론을 간략히 요약해 보려고 한다. 어린 소녀의 매질환상은 세 단계를 통과하는데, 첫째와 셋째 단계는 의식 상태로 기억해내지만 중간 단계는 무의식적인 상태로 남아있다. 두 가지 의식적인 단계는 가학적인 것으로 보이는데, 중간의 무의식적인 단계는 틀림없이 피학적인 특성을 보이고 있다. 따라서 그 내용은 아버지한테 매를 맞는 아이로 되어 있고 리비도 부하와 죄책감을 수반하고 있다. **(p. 196)** 첫 번째 환상과 세 번째 환상에서 매를 맞고 있는 아이는 언제나 주체 이외의 누군가가 된다. 그러나 중간 단계에서 그 아이는 항상 그녀 자신이다. 셋째 단계에서 매를 맞고 있는 아이는 거의 항상 소년들뿐이다. 매질을 하는 사람은 처음엔 그녀의 아버지였다가 그 뒤로는 아버지의 부류에서 나온 치환인에 의해 대체된다. 중간 단계의 무의식적인 환상은 주로 성기적인 의미를 가졌으며 아버지의 사랑을 받고 싶은 근친상간적 소망에서 나온 억압과 퇴행에 의해 발전되었다. 또 다른 사실은 나머지와의 관련성이 밀접한 것처럼 보이지 않을지라도 셋째 단계의 환상 속에서 소녀들이 소년들로 바뀌기 때문에 둘째 단계와 셋째 단계 사이에서 소녀들은 자신들의 성을 바꾸게 된다.

나는 소년들의 매질환상에 관한 나의 지식을 크게 발전시킬 수는 없었는데, 아마도 그 까닭은 내 자료들이 적합하지 못했기 때문일 것이다. 나는 당연히 소년들의 경우에서의 사태와 소녀들의 경우에서의 사태 간에 완전한 유비를 찾아낼 것으로, 즉 환상 속에서 아버지의 자리를 차지하는 어머니를 찾아내리라고 기대했다. 이런 기대는 충족되는 듯이 보였다. 유사한 것으로 받아들인 소년의 환상 내용이 실제로는 그의 어머니(혹은 그 뒤에는 그녀를 대신하는 치환인)한테 매를 맞고 있는 것이었기 때문이다. 그러나 그 소년의 자기(self)가 매를 맞고 있던 그 사람으로 유지되는 이런 환상은 소녀들에서 의식화될 수 있는 둘째 단계와는 서로 달랐다. 그래도 만일 우리가 이런 설명으로 그것과 소녀의 환상의 **셋째** 단계를 비교해 보려고 한다면 새로운 차이점을 찾아내게 되는데, 왜냐하면 소년 그 자신의 모습은 무명의 명기되지 않은 많은 아이들로 대체되지 않으며, 특히 많은 소녀들로는 대체되지 않기 때문이다. 따라서 완벽한 유비가 존재하리란 기대는 잘못된 것이었다.

유아적인 매질환상을 지닌 남자 사례들은 단지 몇 명에 불과하고, 그들은 성적인 활동에 다른 커다란 손상을 내보이지 않았다. 게다가 그들은 성도착증 환자들이라는 의미에서 진정한 피학증 환자들로 서술되어야 마땅할 꽤나 많은 수효의 사람들을 포함하고 있었다. 그들은 두 가지 가운데 하나로서 오로지 피학증적 환상이 동반되는 수음만으로 성적인 만족을 구하는 사람들이거나, 혹은 다음과 같은 방법으로 피학증을 성기적인 활동에 성공적으로 결합시키는 사람들이었는데, 그 방법이란 피학증적인 실행에 덧붙여 유사한 조건하에서 발기와 사정을 해낼 수 있거나 정상적인 성교를 수행할 수 있는 것이다. **(p. 197)** 그밖에 더욱 드문 사례가 있었는데, 피학증 환자가 견뎌낼 수 없을 정도로 강박적인 생각들이 출현함으로써 그의 도착증적인 활동에 방해되는 경우다. 만족을 얻어낼 수 있는 도착증 환자들은 흔히 분석을 위해 찾아올 기회를 갖지 못한다. 그러나 이제까지 언급해 왔던 피학증 환자들의 세 가지 부류들에 대해 말해보면 그들에겐 분석가를 찾아오게 될 강렬한 모티프가 있을 수 있다. 피학증적인 수음자는 어쨌든 여인과 성교를 시도하게 되면 완전히 무능해진다는 것을 알고 있다. 또한 지금까지 피학적인 생각이나 행위의 도움으로 성교를 실행해 왔던 그 남자는 자신의 성기가 피학적인 자극에 더 이상 반응하지 못하면서 자신한테 매우 편리했던 혼인관계가 깨져버렸음을 별안간 발견할 수도 있다. 우리는 치료를 받으러 우리를 찾아오는 정신적인 발기불능의 환자들한테 회복을 확실히 약속하는 일에 익숙해져 있다. 그러나 우리가 이 장애의 역동을 알고 있지 않다면 이런 예후에 대해서는 더욱 조심스럽게 말해야 할 것이다. 만일 분석을 통해 '단순히 정신적인' 발기불능(impotence)의 원인이 유아기부터 깊숙이 새겨진 전형적인 피학적 태도라는 것을 밝힌다면 그것은 마음에 거슬리는 놀라움으로 다가오게 될 것이다.

그러나 이런 피학적인 남자들에 대하여 이 시점에서 발견한 것이 하나 있는데, 그들의 경우와 여자들의 경우 사이에 있는 유비를 현재로서는 더 깊이 추구하지 말고 그 각자를 독립적으로 판단하라고 우리에게 충고하는 것이다. 그들의 실현을 위해 그들이 해나가는 행위에서 뿐만 아니라 그들의 피학적인 환상 속에서 언제나 그들 자신이 여자의 역할로 옮겨간다는 사실이 드러나게 된다. 다시 말해서 그들의 피학적인 태도는 **여성적인** 것과 일치하게 된다. 이런 사실은 환상의 세부사항에서 쉽게 증명된다. 그러나 많은 환자들은 스스로 그것을 깨닫게 되고 주관적 확신이란 표현을 부여해준다. 피학적인 장면의 공상적인 윤색으로는 그들이 장난을 좋아하는 소년이나 견습생 혹은 도제가 벌을 받으려 한다는 허구를 유지하려 해도 아무런 차이를 만들어내지 못한다. 다른 한편 매질로 벌하려는 사람들은 환상 속에서도 또 행위에서도 항상 여자들이다. 이것은 매우 혼란스럽게 해준다. 또 한 가지 질문으로서 이런 여성적인 태도가 이미

유아적인 매질환상에서 피학적인 요소의 기본을 형성하게 되는지 그 여부를 물어봐야 한다는 것이다.[14)]

(p. 198) 따라서 성인의 피학증 사례들에서 그 사태에 대한 고려는 제쳐놓고 보자. 그런데 그것은 설명하기가 무척 어렵고 남성의 성에서 유아적 매질환상으로 변한다. 가장 어렸던 시절의 분석으로 우리는 다시 한 번 이 영역에서 놀라운 발견을 해내게 된다. 그 내용에 있어서 어머니한테 매를 맞는 환상과 의식화되거나 그렇게 될 수 있는 환상은 최초의 것이 아니다. 그것은 항상 무의식적인 이전 단계를 갖고 있으며 그 내용은 이렇다. "**나는 아버지한테 매를 맞고 있어요.**" 이러한 예비단계가 실제로 소녀에게서는 환상의 둘째 단계에 해당한다. "나는 어머니한테 매를 맞고 있어요"라는 익숙하고 의식적인 환상은 소녀에게서의 셋째 단계를 대신하고 있는데, 거기서는 이미 언급했던 것처럼 익명의 소년들이 매 맞는 대상들이 된다. 나는 소녀들에게서 환상의 첫째 단계와 견주어볼 수 있는 가학적인 성질의 예비단계를 소년들에게서는 보여줄 수가 없었다. 그러나 나는 지금 그 존재에 대한 결정적인 불신을 내보이지 않으려고 하는데, 왜냐하면 나는 더욱 복잡한 유형들과 만날 가능성을 쉽게 찾아볼 수 있기 때문이다.

남성의 환상—내가 간단히 그렇게 부르게 되고 또한 오해될 위험이 전혀 없길 바라는 것—속에서 비록 그것이 퇴행 때문에 더 낮은 수준으로 떨어졌을지라도 매를 맞는 것은 사랑을 받는 것(성기적인 의미에

14) (1924년에 첨가된 각주) 이 주제에 대한 추후의 언급은 『피학증의 경제적 문제』(1924c)에서 찾아볼 수 있을 것이다.

서)을 표상하게 된다. 따라서 무의식적인 남성 환상의 원래 형태는 우리가 지금까지 부여해왔던 잠정적인 것, 즉 "나는 아버지한테 매를 맞고 있어요"가 아니라 오히려 **"나는 아버지한테 사랑을 받고 있어요"**가 된다. 그 환상은 우리에게 익숙한 과정들에 의해 의식적인 환상으로 변형되어 왔다. 즉 **"나는 어머니한테 매를 맞고 있어요."** 따라서 소년의 매질환상은 아예 처음부터 수동적이고 아버지에 대한 여성적인 태도에서 유래된 것이다. 그것은 여성적인 것(소녀의 것)과 똑같이 오이디푸스 콤플렉스에 상응한다. 그 둘 사이에서 우리가 찾아내길 기대했던 유사한 관계만은 또 다른 종류의 공통된 특성을 위해 포기되어야 한다. **양쪽의 경우에 매질환상은 아버지에 대한 근친상간적인 애착에 그 기원을 두고 있다.**[15)]

바로 이 시점에서 남녀 두 성의 매질환상들 사이에 있는 또 다른 유사점과 차이점을 열거해보면 사태를 더욱 분명히 밝히는 데에 도움이 될 것이다. 소녀의 경우에는 무의식적인 **(p. 199)** 피학적 환상이 정상적인 오이디푸스적 태도로부터 시작된다. 소년의 경우에 그것은 반전된 태도로부터 시작되는데, 여기서는 아버지를 사랑의 대상으로 삼게 된다. 소녀의 경우에 환상은 예비단계(첫째 단계)를 갖는데, 거기서 매질은 특별한 의미를 갖지 못하고, 질투의 증오심을 지닌 것으로 보이는 사람한테 수행하게 된다. 이런 두 가지 특징들은 소년의 경우에는 부재하지만, 이런 특별한 차이점은 더욱 운이 좋은 관찰로 제거될 수 있는 것이다. 무의식적인 환상을 대신하는 의식적인 환상(셋째 단계)으로 옮겨가는 이행에서 그

---

15) 매질환상은 "늑대인간"의 분석(1918b)에서는 어떤 작은 역할을 하고 있다. 『표준영역본』, 17권 26쪽과 47쪽을 참고할 것.

소녀는 아버지의 모습을 유지하고, 또한 그런 식으로 매질하는 그 사람의 성을 변함없이 보존한다. 그러나 그녀는 매 맞고 있는 그 사람과 그의 성을 바꿔서 결국엔 어떤 남자가 남자아이들을 매질하게 된다. 그와 반대로 소년은 아버지의 자리에 어머니를 놓아둠으로써 매질하는 사람과 그의 성을 바꿔버린다. 그러나 그는 그 자신을 보존해서 매질하는 사람과 매 맞는 사람의 성이 서로 반대가 되는 결과를 가져온다. 소녀의 경우에는 원래 피학적(수동적) 상황이었던 것이 억압에 의해 가학적인 것으로 변형되고, 성적인 속성도 거의 모두 지워져 버린다. 소년의 경우에는 그 상황이 피학적인 상태로 머물고 성기적인 의미를 지닌 원래의 환상과 더욱 닮은 모습을 보여주는데, 매질하는 사람과 매 맞는 사람 사이에 성의 차이가 있기 때문이다. 소년은 자신의 무의식적인 환상을 억압하고 개조함으로써 자신의 동성애를 회피하게 된다. 또한 훗날 그의 의식적인 환상에 대해 주목할 만한 것은 그 내용으로서 동성애적인 대상-선택 없이 여성적인 태도를 갖는다는 것이다. 다른 한편 동일한 과정에 의해 소녀는 자신의 생활에서 성애적 측면의 요구로부터 완전히 벗어나게 된다. 그녀는 남성적인 방식으로 능동적인 자신이 되지 않으면서도 환상 속의 자신을 남자로 변하게 하고, 이젠 오로지 성행위를 대신하는 그 사건의 구경꾼이 될 뿐이다.

원래의 무의식적 환상을 억압하더라도 커다란 변화가 초래되지 않는다고 가정하는 것은 당연한 일이다. 의식으로부터 억압되거나 다른 것에 의해 대체되는 것이라면 그 무엇이든 무의식 속에서는 온전한 상태이며 잠재적으로 작용하고 있다. 성적인 조직화가 더 이른 단계로 퇴행한 결과는 전혀 다른 문제이다. 이것에 관하여 우리는 그 사태가 무의식 속에서도 변하는 것으로 믿게 된다. 따라서 남녀 두 성에서 모두 아버지한테 매를 맞는 피학적인 환상은 (p. 200) 그에 의해 사랑을 받는 수동적인 환상이 아닐지라도 억압이 일어난 뒤에까지 무의식 속에 계속 살아남게 된다. 게다가 그 대상에 대한 억압이 매우 불완전하게 이뤄질 뿐이라는 징후들이 풍부하다. 동성애적인 대상-선택에서 벗어나려 했고 또한 자신의 성을 바꾸려 하지 않았던 소년은 의식적인 환상 속에서 여자처럼 느껴지고 자신에게 매를 때리는 여자한테는 남성적 속성과 특징을 부여해준다. 자신의 성까지 포기했고 또한 전체적으로 더욱 철저한 억압 작업을 해냈던 소녀는 아버지로부터 자유롭지 못하다. 즉 그녀는 스스로 과감히 매질을 하지 못한다. 또한 그녀 자신은 소년이 되었기 때문에 그녀가 매를 맞도록 만드는 사람들은 주로 소년들이다.

나는 여기서 매질환상의 성질에 관하여 서술해왔던 남녀 두 성들 간의 차이점들이 충분히 해명되지 못했다는 것을 잘 알고 있다. 그러나 나는 관찰 자료들을 철저히 규명했다고 생각하지 않으면서 다른 요인들과의 상관성을 찾아내어 이런 복잡한 문제들을 풀려고 시도하지는 않을 것이다. 하지만 어느 정도까지는 두 이론들에 대한 시험으로서 그것을 이용하고 싶다. 이 이론들은 서로 간에 대립각을 세우는데, 두 이론들 모두 억압과 성적인 인물 간의 관계를 다루고 있으며 그 자체의 관점에 따라 각각은 그 관계를 매우 밀접한 것으로 묘사하고 있다. 동시에 나는 항상 두 이론들을 부정확하고 오해하기 쉬운 것으로 간주해왔다고 말할 수 있다.

이 이론들의 첫 번째 것은 익명성이다. 그것은 수년 전에 그 당시 나와 친하게 지내왔던 동료 덕분에 내 주의를 끌게 되었다.[16] 그 이론은 선명한 간편성 때문에 매우 매력적인데, 여기서 한 가지 이상한 일은 여기저기 흩어져 있는 몇 개의 암시들 외에는 그 주제에 관한 문헌으로 들어갈 길을 찾지 못했다는 점이다. 그것은 인간의 양성적 체질이란 사실에 기초를 두고 있으며, 각자에게서 억압의 원동력은 성적인 두 인물들 간의 갈등이라 주장되고 있다. 그 사람의 지배적인 성, 즉 더욱 강력하게 발달된 성이 종속적인 성의 정신적 표상을 무의식 속으로 억압해왔다. **(p. 201)** 따라서 무의식의 핵심(다시 말해, 피억압물)은 각각의 인간한테서 반대 성에 속하는 그 사람의 다른 측면이다. 이와 같은 이론은 어떤 사람의 성이 생식기의 구조에 의해 결정된다고 가정될 때 이해할 수 있는 의미를 가질 뿐이라는 것이다. 그렇지 않으면 어느 쪽이 그 사람의 더 강력한 성인지 확실치 않을 것이기 때문에 우리의 연구결과로부터 그 출발점을 삼아야 한다는 바로 그 사실에 도달하게 될 위험을 무릅써야 할 것이다. 그 이론을 간단히 말해보면, 남자들한테서 무의식적이고 억압된 것은 여성적인 본능적 충동으로 낮추어질 수 있다. 또한 여자들한테는 그 반대가 될 것이다.

두 번째 이론의 근원은 더욱 최근의 것이다.[17] 그것도 역시 두 성들 간의 갈등을 억압의 결정적인 원인으로 묘사하는 점에서는 첫 번째 이론과 일치한다. 다른 점에서 그것은 이전의 이론과 충돌을 일으킨다.

---

16) 프로이트의 『종결할 수 있는 분석과 종결할 수 없는 분석』(1937c)의 말미에 가서 프로이트는 이 문장을 언급하면서 이 이론이 빌헬름 플리스의 덕분이라고 말한다.
17) 아들러의 억압이론은 "늑대인간"(1918b)의 사례에서 간략히 논의되었다.

더구나 그것은 생물학적 근원보다 오히려 사회학적 근원에서 그 지지를 찾고 있다. 알프레드 아들러가 구성한 "남성지향"(masculine protest) 이론에 따르면 모든 개개인들은 열등한 "[발달의] 여성 계열"에 머물러 있지 않으면서 "남성 계열"을 향해 가려고 노력하는데, 오로지 그 계열에서 만족을 얻어낼 수 있다는 것이다. 아들러는 남성지향을 성격과 신경증 둘 모두의 전반적인 형성의 원인으로 만들고 있다. 불행하게도 그는 두 과정들을 잘 구분하지 않았는데, 그 둘은 확실히 분리된 상태로 유지되어야 하고 전반적으로 억압이란 사실을 별로 중요하게 여기지 않아서 남성지향 학설을 억압에 적용하려는 시도는 오해될 위험을 초래하게 된다. 내 의견으로 그러한 시도는 남성지향, 즉 여성계열에서 벗어나고 싶은 욕망이 모든 사례에서 억압의 원동력이 되었다고 추론할 수 있도록 인도해줄 뿐이다. 따라서 억압하는 기관은 언제나 남성적인 본능적 충동이 되고 피억압물은 여성적인 것이 될 것이다. 그러나 증상들은 여성적인 충동의 결과도 될 수 있는데, 그 이유는 우리가 증상들의 독특한 특성을 버릴 수 없기 때문이다. 다시 말해 그 증상들은 피억압물의 치환물이고 억압에도 불구하고 그것들의 출구를 마련해두었던 치환물이다.

이제 우리는 억압과정의 성적인 특성화(sexualization)를 공통으로 갖는다고 말할 수 있는 두 가지 이론들에 대해 이야기해보자. **(p. 202)** 또한 우리가 연구해왔던 매질환상의 실례에 그 이론들을 적용해봄으로써 그 이론들을 검토해보려고 한다. "나는 아버지한테 매를 맞고 있어요"라는 원래의 환상은 소년의 경우에 여성적인 태도에 상응하고, 따라서 반대의 성에 속하는 그의 성향의 그 부분을 나타내는 한 가지 표현이 된다.

만일 그 사람의 이 부분이 억압을 당한다면 첫 번째 이론은 옳은 것처럼 보일 것이다. 왜냐하면 이 이론은 대개 반대 성에 속하는 것이 피억압물과 동일하다는 의견을 세워놓기 때문이다. 억압이 이뤄진 이후에 일어나는 의식적인 환상이 또 다시 여성적인 태도를 드러내 보인다는 것을 우리가 알게 될 때, 이 시기가 어머니에게로 향해 있을지라도 그것이 우리의 기대에 좀처럼 부합하지 못한다는 것은 사실이다. 그러나 그 의문 전체가 그렇게도 빨리 해결될 수 있다면 우리는 그런 의문점들을 검토하려고 하지 않을 것이다. 소녀의 경우에 "나는 아버지한테 매를 맞고(즉 사랑을 받고) 있어요"라는 원래의 환상이 여성적인 태도를 보이고 그녀의 지배적이면서 명백한 성에 상응한다는 것은 의심할 수 없는 일이다. 따라서 그 이론에 따르면 그것은 억압을 피하게 되고, 또한 무의식으로 될 필요성도 없을 것이다. 그러나 사실상 그것은 무의식으로 되고, 소녀의 명백한 성적인 특징을 부인하는 의식적인 환상으로 대체된다. 따라서 그 이론은 매질환상의 설명으로는 쓸모없는 것이고 사실과도 모순이 된다. 이런 매질환상이 정확히 남자답지 않은 소년들과 여자답지 않은 소녀들에게서 나타났고 이런 변화들을 거쳤다는 것에 대해 반대할 수도 있다. 혹은 소년에게서 수동적인 환상 생성의 원인이 되고 소녀에게서 억압의 원인이 되어야 하는 것은 소년에게 있는 여성성(femininity)의 특성과 소녀에게 있는 남성성(masculinity)의 특성이었다는 의견에 대해 반대할 수도 있을 것이다. 우리가 이런 견해에 동의하고 싶다고 해서 억압하기로 되어 있는 것의 선택과 명백한 성적인 특징 사이의 가정된 관계를 옹호하는 일이 조금도 불가능하지는 않을 것이다. 결국에 우리는 남녀 모든 개인들한테서 여성적인 본능적 충동들뿐만 아니라 남성적인 본능적 충동들도 찾아보게 되고, 그들 각각은 똑같이 억압을 잘 해낼 수 있으며 그에 따라 무의식으로 되어가는 것을 알아볼 수 있을 뿐이다.

남성지향의 이론은 매질환상에 관한 검토에서 그 기반을 훨씬 더 잘 유지하는 것처럼 보인다. 소년들의 사례와 소녀들의 사례 모두에서 매질환상은 여성적인 태도—즉 그 개인이 "여성 계열"에 남아 있게 되는 것—에 상응하고 있으며, 또한 남녀 두 성들은 환상을 억압함으로써 서둘러 이런 태도로부터 벗어나려고 한다. **(p. 203)** 그런데도 남성지향이 완벽하게 성공하는 것은 오로지 소녀의 경우인 것 같고, 그런 경우에 참으로 남성지향 작용의 이상적인 사례를 볼 수 있게 된다. 소년한테는 그 결과가 충분히 만족스럽지 못하다. 즉 여성 계열은 포기되지 못하고 소년은 확실히 그의 의식적인 피학적 환상에서 "주도적인 위치"에 놓여 있지 못하다. 따라서 이 환상이 남성지향의 실패를 통해 존재하게 되었던 증상이라는 것을 우리가 인정하게 된다면 그 이론에서 나온 기대에 부응하게 될 것이다. 그 근원이 억압의 힘에 있다는 소녀의 환상이 증상의 가치와 의미도 갖게 된다는 것은 확실히 불편한 사실이다. 남성지향이 그 목적을 완벽하게 성취했던 이런 경우에는 증상 형성에 대한 결정적인 조건이 확실히 부재하기 마련이다.

이런 어려움 때문에 남성지향이란 전반적인 구상으로는 신경증과 도착증 문제에 대처하기가 부적절할 것 같다는 의구심과 그것을 그것들에 적용해 봐도 효과가 없을 것 같다는 의구심을 갖게 되는데, 그런 느낌이 들기 전에 우리는 수동적인 매질환상을 잠시 내려놓고 유아적인 성생활의 다른 본능적 표현들—동등하게 억압을 받아왔던 표현들—에게로 우리의 관심을 돌리게 될 것이다. 그들의 바로 그 본성으로부터 남성적 계열을 계속 따라가는 소망들과 환상들도 있다는 것은 아무도 의심할 수 없을 것이다. 또한 그런 소망과 환상은 남성적인 본능적 충동들의 표현이 되는데, 예를 들어서 정상적인 오이디푸스 콤플렉스에서 발생하는 어머니에 대한 소년의 육욕적인 감정이나 가학적인 경향의 표현이 된다. 게다가 이러한 충동들도 억압을 당하게 되는 것은 확실하다. 만일 남성지향이 수동적 환상(나중에는 피학적으로 되어가는 것)의 억압을 만족스럽게 설명해 주는 것으로 받아들인다면 바로 그런 이유로 능동적 환상이란 반대되는 경우에는 전혀 적용할 수 없게 된다. 다시 말해서 남성지향 학설은 억압이란 사실과는 완전히 모순된다. 우리가 브로이어의 첫 번째 카타르시스 치료 이후로 심리학에서 획득해 왔고 또한 그 기관을 통해 획득해 왔던 모든 것을 내버릴 준비가 되어 있지 않다면 우리는 남성지향 원칙이 신경증과 도착증의 해명에 어떤 의미를 얻으리라고 기대할 수가 없다.

정신분석 이론(관찰에 기초하는 이론)은 억압의 원동력이 성적인 것으로 되지 않아야 한다는 견해에 단단히 매달려 있다. 인간의 고태적인 유산이 무의식적인 마음의 핵심을 형성한다. **(p. 204)** 또한 그 유산의 어떤 부분이든 후기 발달단계에 접근하면서 남겨둬야 하는데, 새로운 것과 그에 해로운 것에는 쓸모가 없거나 모순되기 때문이고 또한 억압과정의 희생이 되기 때문이다. 이런 선택이 다른 본능 집단보다 이 본능 집단에서 더욱 성공적으로 이뤄진다. 흔히 예전에 지적되어 왔던 특별한 상황의 덕택[18]으로 다른 본능 집단인 성적인 본능 집단이 억압의 의도를 무산시킬 수 있고, 불안케 만드는 치환 형성물들에 의해 그것들의 재현을 강요할 수 있다. 이런 이유 때문에 억압 하에 유지되는 유아적인 섹슈얼리티는 증상형성에서 주요한 원동력으로 작용한다. 또한 그 내용의 본질적인 부분인 오이디푸스 콤플렉스는 신경증의 핵심적인 콤플렉스가 된다. 나는 이 논문에서 성숙한 삶의 성적인 일탈뿐만 아니라 어린 시절의 성적인 일탈도 동일한 콤플렉스의 결과라는 예상을 불러일으킬 수 있었길 바라고 있다.

18) 예를 들어 프로이트의 『정신기능의 두 가지 원칙들에 대한 공식화』(1911b)라는 논문 참조.

제 2 부

『아이가 매를 맞고 있어요』에 관한 논의

이방인들을 위해서가 아님

프로이트의『아이가 매를 맞고 있어요』에 대한 평가

잭 노빅 · 케리 노빅

정신분석은 다른 과학 분야와는 다르다. 예를 들어 물리학이나 천문학에서 흔히 초창기의 작업은 기껏해야 호기심에 불과하지만, 역사는 개인과 그 분야 양쪽에 모두 관련하여 정신분석의 중심이 된다. 정신분석가는 우리 모두가 우리의 과거를 현재로 옮겨와서 차후의 경험에 비추어 과거를 끊임없이 수정하는 것으로 추정하고 있다. 따라서 우리는 우리의 적응과 갈등해결의 강점과 약점 두 가지 모두를 미래로 넘겨놓고 있다. 개인분석이나 우리의 이론들에 대한 연구에서 분석가들은 우리가 과거로부터 배울 수 있는 것을 알아보려고 애쓰며 잘못들을 고쳐서 그것들이 영속되지 않도록 애쓰고 한다. 우리가 역사적인 정신분석 논문들에 대한 계속적인 연구를 중요하게 느끼는 것도 이런 마음에서 나온다.『아이가 매를 맞고 있어요』처럼 정신분석적인 사유의 발전에 중요한 논문들일 경우에 특히 그렇다.

모든 사람이 이 논문을 중요하다고 생각하는 것은 아니다. 가장 최근에 프로이트의 전기를 쓴 작가인 피터 게이(1988)도 이 논문에 대해 언급하지 않고 있다. 존스가 그 논문을 "명인다운 분석적 연구"라고 묘사하긴 했어도 우리들한테는 그가 그 작품의 중요성에 대해 다음과 같이 말함으로써 오히려 그 중요성을 놓쳐버린 것처럼 보였다. "프로이트가 이론에 더욱 몰두하고 있던 시기인 1919년에 그의 초창기 시절을 생각나게 해주는 순수한 임상적 연구의 출판을 외면해 버렸다"(p. 308). 존스의 언급은 리비도 이론의 발전에서 절정에 이른 프로이트의 이론적 창조성의 폭발을 묘사하는 문맥에 나타난 것이다. 존스는『아이가 매를 맞고 있어요』가 프로이트의 이론 구성의 전개에 아무런 보탬이 되지 않는다고 느꼈던 것 같다. 그러나 우리는 이 논문의 주요한 강점이 그 안에 포함된 생각들의 수효라는 것을 알고 있다. 프로이트는 자신의 형성물들의 경험적 기본—일련의 6사례들—을 묘사하고서 주요한 임상적 개념들과 이론적 개념들을 진술하고 다시 진술하거나 부연설명하기 위해 비교적 짧게 임상적으로 묘사하는 이런 논문을 이용하고 있다. (1) 내적인 경험과 외적인 경험의 형성체로서 또한 통합의 산물로서 환상의 중심성, (2) 수음 충동의 만족과 환상의 연결, (3) 환상의 변형과 변천—억압과 퇴행, (4) 신경증 형성에 대해서 또한 매질 환상의 성적인 특성화에서 오이디푸스 콤플렉스의 중심성, (5) 기억의 변천과 그 복잡성 및 기억의 재구성(사후작용: Nachträglichkeit), (6) 오이디푸스 이후 발달의 중요성과 '모순된 생각들'의 동력에 연결된 굴욕의 경험과 함께 가학·피학증의 역동에서 죄책감과 수치심의 결정적인 역할, (7) 억압의 동기로서 생각들의 불일치, (8) 오이디푸스 콤플렉스에서 아버지 역할의 중요성, (9) 편집증 같은 심한 병리와 성격에 대한 환상의 무의식적인 효과 및 승화의 개념이 다 들어져 있다. 더구나 이 논문은 여성이 이해와 발달의 모델이 되는 프로이트의 유일한 논문이다.

이 논문에서 강조점을 선택한다는 것은 어려운 일이다. 이런 관점들이 각기 서로 다른 논의를 정당화하기 때문이다. 그러나 그 가운데 많은 것들이 서로 연결되어 있고 우리가 진행 중인 가학·피학증의 임상 문제와 이론 문제에 대해 언급할 때 포함될 수도 있다. 우리는 환자들한테 경청하는 동일한 방식으로 정신분석적인 논문을 읽어 볼 수 있다. 즉 설득력과 그 수용력에 유념하면서 출현하는 갈등에 주의를 기울이고 자료의 형식적 특징들을 눈여겨보고 현재와 과거의 문맥도 마음에 새겨가며 읽을 수 있다. 프로이트의 논문에 대해 논의할 때 현재 우리가 그 다양한 현증들에서 가학·피학증을 이해하기 위해 이 논문의 지속적인 관련성을 검토하려는 네 가지 차원들을 하나씩 다뤄보려고 한다.

역사적인 논문을 검토하면서 우리는 임상적인 세팅에서 이용 가능한 반성과 비슷한 이득을 얻게 된다. 즉 우리가 실수들을 지금의 현실에 비추어 인지하고 기억하고 검토하지 않으면 그 잘못들은 갈등처럼 반복될 것이다. 획득된 통찰은 간혹 잊힐 수 있지만 틀림없이 재발견될 것이다. 자기 분석이 반복적으로 필요한 것처럼 우리가 옛날 논문들을 다시 읽게 되는 것은 잃어버린 관점들을 찾아보기 위해서, 다시 말해 글을 쓸 당시에 알지 못한 채로 넘어갔던 것을 알아보기 위해 또한 프로이트가 발전시키지 못했거나 알아차리지 못했던 것이 더 나은 이론적 발전의 출발점이라는 것을 부각시키기 위함이다.

공감은 논문 독해에도 유용하게 쓰일 수 있는 진료실의 또 다른 임상기술이다. 공감은 다양한 이론들에서 소중히 여겨왔지만, 프로이트(1912, 1913)와 페렌치가 독자적으로 또는 둘이서 함께(페렌치, 1955[1928]; 그루브리치-시미티스. 1986) 매우 일찍부터 광범위하게 논의했던 것이다. 프로이트가 감정이입(Einfühlung)이라 불렀던 것의 일부는 환자가 만들어낸 것들의 과거 문맥과 현재 문맥에 대한 적극적인 이해에 관련되어 있다. 따라서 우리는 프로이트가 이 논문을 썼을 때 자신의 이론구성의 어디쯤에 와 있는지 물어볼 수도 있다.

프로이트는 1919년까지 자신의 이론화에 얼마큼 좌절하던 시점에 와 있었다. 지형학설은 가학·피학증적 현상과 기능을 설명하기에 부적절한 것으로 판명되었다. 그는 자신의 임상작업과 이 세계의 사건들 속에서 쾌락원칙으로 설명할 수 있는 한계를 넘어서는 일들에 부딪치고 있었다. 그는 창조적 위기에 놓여 있었다. 즉 그는 초심리학에 관해 기획된 책을 아직 쓰지 못했고 12편의 초심리학 논문들 가운데 7편이 사라졌거나 소실되었다. 우리는 그가 전(前)구조적 이론의 한계에 대해 긴장감이 급등하는 것을 느꼈다고 추리할 수도 있다. 프로이트는 그의 전 생애를 통해 가학·피학증의 문제와 씨름하고 있었다. 참으로 이론의 주요한 변화는 언제나 이 병리를 이해하고 언급하려는 지속적인 노력에서 비롯되었다.

그의 개인적인 생활도 역시 이 작품의 문맥을 이해하는 일에 중요하다. 프로이트의 세 아들과 그의 사위들 및 그의 조카가 모두 제1차 세계대전 동안 군 복무를 하고 있었다. 그의 편지에는 그들의 안부에 대한 끊임없는 걱정이 나타나 있다. 전쟁이 끝날 즈음에 프로이트의 아들인 마르틴이 이탈리아군에 잡혀 있었고 가족들은 몇 달 동안 그의 행방에 대해 소식을 들을 수 없었다. 프로이트의 젊은 동료들 대부분은 1915년까지 군에 있었고 그는 다시금 혼자가 되었다고 루 안드레아스-살로메한테 푸념했다. 그에겐 환자가 전혀 없었고 1916년부터는 전쟁이 끝나고서 2년 뒤까지도 그의 가족들은 식품을 사오는 일조차 매우 어려웠다. 그의 아내는 전쟁 이후에 인플루엔자와 폐렴에 걸렸고 영양부족 때문에 회복이 더디었다. 1920년까지도 프로이트의 작업은 종이가 부족해서 생긴 그 영향을 받고 있었다.

따라서 프로이트는 이론적인 좌절에 부딪치고 개인적인 박탈과 고통과 불안 때문에 그가 "피학증의 본질"(1919, p. 189)이라고 불렀던 것에 대한 경험적인 연구로 돌아섰다. 그는 매질환상을 아버지에 대하여 품위가 떨어진 성기적 사랑을 나타내면서 동시에 근친상간적 소망들에 대한 처벌을 나타내는 것으로 묘사하였다. 연구의 편리성을 위해 또한 프로이트의 생각들을 훗날의 발전에 비교하기 위해 우리는 소아의 매질환상에 관한 1970년의 연구에서 프로이트의 생각들에 대한 요약을 여기에 활용해 보려고 한다(노빅 및 노빅, 1996[1972]).

> 프로이트는 어른의 분석 자료로부터 소년들과 소녀들에서 매질환상의 순차적인 변천을 재구성했다. 그는 환상이 학령기 이전과 적어도

5~6세에 처음으로 나타난다고 암시했다. 그것은 소녀들에게서 세 단계들을 보인다.

1. "나의 아버지는 내가 미워하는 아이를 매질하고 있어요." 프로이트는 이것을 환상으로 부를 수 있는지 물으면서 그것이 "일어났던 욕망들"(p. 185)의 기억을 보여줄 수도 있다고 기록해둔다. 이 첫째 단계에 대한 동기는 형제자매에 대한 그 아이의 질투와 경쟁심이다. 프로이트는 이 첫째 단계가 성적인 것으로 묘사될 수 있는지 또한 "나의 아버지는 이런 다른 아이를 사랑하지 않고 나만을 사랑한다"(p. 187)와 같이 완전한 의미를 가져다 줄 수 있는지에 대해 의심하고 있다.

2. "나는 나의 아버지한테 매를 맞고 있어요." 프로이트에 따르면 이 둘째 단계는 첫째 단계의 심각한 변형의 결과이다. 비록 때리는 사람이 아버지일지라도 매를 맞는 아이는 어김없이 환상을 만들어내는 아이다. 이 환상은 "틀림없이 피학적인 특성"의 것이고 아버지에 대하여 품위가 떨어진 성기적 사랑과 근친상간적 소망에 대한 처벌을 동시에 나타낸다. 환상의 이 단계는 결코 기억되는 일이 없으며 프로이트는 "어떤 의미에서… 실재했던 일이 전혀 없었다"(p. 185)고 덧붙였다.

3. "[아버지의 치환인이 되는] 선생님께서 아이들(대개 소년들임)에게 매를 때리세요." 첫째 단계처럼 이 단계는 의식적으로 기억되고 있다. 첫째 단계와는 다르지만 둘째 단계와는 비슷하고 따라서 그것과 연결되어 있기 때문에 강력하고 명백한 성적인 흥분이 그것에 부착되어 있다.

프로이트는 소년들의 매질환상에서도 유사한 순서를 기대했지만 찾아볼 수 없었다. 그는 남성에서 환상의 셋째 (의식적인) 단계를 "나는 나의 어머니(혹은 다른 여자)한테 매를 맞고 있어요"로 묘사했다. 이것은 무의식적인 환상에 의해 선행된다. 즉 "나는 아버지한테 매를 맞고 있어요." 이것은 소녀들에게서 둘째 단계에 상응한다. 따라서 남녀 두 성에서 매질환상은 아버지에 대한 오이디푸스적인 애착에 그 근원을 두고 있다. 프로이트는 소년에게서 첫째 단계의 증거를 찾지 못했는데, 거기서 매질은 성적인 의미를 갖지 않지만 질투에 의한 동기를 갖는다. 그러나 그는 앞으로의 관찰로 소년들한테서도 첫째 단계가 나타나게 되리라는 느낌이 들었다.(pp. 3-4)

프로이트에 대한 현대 여성주의적인 비판의 관점에서 볼 때 이 논문에서 그가 분명히 그의 여성 환자들과 남성 환자들 사이의 심리학적 차이를 구별하고 있음에 주목해보는 것은 흥미로운 일이다. 그는 여성의 환상을 모델로 사용하고 있지만 남녀 두 성들 간의 유사점을 너무 가깝게 그려놓은 일에 대해 경고하고 다른 저자들이 흔히 생략했던 매질환상의 차이점에 대해서도 주의를 당부하고 있다.

프로이트의 묘사처럼 매질환상의 전개에는 기억의 작용에 대한 근본적인 공식화가 포함된다. 프로이트는 의식적인 환상(발현 내용)의 분석이 증언된 사건들의 기억으로 이끌어가거나 아이를 때리는 아버지와 관련되어 일어났던 욕망들(잠재 내용)로 이끌어갔다는 것에 주목하고 있다. 이것은 신체적인 학대를 묘사하고 있지만 그런 일이 정말로 벌어졌을까? 프로이트는 기억과 욕망의 복잡한 상호작용을 강조하고 있는데, 욕망은 무엇이 지각되고 기억되는지 그것을 결정해줄 수 있을 뿐만 아니라 기억 그 자체를 구성해서 현실과 혼동을 일으킬 수도 있다. 둘째 단계의 몹시 유쾌한 생각은 성적인 학대의 기억을 재현시키든가 혹은 널리 알려지거나 부모를 상대로 하는 소송에 사용되거나 매스컴의 관심을 얻어내는 '되살아난 기억'을 나타내기도 한다. 프로이트는 이 둘째 단계가 전혀 기억되지 않고 분석의 구성물, 즉 환자와 치료자에 의해 함께 도달하게 되는 어떤 것이 된다고 분명히 밝혀준다. 프로이트는 이렇게 말한다. "어떤 의미에서 그것은 실재했던 일이 전혀 없었다"(1919, p. 185). 기억의 복잡성과 순응성과 편향성에 대한 프로이트의 강조는 회복된 기억들의 확실성에 관하여 심리학과 정신의학에서 현재 벌어지고 있는 논쟁의 핵심이 된다. 잘못된 기억의 주입에 관한 로프터스의 최근 연구(1993, 1994), 다중인격장애의 연상과 암시성, 최면가능성 및 학대 보도에 대한 개너웨이의 작업(1989), 그리고 기억을 회복시키기 위해 최면과 약물과 암시를 이용하는 치료자들의 순진함과 무지에 대한 야프코의 증명(1994), 이 모든 작업들은 프로이트의 기본적인 기억이론을 입증해주고 있다. 차폐기억에 관한 논문의 말미에서 프로이트는 다음과 같이 말하고 있다. "우리가 도대체 어린 시절에 관한 어떤 기억이라도 갖고 있는지 참으로 물어볼 만하다. 우리의 어린 시절에 관련된 기억들은 우리가 소유하고 있는 전부가 될 수도 있다"(1899, p. 322).

최근 테크닉에 대한 강조와 치료관계에서의 상호작용은 정신기제들에의 초점을 희생시킴으로써 기억에 대한 관심의 저하로 이끌었던 것처럼 보인다. 프로이트는 이 논문에서 우리가 기억의 복잡성에 직면하고 이론과 테크닉 둘 모두의 중심적 역할에 직면할 수 있도록 해주고 있다. 여기에 덧붙여 그는 셋째 단계에서 매질환상의 출현과 강화와 그 변경에 대해 설명하려고 사후작용

(Nachträglichkeit), 혹은 지연 작용(deferred action)의 이론을 이용하고 있다. 그는 소년들을 때리는 선생님에 관한 의식적인 환상이 외부경험의 자극 하에 나타난다고 지적하는데, 예를 들면 학교에서의 매질에 대한 증언이라든가 『톰 아저씨의 오두막』과 같은 책 독서의 자극으로 그의 환자들의 임상자료에 항상 나타나는 기억들이다. 현대의 등가물로는 아이가 새로운 발달단계로 들어서는 시기에 텔레비전의 폭력적인 상호작용에 노출되는 일이 있을 수 있는데, 그 단계는 이전 단계들의 기억과 환상에 영향을 주게 된다. 따라서 우리는 프로이트가 매질환상 단계들의 임상적인 현상학에 대한 묘사에서 기억과 환상의 복잡한 변형을 가정하게 되는 것을 보게 된다. 프로이트의 지연작용 이론은 발달 기간 동안 기억과 환상과 의미의 변형에 편리하게 적용될 수 있는데, 여기엔 내부 현실과 외부 현실에서의 변화들을 반영하는 기능에 변화가 동반된다(노빅 및 노빅, 1994).

프로이트는 1913년에 이렇게 썼다. "처음부터 정신분석은 발달과정을 추적하는 쪽으로 향해가고 있었다"(p. 183). 『아이가 매를 맞고 있어요』는 이론과 임상적인 이해 둘 모두를 만들어내는 발달체계 내에서의 사유에 대한 그의 의존을 설명해주고 있다. 내부적인 사건과 외부적인 사건들을 어떻게 경험하게 되는지 그 방법에 끼친 발달단계의 영향은 앞에 나온 변형의 맥락에 유념되어 왔다. 아이의 경험에 대한 프로이트의 공감에도 주목해야 하는데, 발달 초기에 느끼고 이해되는 것에 대한 그의 느낌으로서 부모의 사랑을 받아왔던 어린 동생에 대한 아이의 반응을 분명히 묘사해낸다. "부모들의 흔들리지 않는 애정의 자리에 안전하게 올랐다고 스스로 믿었던 많은 아이들은 단 일격으로 상상적인 전능함의 온 하늘로부터 내던져졌다"(1919, p. 187).

프로이트는 나중에 그 논문에서 "매질환상에 대한 논의에서 우리는 피학증의 발생에 대해 밝힌 것이 별로 없다"(p. 193)는 포기 발언을 하게 된다. 그러나 일찍이 아버지한테 매를 맞는 재구성된 환상을 "죄책감과 성적인 사랑의 수렴"으로 묘사할 때 프로이트는 "여기서 우리는 처음으로 피학증의 본질을 보게 된다"(p. 189)고 말하게 된다. 이런 명백한 모순은 피학증의 원인에 대해, 즉 "쾌락원칙을 넘어서" 존재하는 현상들의 발생에 대한 개념화에서 지속적인 어려움을 반영해주고 있다. 매질환상에 관한 논문에서 이런 수수께끼는 죄책감에 초점을 맞추는 것으로 이끌어가고 또한 "자아의 잔여와 대조해서 그 자체를 비판적인 양심으로 세우는 마음속의 기관"(p. 194)으로 이끌어간다. 훗날에 프로이트는 이것을 초자아로 기술하게 될 것이다(1923, 제3장). 부름저(1993)의 영민한 구절에서 "피학증의 수수께끼"는 프로이트로 하여금 1924년에 또 다른 괜찮은 해결책을 가정하게 만들었다. 즉 일차적 피학증이란 생각에서는 고통 속의 쾌락이나 성적인 피학증이 쾌락원칙보다는 열반이나 항상성 원칙의 지배를 받는다.

매질환상의 논문이 상대적으로 모호해진 한 가지 이유는 프로이트의 1924년 논문인 「피학증의 경제적인 문제」와 모순되고 여러 가지 점에서 그 논문으로 대체되었기 때문이다. 그 논문에서 그는 매질환상의 의미를 확장시키고 있다. 그는 다시금 발달체계를 이용하여 먹힐까봐 두려운 구강기의 공포에 주목하고 있는데, 그 다음에는 항문-가학적 충동으로서 아버지한테 매 맞길 바라는 소망이 되고, 남근기에 보이는 환상들의 피학적인 내용으로서 거세가 되며, 마지막 성기 조직에 나타나는 일차적 피학증의 변형으로서 성교하고 출산하길 바라는 소망이 된다. 그는 1919년의 논문에서 제기하거나 회피했던 문제들에 대해 언급하기 위해 1924년의 논문에서는 융합(fusion)과 분리(defusion), 초자아, 도덕적 피학증이란 개념들을 사용하고 있다. 그러나 1924년에는 빠졌거나 중요하게 여기지 않아 상실된 것을 나중 세대의 정신분석가들이 찾아보도록 하기 위해 매질환상의 논문을 들여다보는 일은 여전히 중요하다.

일찍이 우리는 프로이트의 『아이가 매를 맞고 있어요』에 포함된 중요한 많은 생각들 가운데 몇 가지를 열거해 보았다. 여기서 우리는 여전히 관련되어 보이는 가학·피학증에 관한 것들에 초점을 맞추게 될 것이다.

가학·피학증의 자기애적인 요소. 1924년 이후에 설명의 강세는 가학·피학증의 욕동 요소들에 집중되지만 1919년의 논문에서 프로이트는 수치와 굴욕과 죄책감의 역할을 강조하고 있었다. 그는 매 맞는 아이의 의식적인 환상의 인정과 표명에 대한 그의 환자들의 저항을 묘사하고, 환상에 의해 만들어진 명백히 성적인 자극에 대한 수치심들을 이것에 연결시키고 있다. 환상의 첫 번째 형태("나의 아버지는 내가 미워하는 그 아이를 매질하고 있어요")는 부모의 사랑을 받는 유일한 사람의 위치를 포기해야 하는 것에 대한 굴욕감에 의해 또한 미워하는 경쟁자를 욕보이고 싶은 소망들에 의해 동기가 주어지는 것처럼 보인다. 최근에는 정신분석가들이 다시금 피학적 현상의 자기애적인 요소들에 관심을 돌리고 있다(노빅 및 노빅, 1996a 제3장 참조).

가학·피학증과 대상관계. 제1의 성애적인 피학증이란 프로이트의 1924년 개념은 가학·피학증의 욕동 요소를 강조하게 되어 많은 사람들로 하여금 욕동들이 오로지 대상관계의 맥락에서만 명백해진다는 것을 망각하게 만들었다. 프로이트는 『아이가 매를 맞고 있어요』에서 부모와의 변하는 관계에 대한 내적인 결정인자와 외적인 결정인자에 의해 일어나는 환상의 변천을 묘사하고 있다. 매질환상은 특별한 유형의 관계—권력과 복종의 관계—를 함축하고 있다. 프로이트는 부모의 사랑을 받는 유일한 사람의 위치로부터 폐위되는 것에 대한 아이의 분노와 굴욕감에서 어떻게 그것이 출현하는지 그 윤곽을 그려내고 있다. 내적인 무력감과 아픔과 분노로부터 아이는 몹시 싫은 경쟁자를 아버지가 때려줘서 욕보이게 만드는 소망을 구성해낸다. '가학적인' 소망으로부터 아버지한테 매를 맞고 싶다는 '피학적인' 소망으로의 변형은 오이디푸스 단계의 내적인 변화에 의해 촉진된다. 그런 변화는 아이가 아버지한테 사랑받는 사람이 되어 그의 아기를 갖고 싶은 소망으로 이끌어간다. 따라서 1919년의 논문에는 가학·피학증의 대상관계적인 요소에 대한 분명한 모델이 포함되어 있다.

매질환상이 성격에 끼치는 효과. 프로이트는 아이가 아버지한테 매를 맞고 있다는 환상의 두 번째 무의식적인 단계가 "성격에 끼치는 효과들"(p. 195)을 갖는다고 지적해낸다. 그는 무의식적인 매질환상을 품고 있는 사람들이 아버지 같은 인물들에 대하여 특별한 민감성과 과민성을 발전시킨다고 쓰고 있다. 그들은 권위 있는 사람들에 의해 쉽게 기분을 상하게 되어 그들의 아버지에게 매맞는 상황이 생겨나게 된다. 그는 또한 매질환상이 "편집증의 망상적인 소송광"(p. 195)의 기초가 될 수 있다고 암시해준다. 가학·피학증과 성격 사이의 이런 관계는 더 많은 탐구를 필요로 한다고 생각되는 좋은 실례가 된다. 이런 노선을 따라 블럼(1980)은 편집증과 매질환상 간의 역동적 관계에 대해 기술하였다.

매질환상의 성애화. 프로이트는 환상의 발달순서에 관한 진술에서 오이디푸스 콤플렉스의 역할을 반복적으로 강조하고 있다. 첫째 단계에서 그 목표는 동생에 대하여 성적인 것이 아니라 주로 공격적이다. 둘째 단계에서 아버지에 대한 오이디푸스 근친상간적인 사랑은 억압되고, 매 맞는 환상은 "금지된 성기적 관계에 대한 처벌일 뿐만 아니라 그런 관계에 대한 퇴행적 치환을" 내보이기도 하며, "또한 이런 후자의 근원에서 그것은 이제부터 그것에 부착되어 있는 리비도적인 흥분을 이끌어내고 수음행위에서 배출구를 찾아내게 된다"(p. 189). 매질환상의 성-이전(presexual)단계와 성애화된(sexualized) 단계와의 구별은 우리의 1970년 연구에서 확인되었다. 보육원에서 관찰된 아이들과 분석치료를 받는 아이들이 보이는 자료들은 매질 소망의 뚜렷한 순서를 드러내 보여준다. 거의 모든 아이들이 관계에 대한 그들의 개념을 권력과 통제에 의해 형성하게 되는 시기가 있다. 매로 때리고 치거나 눌러 버리려는 공격적인 충동들의 적극적인 방출은 항문기에 연결되어 있다. 매질 소망의 발달에서 이 단계는 프로이트의 묘사처럼 매질환상의 첫째 단계와 유사하다. 즉 중요한 특징들은 그것이 성적인 것이 아니라 공격적이고 행동으로 방출되며 항문기에 적합하고 남녀 양쪽에서 일어난다는 것이다. 가학적인 성교 이론(프로이트, 1908)은 남근기 충동들과의 관계에 대한 항문기적 개념들의 지속성과 일반화가 된다.

매질 소망이 성애화되는 것은 가학적인 성교 이론을 통해 이뤄진다. 남근기에서 소년들과 소녀들 모두는 히팅 게임과 사냥게임을 하는 것으로 보였는데, 그 게임들은 강렬한 성적인 자극이 동반된다. 이 게임들에서 아이들은 놀이 공격수와 희생자 역할을 번갈아 맡는다. 널리 퍼진 성적인 자극과 수음은 대개 게임에 동반되든가 그 뒤에 따라왔다. 남녀 두 성들 간의 차이점을 인식함으로써 매를 맞는 것은 더 깊은 뜻을 얻게 된다. 항문기로부터 그것은 처벌과 사랑의 상실을 의미하게 되고, 남근기의 초기로부터 그것은 부모의 성교를 재현하게 되며, 바로 이 시점에서 두 성들 간의 분화와 함께 그것은 성교에서 여성의 체위와 거세를 보여주게 된다. 여기서 우리는 항상 소년들과 소녀들 사이가 갈라져나가는 것을 보게 되었다. 그러한 현상들은 최근에 갤런슨(1988)과 글렌(1984)에 의해 발달의 층위화가 보이는 복잡성과 풍부함에 대한 기술적인 통찰과 이론적인 통찰로 탐구되어 왔다. 프로이트는 매질환상이 초기 학령기와 후기 학령기를 거쳐 후(後)오이디푸스기로 바뀌는 변형에 대한 묘사를 계속하고 있다. 그 다음에 그는 사춘기에 일어나는 가학·피학증의 극복이나 강화에 주목하고 있다. 이것은 역시 환자들의 청소년기 경험에 대한 작업이 포함된 기술적인 중요성을 함축하고 있는 후속 연구를 위해 풍성한 영역이 된다(노빅 및 노빅, 1994, 1996b).

역동적 혹은 질병분류학적 실체로서 가학·피학증. 이 문제에 관해서는 최근에 벌어진 논쟁이 있다(패널, 1991). 프로이트는 이 논문에서 양쪽의 손을 들어주고 있지만 매질환상과 가학·피학증이 많은 진단범주들에서 발견될 수 있고 발달이론과 역동이론에 관련된 세력들의 모임에서 일어난다는 증거들을 제공해준다.

매질환상은 피학증의 본질이다. 가학·피학증에 관한 프로이트의 후기 저술들은 중대한 차원들이 덧붙여지긴 하지만 환상의 구성역할에 대한 이런 중대한 통찰력을 잃어버린 것 같고 또한 그 역사와 변천, 결정인자 및 기능에 관한 연구가 가학·피학증을 더 깊이 이해할 수 있는 관문을 어떻게 열어볼 수 있는지 그 방법도 잃어버린 것처럼 보인다.

우리는 앞에서 가학·피학증의 이론에 관련된 프로이트의 논문의 영향력을 대충 그려보았다. 그러나 그 결함에 대해서는 어떠한가? 프로이트 자신은 이 연구가 가학·피학증의 원인들에 대해서는 밝혀주지 못했음을 인정했다. 그러한 이해를 추구하려는 노력으로 그는 욕동이론의 개정으로 한 가지 해결책을 찾고 있었는데, 제1의 성애적인 피학증의 역할을 가정하는 것이다(1924). 또 다른 해결책은 죄책감이란 생각과 그 처벌에 대한 욕구 속에 포함되어 있는데, 그로부터 프로이트는 초자아의 개념과 구조이론을 발전시켰다. 이런 두 가지 발전들은 이미 간략하게 논의되었다.

『아이가 매를 맞고 있어요』에서 분명히 빠져 있는 것은 가학·피학증의 원인과 매질환상에서 전(前)오이디푸스적인 어머니의 역할이다. 프로이트는 여자 환자들에게서는 어머니에 대해 전혀 언급하지 않으면서 오직 남자 환자들한테서만 오이디푸스적인 어머니에 대해 언급하고 있다. 프로이트는 발달순서의 양 끝을 확장시킴으로써 가학·피학증의 이론적인 문제들에 대한 두 가지 해결책을 찾고 있는데, 뒤로는 제1의 피학증과 함께 구강기까지 연장하고 앞으로는 가학적인 초자아와 피학적인 자아의 구조모델 형성과 함께 유아기의 끝도 지나가게 된다. 따라서 프로이트한테서 가학·피학증의 요소들은 발달의 전(全)기간을 포함하는데, 가학·피학증의 결정인자들이 오이디푸스적인 것인지 혹은 전-오이디푸스적인 것인지 그에 대한 훗날의 논쟁에서 놓쳐버린 개념이 된다(노빅 및 노빅, 1987). 이것은 어머니가 빠져 있음을 훨씬 더 두드러지게 만드는데, 예를 들면, 구강기 동안이라도 프로이트는 아버지에 의해 먹힐지 모른다는 피학적인 공포에 대해 쓰고 있다. 그 다음의 발달단계들을 거치면서 프로이트의 묘사처럼 가학·피학증적인 환상의 주요한 대상은 아버지가 되는데, 그는 항문-가학적인 수준에서 매를 때리고 남근 수준에서는 거세를 하며 오이디푸스 수준에서 아기를 만들어내고 초자아에서는 가학적인 금지자로서 내재화된다.

어머니를 빠뜨리는 프로이트의 누락을 따라 1919년의 논문 속에는 여성성과 수동성과 피학적인 위치 사이에 동일화의 가정이 존재한다. '정상적인' 여성적 피학증이란 개념으로 이끌어가는 이러한 가정은 수많은 진영들의 더욱 가혹한 비판에도 불구하고 광범위한 문화적 및 정신분석적인 유포가 계속되고 있다. 우리의 연구에서는 이러한 동일화를 구체화하기가 불가능했다. 우리는 출산이나 자기희생과 같은 고통을 포함할 수 있는 경험 혹은 활동의 선택이 반드시 피학적이라는 의견에 동의하지 않는다. 따라서 우리는 여성적 기능들과 수동성과 피학증과의 사이에서 어떤 관계도 찾아내지 못하고 있다. 데이비스(1993)의 묘사처럼 프로이트와 그 이후의 분석가들은 수동적이란 용어를 서로 다른 수많은 방식으로 사용해왔다. 프로이트가 수동적이란 용어를 초기에 사용했고 또한 욕동 충동들의 방향에 관련해서 가장 일정하게 사용하고 있다. 매를 맞으며 침투되고 싶은 '수동적인' 소망은 피학증에 연결되었고(프로이트, 1905), 성교에서는 여성적인 체위와 동일하게 되었다. 이런 용법들은 능동태와 수동태 사이의 문법적인 차이들을 예시해 준다. 그러나 수동성은 프로이트와 다른 사람들한테서 자아의 특성을 가리키기 위해 사용되고 있는데, 고의적이고 목적-지향적이며 집중된 행동과는 반대가 된다. 우리의 작업에서는 수동성과 수용성을 구별하는 일이 유용하다는 것을 알게 되었다(노빅 및 노빅, 1996a[1987]). 수동성을 우리는 극단적인 병리적 증상에서 주의력을 지속할 수 없는 부모의 경험에 연결된 자아의 특성으로 보고 있다. 다른 한편 "피학증 환자들은 매우 수용적이며 외부세계에서 오는 그 어떤 자극도 받아들일 준비가 되어 있고…. 피학증 환자들은 고통과 실패의 추구에서 매우 능동적이고 부분적으로는 침투해오는 대상에 대해 수용적인 관계를 유지하고 있다"(p. 31).

우리의 연구에서 확인할 수 있는 프로이트의 소견은 남자들의 매질환상과 여자들의 매질환상 간의 차이점에 대한 묘사이고 또한 병리의 정도에 있어 중대한 차이점의 임상적 의미이다. 우리의 연구는 **일시적인** 매질환상이 소녀들의 경우에 오이디푸스기 이후의 정상적인 발달의 일부가 될 수 있음을 보여주었다(노빅 및 노빅, 1996a[1972]). 다른 한편 **고착된** 매질환상은 아이의 정신·성적인 생활의 영구적인 일부가 되고 사춘기의 강화 이후에 다양한 심리기능들로 작용함으로써 남녀 모두에게서 근본적인 심한 가학·피학적인 병리를 보여주고 있다.

프로이트가 빠뜨린 또 다른 흥미로운 점은 동일한 시기에 나온 그의 작업에 대한 참조이다. 즉 그는 소아들의 성이론, 특히 성교의 가학적 이론(프로이트, 1908)에 대한 묘사를 매질환상에 연결시키지 않는다. 소아들에서 매질환상(노빅 및 노빅, 1972)과 가학·피학증(노빅 및 노빅, 1987)에 관한 우리들의 작업에서 우리는 성교의 가학적 이론이 보편적인 것이고 때리고 싶은 소망의 성애화에서 핵심 역할을 맡고 있다는 것을 알게 되었다. 또한 우리는 매질환상을 구성하는 소아들에 의해 매 맞기를 넘어서는 이야기들이 만들어진다는 사실도 알게 되었다. 더욱 분석적으로 작업해보면 매질에 뒤이어 부모들이나 부모의 치환인들에 의해 아이를 매우 특별한 인간으로 취급하는 일이 항상 뒤따라오는 것을 보여주게 되어 색다르고 특별한 취급을 받을 권리가 부여되었다. "매질 다음에는 부모들의 변명이 뒤따르고 그의 궁둥이에 통증완화의 수딩 로션을 발라주는 어머니의 행동이 뒤따를 것이라고 한 아이는 상상했다." (노빅 및 노빅, 1996a[1972], p. 12). 또한 프로이트는 1919년에 성격유형에 관한 자신의 논문도 참조하지 않는데, 특히 그것은 정상적인 규칙에 대해 스스로 예외가 될 권리가 있는 것으로 느끼는 운명의 희생자인 '예외'라는 그의 묘사(프로이트, 1916)이다. 소아와 청소년 및 성인의 분석에서 얻은 우리의 데이터는 성인의 성도착증과의 동일시를 넘어서 가학·피학증의 개념을 타인들이 저지른 부정한 짓의 희생자가 되는 자신의 경험으로까지 확장시키고 있다. 그것은 자기애적인 정당화와 권리부여에 이용될 수 있는 사태가 된다. 따라서 프로이트의 작업을 더욱 추구해보면 그는 매질환상의 존재에 의한 성격의 세분화를 암시하고 있다.

프로이트는 1919년에 매질환상이 피학증의 본질이라는 의견을 말했지만, 그 생각을 더 이상 추구하지는 않았다. 우리가 그의 생각을 적용함으로써 '예외'의 성격유형에서 가학·피학증을 드러내 보이게 된다. 이것은 프로이트가 1916년의 논문에서 묘사했던 다른 두 가지 성격유형에 들어맞는다. 그 논문에서는 근원적인 매 질환상이 가학·피학적 성격장애의 구조로 인식될 수 있다. "죄책감에서 비롯된 죄인들"은 피학적인 자아를 공격하는 가학적인 초자아를 갖게 되고 따라서 우리가 제시한 프로이트의 관념의 확장에 쉽게 들어맞는다. "성공에 의해 파멸된 성격들"은 프로이트에 의해 결국엔 부정적인 치료반응으로 설명되었는데, 그는 그 반응의 특징을 도덕적 피학증에서 나온 처벌에 대한 욕구의 임상적 발현으로 삼았다(프로이트, 1923, 1924). 성공에 의해 파멸된 사람들은 쾌락이나 성취를 견뎌낼 수 없는데 그 사람들한테서 나타나는 것은 어머니와 맺는 가학·피학적인 관계의 역사가 되고, 그 관계는 서로한테 무한히 중요한 어머니의 이미지와 아이의 이미지를 보호하기 위해 디자인되어 있다. 치료에서 부정적인 치유 동기의 작용(노빅, 1980)은 분석을 결딴내려는 목표와 함께 가학·피학적 성격구성을 보호해주고 있다. 하지만 환자는 어째서 이런 병리를 유지하려고 그렇게 몹시 노력할까? 결국 이것은 인격의 작용에서 가학·피학증에 의해 발휘된 기능에 대하여 질문을 제기하게 된다.

가학·피학적 구성에 의해 발휘된 다수의 기능들은 다양한 수준의 근원들을 반영해준다. 우리의 견해로 각각의 발달단계는 가학·피학증의 임상적 발현의 원인이 된다. 유아기의 고통스러운 경험은 애착의 양식으로 변형된 다음에 특별함과 무한히 파괴적인 힘을 수용하는 표시로 변형되고, 그다음엔 오이디푸스적인 부모들과 동일하다는 확신으로 변형되다가 마지막엔 타인들의 강압으로 유아적인 소망을 만족시키는 전능한 환상으로 변형된다. 학령기에 이르러서 이전 단계들의 갈등에 대해 이런 해결책을 찾아내게 된 아이들은 현실과의 적절한 상호작용의 교체 수단을 위태롭게 만드는 마법 같은 전능한 사유체계를 세워놓게 된다. 그들은 청소년기와 성인기에 상승하는 자기 파괴적인 행동들에 의지하지 않으면서 현실을 부정하거나 회피하거나 혹은 왜곡하기가 점차 어려워진다. 이런 형성물들의 모든 요소들이 프로이트의 1919년 연구에서 찾아볼 수 있는데, 이 논문에 제시된 견해들의 많은 측면들이 훗날 보이지 않게 되든가 혹은 전혀 추적되지 않았을지라도 문화의 영향에 대한 참조와 가학·피학적인 병리의 주요한 기제로서 외재화에 대한 참조가 포함되어 있다. 우리는 이 논문을 임상적이고 이론적인 통찰과 암시의 풍부한 근원으로 알고 있지만, 가학·피학적인 기능을 드러내는 환자들과 함께 작업하는 어려움에 대하여 어떤 생각에 이르기 위해 상당히 고심해서 만들어왔던 것이다.

가학·피학적인 구성에 의해 이뤄지는 다양한 기능들은 치료에서 흔히 겉보기에 다루기 힘든 다양한 기술적 어려움들로 이끌어간다. 프로이트는 인생의 말년에 가학·피학적 현상들에 의해 유발된 이론들을 수없이 개정했음에도 불구하고 가학·피학증에 대해 언급하는 문제로 힘들어 하고 있었다. 그는 1940[1938]년에 우리가 여전히 피학적인 환자들을 다루는 데 있어 "특별히 미숙한" 상태에 놓여 있다고 썼다(p. 180). 분석가들은 그 이후 내내 동일한 실망을 경험해오고 있었다(예를 들어, 마이어스, 1988). 우리가 가학·피학적인 환자들한테서 흔히 부딪치게 되는 치료적인 곤경은 우리에게 훼방을 놓고 무기력한 느낌까지 주는 일이다.

우리는 환자들에 대한 청취와 유사한 방법으로 정신분석

적인 논문을 읽는 것에 대해 해명할 수 있다고 앞에서 적어둔 일이 있다. 가까이에 있는 자료들을 둘러싼 전후관계에 대하여 우리의 지식이 형성되는 데에 시간이 걸리고 환자의 과거와 현재를 포함하며 두 사람의 전이와 역전이를 포함하고 있다. 만일 프로이트가 『아이가 매를 맞고 있어요』에 대해 작업하고 있는 동안 그의 인생의 전체를 바라보게 된다면 우리는 애니 라이크(1960)에 의해 묘사된 자부심 조절의 정상적인 형태와 병리적인 형태를 볼 수 있을 것이다. 그 논문에서 프로이트는 폐쇄된 가학·피학적 체계를 묘사하고 있다. 그러나 그의 인생은 심각한 문제에 대해 공개적이고 창의적이며 기략이 풍부한 해결책들의 작용을 예증하고 있다. 박탈과 격리에 부딪쳐서 자신이 사랑하는 사람들을 보호하고 대비해주는 데에 무기력해진 프로이트는 가학·피학적인 정신적 형성물에서 해결책을 찾지 않았다. 오히려 그는 돈을 벌든가 물품—한 가지 예로서 토마토—으로 지불하는 방법을 찾아내는 적극적이고 적절한 반응을 보였던 것이다! 그는 자신의 불안을 계속 의식하기 위해 작업했는데, 행방불명된 그의 아들 마르틴에 대한 불안을 극복하려고 자신의 꿈들을 적극적으로 분석하였다.

아이와 청소년과 성인 환자들의 갈등에 대한 가학·피학적 해결책을 연구하면서 우리는 가학·피학증이 특수하거나 분리된 진단범주가 아니라 모든 병리의 필수적인 부분이란 결론을 내렸다. 우리의 공식화는 발달의 경로를 취하는데, 거기서는 갈등에 대한 '건강한' 해결책이나 '적응하는' 해결책이 일생에 걸쳐 공개적이고 적절한 자기통제체계에서 성취될 수 있다. 그 체계는 상호 존중하고 유쾌하며 성장을 촉진하는 관계를 기초로 하는데, 그 관계는 분리된 자율적 개인들의 현실주의적인 지각을 통해서 형성된다. 다른 한편으로 폐쇄된 전능한 가학·피학적 체계가 고통에 대한 적극적인 추구에 기초를 두고 있는데, 발달의 처음부터 끝까지 무기력감의 경험이 적대적이고 전능한 방어로 변하게 된다.

하나는 내부현실과 외부현실에 개방된 적절한 체계이고 또 하나는 프로이트에 의해 1919년에 묘사된 매질환상의 구조를 뒤따라 무한히 계속되는 가학·피학적 환상 내에 폐쇄되어 있는 전능한 체계인 두 가지 체계들에 대해 우리가 묘사하게 될 때 우리는 뚜렷이 다른 정신구조(이드, 자아, 초자아)도 참조하지 않고 여러 가지 발달단계도 참조하지 않으며 각각 사유구조의 다른 유형을 지닌 마음의 의식 영역과 무의식 영역이란 서로 다른 지형학적 차원들도 참조하지 않고 있다. 차라리 우리는 두 가지 양식의 갈등 해결책과 자부심 조절을 참조하는데, 그 각각은 발달상의 어떤 시점에서든 갈등에 대해 일어날 수 있는 반응이다.

"우리가 어딘가 다른 곳에서 진술했던 것처럼, 치료 목표들 가운데 하나는 환자로 하여금 자신이 사용하고 있는 체계를 인식하도록 도와주고 전능한 체계가 그의 능력과 성취들로 이뤄진 현실을 파괴하는 방식에 직면하도록 도와주며 결국엔 자부심의 전능한 근원을 포기하는 일이 그에게 아무것도 남기지 않는 것은 아니라는 점을 깨닫도록 도와주는 일이다. 환자가 타인들과 적절하고 공감적이며 사랑하는 상호작용을 통해 유용해진 자부심의 선택적인 근원과 애써서 접촉할 때 하나의 갈등이 두 체계들 사이에서 일어나게 된다"(노빅 및 노빅, 1996a, p. 68). 그 개인의 내부에 갈등이 존재하면 우리는 어려움의 원인에 대해 언급하는 환자의 자아와 제휴하게 되는 테크닉을 갖는다.

만일 우리가 분석적인 위치에서 프로이트의 1919년 논문을 읽는다면 그것은 역사적인 호기심 그 이상이 된다. 우리는 후기 이론에서 많은 것들이 무시되거나 상실되어 왔다는 것을 알고 있다. 즉 상실된 이런 생각들 가운데 많은 것들이 가학·피학증에 관한 현대 정신분석 이론에 관련되어 있다. 우리의 분석적인 귀는 생략과 왜곡에 주목하고, 우리는 반복보다는 오히려 통합을 향해 작업하고 있다. 환자의 자료에 경청하면서 우리는 현재에 열중하고 그것을 과거에 연결시키며 미래로 확장해간다. 따라서 이 논문과 함께 우리는 1919년의 관념들이 후기의 형식화로 발전해갈 때 초기의 개념들을 포함시키면서 그 관념들의 변형에 주목하고 있다. 끝으로 이 논문에 대한 우리의 분석적인 청취는 프로이트의 더 큰 문맥을 포함시키는데, 우리가 가학·피학증의 지속적인 문제에 대해 언급할 때 이론과 테크닉을 더욱 확장하는 쪽으로 향해가게 된다.

정신분석가가 된다는 것은 역사에 깊이 빠져드는 일이다. 그것은 분석시간의 역사, 분석, 개인과 그의 가족의 인생, 그 자신의 역사 및 정신분석적인 사유의 역사를 말한다. 그러나 우리는 역사가 그 시기의 욕구에 어울리도록 다시 써질 수 있다는 것을 너무 잘 알고 있다. 우리는 이것을 우리 환자들한테서 보게 되고 개인의 역사를 편향적으로 고쳐 쓰는 일과 싸우느라고 우리의 생애를 소모하고 있다. 최근의 논문 편집에서 이사야 베를린(1991)은 다음과 같이 쓰고 있었다. "오직 이방인들은 자신들이 어디서 왔는지, 현재의 장소로 어떻게 오게 되었는지, 어디로 가고 있는 것처럼 보이는지, 그곳에 가고 싶은지 어떤지, 그리고 만일 그렇다면 왜 그런지 또 그게 아니라면 왜 안 그런지 그에 대해 알고 싶어 하지 않을 뿐이다"(p. 2).

참고문헌

Berlin, I. 1991. *The crooked timber of humanity: Chapters in the history of ideas.* New York: Knopf.

Blum, H. P. 1980. Paranoia and beating fantasy: An inquiry into the psychoanalytic theory of paranoia. *J. Amer. Psychoan.* 28: 331-62.

Davis, R. H. 1993. *Freud's concept of passivity.* Madison, Conn.: International University Press.

Fernczi, S. 1955[1928]. The elasticity of psycho-analytic technique. In *Final contributions to the problems and methods of psycho-analysis,* ed. M. Balint, trans. E. Mosbacher et al. New York: Basic.

Freud, S. 1899. Screen memories. *S.E.* 3: 303-22.

———. 1905. Three essays on the theory of sexuality. *S.E.* 7: 125-243.

———. 1908. On the sexual theories of children. *S.E.* 9: 207-26.

———. 1912. Recommendations to physicians practising psycho-analysis. *S.E.* 12: 109-20.

———. 1913. The claims of psycho-analysis to scientific interest. *S.E.* 13: 163-90.

———. 1916. Some character-types met with in psychoanalytic work. *S.E.* 14: 311-36.

———. 1919. A child is being beaten. *S.E.* 17: 175-204.

———. 1923. The ego and the id. *S.E.* 19: 12-59.

———. 1924. The economic problem of masochism. *S.E.* 19: 157-70.

———. 1940[1938]. An outline of psychoanalysis. *S.E.* 23: 141-207.

Galenson, E. 1988. The precursors of masochism: Protomasochism. In *Masochism: Current psychoanalytic perspectives.* ed. R. A. Glick and D. I. Meyers, 189-204. Hillsdale, N.J.: Analytic.

Ganaway, G. K. 1989. Historical versus narrative truth: Clarifying the role of exogenous trauma in the etiology of MPD and its variants. *Dissociation* 2: 205-20.

Gay, P. 1988. *Freud: A life for our time.* New York: Norton.

Glenn, J. 1984. A note on loss, pain and masochism in children. *J. Amer. Psychoan.* 32: 63-73.

Grubrich-Simitis, I. 1986. Six letters of Sigmund Freud and Sandor Ferenczi on the interrelationship of psychoanalytic theory and technique. *Int. Rev. Psychoanal.* 13: 259-77.

Jones, E. 1955. *The life and work of Sigmund Freud: Years of maturity.* Vol. 2. New York: Basic.

Loftus, E. F. 1993. The reality of repressed memories. *Amer. Psychol.* 48: 518-37.

———. 1994. The repressed memory controversy. *Amer. Psychol.* 49: 443-45.

Meyers, H. 1988. A consideration of treatment techniques in relation to the functions of masochism. In *Masochism: Current psychoanalytic perspectives.* ed. R. A. Glick and D. I. Meyers, 175-89. Hillsdale, N.J.: Analytic.

Novick, J. 1980. Negative therapeutic motivation and negative therapeutic alliance. *Psychoanal. Study Child* 35: 299-320. New Haven: Yale University Press.

Novick, J. and Novick, K. K. 1972. Beating fantasies in children. *Int. J. Psycho-Anal.* 53: 237-42.

———. 1996a. *Fearful symmetry: The development and treatment of sadomasochism.* Northvale, N.J.: Jason Aronson.

———. 1996b. A developmental perspectives on omnipotence. *J. Clinical Psychoanal.* 5: 129-74.

Novick, K. K. and Novick, J. 1987. The essence of masochism. *Psychoanal. Study Child* 42: 353-84. New Haven: Yale University Press.

———. 1994. Postoedipal transformations: Latency, adolescence, and pathogenesis. *J. Amer. Psychoan.* 42: 143-70.

Panel 1991. Sadism and masochism in character disorder and resistance. M. H. Sacks, reporter. *J. Amer. Psychoan.* 39: 215-26.

Reich, A. 1960. Pathologic forms of self esteem regulation. *Psychoanal. Study Child* 15: 215-32. New Haven: Yale University Press.

Wurmser, L. 1993. *Das Raetsel des Masochismus [The riddle of masochism].* Heidelberg: Springer Verlag.

Yapko, M. D. 1994. *Suggestions of abuse: True and false memories of childhood sexual trauma.* New York: Simon and Schuster.

『아이가 매를 맞고 있어요』
임상적·역사적·문헌적 연구

패트릭 마호니

프로이트의 논문인 『아이가 매를 맞고 있어요』는 여러 가지 다양한 비판적 반응들을 이끌어냈다. 존스의 의견에 따르면, 이 논문은 "그의 경험에 대한 거장다운 분석 연구"이다(1955, p. 308). 보나파르트에 의하면, "프로이트는 그가 해결한 것보다 더 많은 문제를 만들어 냈다." 애쉬한테서 프로이트의 이 논문은 "보다 사변적인 그의 담론들 가운데 하나로서 너무 적은 사례로부터 일반화된" 것이다. 평가가 어떻든 간에 『아이가 매를 맞고 있어요』는 다음과 같은 이유만으로도 우리의 관심을 끌 만한 가치가 있다. 즉 이 논문은 신경증적 환상의 단계적인 변화에 대한 프로이트의 가장 풍부한 정교화를 담고 있으며, 동기가 억압을 이끌어내는 과정에 대한 가장 자세한 설명이 그 특색을 이루고, 소년과 소녀의 서로 다른 발달 과정에 대한 그의 인식에 있어 분수령을 보여주며, 그의 후기 이론의 중간 기착지인 부차적 요소로서 피학증에 대한 설명을 제시하였고(프로이트, 1924), 향후 초자아의 발견에 대한 조짐을 보여주고 있다.

그리하여『아이가 매를 맞고 있어요』는 프로이트의 더욱 복잡한 논문들 가운데 하나로서 우리에게 제공해주는 바가 많다. 나는 이 논문을 배경, 주요내용 및 부차적 내용, 형식의 측면에서 살펴보고, 마지막으로 차후의 정신분석학에 대한 기여의 맥락에서 이 논문이 차지하는 위치에 대해 살펴보고자 한다.

프로이트의 논문의 배경과 즉각적인 결말

매질환상에 대한 일반적인 검토가 프로이트 논문의 주요 부분을 차지하고 있지만, 그는 특별히 피학증의 기원에 대한 자신의 통찰력을 가치 있게 생각하고 있다. 그의 서신에는 분명하게 이러한 평가가 나타나 있으며 그 논문이 1919년 3월 중순에 완성되어 그 제목이 결정되었다는 스트레이치의 주장을 수정시켜 주었다(스트레이치의 주석, 1918, S.E. 17 : 177). 그리하여 1919년 1월 1일 프로이트는 페렌치에게 편지를 썼다. “난 아직도 완전히 일에 사로잡혀 있네. 곧 나는 피학증의 기원에 대한 몇 가지 참신한 것을 가져올 걸세.” 두 달이 채 지나지 않아 그의 환자이자 가까운 지인인 카타 레비에게 이렇게 말했다. “게다가 나는 창조적인 분위기 속에 있고 작은 논문 한 편을 오늘 밤 끝낼 수 있기를 바라고 있다네.”(미출판된 1919년 3월 3일의 편지). 이러한 희망은 이루어지지 않았는데, 이는 프로이트가 2주 후에 페렌치에게 쓴 편지에서 다음과 같이 말하고 있기 때문이다. "나는 피학증의 기원에 대한 27쪽짜리 대담한 연구를 끝마쳤다네. 그 연구는 『아이가 매를 맞고 있어요』라는 이름으로 나올 거야." 이 논문은 1919년 여름에 출간되었지만 그 일이 마무리되기까지는 아직 멀었다.

또 다른 이야기가 머지않아 만들어지고 있었다. 1920년 여름에 존스는 프로이트에게 한 환자이자 유능한 번역자로서 스트레이치를 소개하는 편지를 썼는데, 이렇게 조심스러운 말은 다음과 같은 이야기에 의해 터무니없이 잘못된 것으로 입증될 것이다. "저는 그가 선생님의 작품들을 번역해서 도와드리길 바라고 있습니다. (그는) 훌륭한 친구지만 허약해서 어쩌면 끈기가 없을지 모른다는 생각이 듭니다." 그해 가을에 프로이트는 제임스 스트레이치와 앨릭스 스트레이치를 분석하기 시작했다. 치료가 시작되고 얼마 안 돼서, 프로이트는 존스의 편지를 제임스 스트레이치에게 보여주었고(!), 그런 다음 몇 주 지난 뒤에 『아이가 매를 맞고 있어요』를 번역하도록 지시했다(존스, 1955, p. 410; 클라크, 1980, pp. 427–28; 스트레이치, S.E, 1: xxi). 그 시기로부터 현존하는 편지는 프로이트가 조안 리비에르를 분석한 것과 마찬가지로 그가 제임스 스트레이치와 앨릭스 스트레이치를 분석하는 과정에서 그의 저술의 번역에 대해 그들과 논의하였다는 것을 보여준다(스타이너, 1995, p. 749). 확실히 번역에 대한 논의는 분석 시간 이외에도 진행되었다. 1921년 2월 7일의 프로이트의 보고에는 다음 날에 스트레이치가 막 끝낸 번역에서 몇 가지 요점들에 관하여 그와 논의하게 되리라고 말해준다. 논의를 통해서 프로이트는 보다 진전된 수정을 하게 되었을 텐데, 이는 그가 2월 23일 존스에게 보낸 편지에서 부활

절 이전에 논문을 끝내고 싶어 하는 그의 심경을 알 수 있게 해준다. 역시 2월 23일에 존스는 프로이트에게 영어과 독일어로 스트레이치의 번역에 대한 비평을 보냈다. 하지만 존스가 오류를 지적했음에도 불구하고(p. 207/187-88), 프로이트는 스트레이치의 입장을 지지하였다(프로이드, 1993, pp. 412-13, 416). 그 후 얼마 지나지 않아, 스트레이치의 번역은 『국제 정신분석학 잡지』(1921) 창간호에 실리게 됨으로써 인정받게 되었다.

우리는 이 논문이 "형편없는 펜" 때문에 생긴 신체적 고통 속에 쓰였다는 것을 알았을 때, 프로이트의 글의 숨겨진 징벌적인 측면을 발견할 수 있다(1919년 4월 18일 존스에게 보낸 편지; 프로이트, 1993, p. 341). 숨겨진 또 다른 징벌적 측면은 더욱 길고 흥미로운 이야기를 갖고 있는데, 『아이가 매를 맞고 있어요』의 개념과 글에 수반되는 외부적인 사건과 관련되어 있다. 분명히 프로이트는 매질환상에 대한 설명에 고무되어 있었는데, 이는 그가 1918년 10월에 분석하기 시작한 그의 딸의 정신역동에 이러한 환상이 중점적이었기 때문이다. (참고로 그는 그녀에 대한 첫 번째 분석을 1922년 봄에 마쳤다.) 그리하여 그 분석이 한창 진행 중이었을 때 프로이트는 『아이가 매를 맞고 있어요』를 작성하기 시작하였던 것이다. 안나는 그의 아버지의 논문에서 다루어진 여섯 사례 중 하나였다(블래스, 1993; 영 브루엘의 1998년 저서와 비교하시오). 제목이 문법적으로 현재 진행형인 것은 프로이트가 자신의 딸에게 의원성(醫原性)으로 유혹과 학대를 하면서 상징적으로 그녀를 때리고 그녀로 하여금 매질환상을 갖도록 하는 과정 중에 있었음을 암시한다(마호니, 1992). 나는 『아이가 매를 맞고 있어요』에서 프로이트가 동일시라는 용어를 사용하지 않는다는 것을 알게 되었는데, 그것은 이자적인 강렬한 상호동일시에 대한 어휘의 부재이자 있음직한 방어적 흔적이다. 만일 프로이트가 동일시에 초점을 맞췄더라면 아마도 그의 초자아의 발견에 대한 모색을 가속화했을지도 모른다는 생각이 든다. 부모의 분석과 프로이드의 논문 두 가지에서 나온 파생물은 안나의 위장된 자서전적인 『매질환상과 백일몽』(1923)이란 논문이다. 오이디푸스적으로 생겨난 그 논문은 그녀의 통과 논문도 되었다. 즉 이 논문은 그녀의 아버지이자 그녀의 분석가가 지도하는 비엔나 정신분석학회에 제출된 회원자격 논문이었다. 안나는 오이디푸스적으로 근친상간적인 그녀의 환상이 어떻게 항문기로 퇴행하였는지, 그리고 어떻게 자위에 수반되는 매질환상으로 나타나게 되었는지 그 방식을 묘사하였다. 결국 이러한 환상은 가능성으로서의 성적인 흥분과 함께 징벌적인 "유쾌한 이야기"로 바뀌게 되었다(매질환상에 대한 안나의 이해와 아버지의 이해 간의 차이를 살펴보기 위해서는 블래스 1993을 참고).

프로이트의 논문 : 주요 문제에 관해 무엇이 말해지고 있는가

프로이트의 논문은 여섯 부분으로 구성되어 있다. 앞의 네 부분에서는 가학·피학증에 대한 부차적인 논제를 조사하고 있다. 즉 매질환상의 진화와 형성 및 그 의미를 검토하게 되는데, 이러한 매질환상은 성기적인 의미로 사랑받지 못하는 느낌과 사랑받는 느낌의 상반된 의미를 담고 있다.

프로이트의 임상 사례에서는 정신분석적으로 유명한 두 인물이 포함되어 있는데, 우리가 알고 있듯이 한 명은 그의 딸이고 다른 한 명은 어릴 적에 자신과 다른 사람들이 음경에 매를 맞는 수많은 환상을 가졌던 늑대인간이다(프로이트, 1918, pp. 26, 46-47, 63-64). 프로이트는 보나파르트에게 말하기를, 네 명의 여성 환자들은 모두 처녀였다고 한다(보나파르트, 1953). 특별히 혹은 일반적으로 언급된 남성 환자들은 대체로 그가 진정한 성도착증 환자로 분류한 측에 속하였다. 하지만 설명상의 어려움으로 프로이트는 대부분 여성 환자에게 초점을 맞추었다. 그가 고백하였듯이 "내가 한두 가지 연결을 제외하고서 여성의 사태로 한정 짓지 않았다면, 유아기의 매질환상에 대해 명확한 조사가 이루어질 수 없었을 것이다." 비록 그의 묘사를 여성 사례로 한정하였지만, 도착증에 대한 폭넓은 결론을 내리기 위해 그는 조사가 충분치 못한 "꽤나 더 많은" 사례에 의존하고 있다(pp. 182, 184, 191).

그의 정향적인 공식화에서 프로이트는 부모 콤플렉스의 발전에 있어 두 가지 중요한 단계를 묘사한다(pp. 186-188; 프로이트, 1924, p. 173). 첫째 단계에서 아이들은 반대 성의 부모와 함께 "그들의 상상적인 전능함의 온 하늘"과 "연애사건"을 즐긴다. 내적인 계통발생적 조건들이나 개체발생적인 조건들 때문에 혹은 형제자매가 태어나는 것과 같은 외부적인 사건 때문에 그러한 근친상간적이고 목가적인 상태는 슬픔으로 바뀐다.

프로이트는 소녀의 매질환상이 오이디푸스적인 갈등과 동기간의 경쟁을 중심으로 맴돌고 있어서 세 가지 단계들에서 일어난다는 것을 알게 된다. 첫째로 아버지가 한 아이를 매로 때리는데, 만일 하나라도 있다면 그 아이는 형제자매가 된다. 그 다음에 그는 환상의 창안자를 때리게 된다. 그리고 마지막으로 그녀는 한 무리의 남자아이들이 그러한 벌을 받고 있는 것을 관찰한다. 첫 번째 단계에 대한 프로이트의 세부적인 이해에 따르면, 『아이가 매를 맞고 있어요』는 그 아이의 "환상-재현"[1]이다. 프로이트가 『아이가 매를 맞고 있어요』를 첫째 단계의 의식적인 환상 재현이라고 정의하면서 시작했지만, 그는 나중에 그것이 오히려 욕망이나 실제로 일어난 사건에 대한 기억일지도 모른다고 하였다(p. 204/185). 그 다음에 그는 다음과 같은 두 가지 명제로 환상의 잠재적인 언어적 재현을 제시해 나가고 있다. "나의 아버지는 이런 다른 아이를 사랑하지 않고 오직 나만을 사랑한다."

프로이트가 첫째 단계는 직접적으로 성적인 것은 아니라고 주장하지만 그것이 가학적인 것인지 여부에 대해 그저 얼버무린다는 점을 주목해야 한다. "그것을 가학적이라 부르고 싶은 마음이 들겠지만 환상을 만들어내는 아이가 스스로를 결코 매질하지 못한다는 사실이 간과될 수는 없다"(p. 185). 두 페이지 뒤에 프로이트는 첫 번째 단계로 돌아와서 어느 누구도 "그것을 '가학적'이라고 하는 모험"을 할 수 없다고 직설적으로 언급하는 데까지 나간다. 하지만 그다음에는 최초의 표현과 비슷하게 그는 첫째 단계가 "가학적인 것으로 보인다"고 결론을 내린다(p. 195).

환상의 둘째 단계는 뒤처진 경쟁자로 확인되는 환상의 창안자가 이제는 "규칙적으로"(regelmässig, 204/185; 『표준 영역본』 17

1) 내가 슬러시에 의해 분리된 두 숫자를 사용할 때, 앞의 것은 독일어의 『프로이트 전집』(Gesammelte Werke)의 페이지를 가리키고, 뒤의 것은 『표준 영역본』(Standard Edition)의 페이지를 가리킨다.

권의 오역인 "변함없이"와 비교) 그의 아버지에게 매를 맞는다는 재구성이다. 만일 이기주의적인 관심이 첫째 단계 환상의 섹슈얼리티를 강화한다면, 둘째 단계는 그러한 자기애적인 승리를 다음과 같이 뒤집는다. "아니야, 아버지는 너를 사랑하지 않아. 너를 때리고 있으니까." 그러나 밑에 깔려 있는 메시지는 매를 맞는다는 것이 아버지와의 교류와 동일하다는 것이다. 프로이트의 주장에 따르면, 첫째 단계의 환상은 "특별한 중요성이 없지만" 둘째 단계는 "모든 단계들 가운데 가장 중요하고 가장 중대하며" 이후에 성격의 병리에 영향을 주고 여자아이들이 아버지와 닮은 사람에 대해서 적대감을 갖게 하는 원인이 된다(p. 195).

둘째 단계의 환상의 출현과 관련되어 있으면서 본질적으로 다르게 묘사된 정신역동학적 요소들은 다음과 같이 종합될 수 있다(pp. 181–82, 189, 191–94).

(1) 성적인 기능의 가학적인 요소는 "조숙하게 독립적으로" 되었고, 또한 명백한 외상의 증거도 없이 고착을 겪게 된다.
(2) 가학증이 더 이상 독립적이지 못하게 되면, 가학증은 아버지한테 사랑을 받고 싶은 근친상간적인 오이디푸스적 소망에 영향을 미친다.
(3) 죄의식으로 유발된 억압은 성기적 조직의 후유증을 무의식적인 것으로 만들고 가학증을 피학증으로 바꾼다.
(4) 그러한 죄의식으로 유발된 변화에서, 최초의 가학증은 자신에게로 향하게 되고 따라서 피학증의 수동적인 성격을 구성하게 된다.

(5) 죄의식과 함께 조숙한 가학증적 요소는 항문-가학적 단계로의 퇴행을 초래한다. 피학증의 본질은 금지된 성기적 관계 때문에 생긴 퇴행적인 처벌에 대한 리비도적인 흥분 속에 있다.

프로이트는 둘째 단계의 정신역동적인 특성을 묘사할 때 혼란과 자기모순에 빠져들게 된다. 변하기 쉬운 일반화에서 그는 확고한 진술로 시작하는데, 거기서 그는 드물게 보이는 제스처로 두 번이나 바꿔 말하며 강력하게 이런 진술을 반복한다. 환상은 "기억되지 못하고, 의식화되는 데에 성공한 일이 결코 없었다. 그것은 분석의 구성물이지만 그런데도 그런 이유 때문에 필연적이다(p. 185)." 그 뒤에 그는 다시금 강압적으로 되지만 이번에는 환상의 일반화를 두 번씩이나 변경하고 있다. 즉 그것은 "대체로 무의식 상태로 남아있는데……. 그러나 나는 환상이 대개 무의식 상태로 남아 있고 오로지 분석과정에서 재구성될 수 있다는 말을 반복하고 있다"(pp. 189-90). 뒤에 가서 그는 둘째 단계가 "무의식적"이라는 부적당한 일반화로 되돌아가고 있다(p. 195). 프로이트가 "결코 하지 않음"과 "대체로" 사이에서 왔다 갔다 하는 모습은 매우 불안하게 만들어준다. 프로이트가 이처럼 관찰된 사실을 가지고 왔다 갔다 하는 것은 저술 당시에 그의 불안정한 정동이 그의 기억에 상당한 영향을 주고 임상보고의 정확성을 떨어뜨린다는 것을 알려주고 있다.

셋째 단계의 의식적인 환상에서 (거의 대부분) 소녀의 아버지와 그 대리인이 알려지지 않은 소년들을 매질하고 있다. 이런 환상은 첫째 단계 환상의 두 번째 부분, 즉 "나의 아버지는 그 아이를 매질하고 **오직 나만을 사랑한다**"에 부착된 죄책감과 리비도적인 부하를 담고 있다. 그러나 무의식적으로 그 소녀는 음경선망 속에서 피해자를 동일시하고 있으며 피학적이면서 변장된 근친상간적인 쾌락을 즐기고 있다. 환상은 소녀가 자신의 아버지에 대한 오이디푸스적인 사랑으로부터 떠나서 오로지 소년이 되고 싶을 뿐인 남성 콤플렉스로의 진입을 보여주는 것이라고 프로이트는 주장한다. 이러한 이행 변환에서 초자아는 원래의 주체인 아버지와 아이를 애매한 주체(권위주의적인 사람과 남자아이)로 바꿔 놓는다.

프로이트에 따르면 십중팔구 환상의 창안자는 사실상 그 장면의 구경꾼으로서 그녀는 '아마도' 지켜보고 있었다(p. 186). 그런 다음 프로이트는 그녀가 '기껏해야'(höchstens : 『표준 영역본』 p. 210/190에는 '거의'로 잘못 번역됨) 구경꾼으로 보인다고 주장한다. 끝으로 프로이트는 소녀의 조건 없는 관객성을 주장한다. 즉 그 소녀는 "오로지 구경꾼이 될 뿐이다"(p. 199). 수음의 문제도 역시 프로이트의 임상적 묘사의 부분적인 부정확성을 보여주는 증거이다(안나의 진행 중인 분석에 대한 역전이적인 장애일까?) 상상된 상황의 절정에서 우리는 매질환상이 '거의 변함없이' 수음과 함께 수행된다는 말을 듣는다(p. 179; p. 180에 나오는 프로이트의 양화사인 '규칙적으로' regelmässig와 비교하시오. 『표준 영역본』에는 '변함없이'라고 잘못 번역되어 프로이트가 스스로 모순되게 하였음). 그러나 프로이트는 조금 뒤에 네 명의 여자 사례들 가운데 둘이 수음을 자제했다(p. 190)고 말할 때 스스로 뒤집었다. (1925년에 프로이트가 매질환상이 수음의 고백이라고 강조했음을 주목해보자.) 프로이트도 셋째 단계의 가학·피학증에 대해서는 변덕스러움을 보인다. 그 환상은 '가학적'이다(p. 186); 오직 그 형태만이 가학적이지만, 그 충족은 피학적이다(p. 191); 그 환상은 '분명히 가학적'이다(p. 195); 그것은 '가학적인 것으로 보인다'(p. 195).

지금까지 나는 프로이트의 논지와 몇 가지 문제의 표현을 검토해왔다. 이것이 곤혹스러움을 만들기 때문에 나는 교육적 안내로서 표를 하나 그려봤는데, 그 표는 편의상 모순되는 진술들을 고르게 펴서 소녀들의 매질환상의 세 가지 뒤얽힌 단계들을 그려본 것이다(표 2-1 참조).[2)]

소년들의 매질환상을 명확하게 하는 데에는 표가 필요치 않은데, 왜냐하면 그에 대한 프로이트의 설명이 더욱 간단하고 더욱 집중적이기 때문이다(pp. 187-91, 196-200, 203 참조). 첫째 단계에서 한 소년의 무의식적인 환상은 이렇다. "나는 나의 아버지한테 사랑을 받고 있어요." 여기서 그리고 그 다음 두 단계에서 그 소년은 전도된 오이디푸스 콤플렉스를 분명히 내보이고 아버지에 대해 수동적인 여성적 태도를 취하게 된다. 소녀의 경우와 마찬가지로 소년의 매질환상의 첫째 단계가 가학적이지 않다는 것을 강조하면서 프로이트는 그런 사실이 진전된 연구로 변경되겠는지 궁금해

---

2) 나의 개요를 완성하기 위해 나는 프로이트 논문의 핵심에 쪽수 매긴 안내를 포함시킨다. 편의상 영어로 된 『프로이트 전집의 용어색인』의 표기법을 따랐다. 따라서 나는 프로이트 논문의 각 페이지를 네 부분(a, b, c, d)으로 나눠서 예를 들어 "186b"는 186쪽의 두 번째 부분에 나오는 자료를 가리킨다. 그 자체의 설명 순서에 따라 프로이트의 전체 논문을 연구한 후에 이런 선별 도면의 순서에 따라가며 다시 읽어볼 수도 있다. (A) 소녀의 매질환상보다 앞선 천국 같은 오이디푸스 시기: 186d, 187b, 187d-88c; (B) 천국의 차선—매질환상의 속죄 시기—(1) 첫째 단계: 184d-85b, 186b, 186d-87b, 188d-89a, 195d-96a, 199a; (2) 둘째 단계: 181c-82d, 185b,c, 186b, 189a-90c, 194a-c, 195b-96a; (3) 셋째 단계: 185d-86b, 190d-91c, 195b, 195d-96a, 199b-200a.

하고 있다(p. 198). 매질환상에 대해 프로이트가 균형 잃은 비교로 이해했던 것을 감안하여 나는 (소녀들의 성생활보다는 오히려) 소년들의 성생활이 더욱 어두운 대륙이 될 수 있다는 결론을 내리게 된다.

소년들의 매질환상의 둘째 단계는 다음과 같이 말한다. "나는 나의 아버지한테 매를 맞고 있어요." 이 단계의 피학적이고 퇴행적인 환상은 '규칙적으로' 무의식적인 것이 된다(regelmässig를 '변함없이'로 번역한 스트레이치의 오역[219/198]은 프로이트로 하여금 9페이지 전에 말한 진술을 모순되게 함). 그렇지 않았으면 의식적인 셋째 단계 환상에서 그 소년은 아버지에 대한 동성애적인 사랑을 억압하고 있다. 따라서 이렇게 말하게 된다. "나는 나의 어머니한테 매를 맞고 있어요." 다시 말해 환상 속에서 훗날 어머니의 치환인처럼 그녀는 남성적인 속성을 갖게 된다.

표 2-1 소녀들의 환상의 뒤얽힌 세 단계들

	단계 1	단계 2	단계 3
환상의 최초 제시	"아이가 매를 맞고 있어요"		낯선 소년들이 불특정의 사람이나 아버지의 대리인한테 매를 맞고 있다
환상의 잠복된 언어 표상	"나의 아버지는 다른 아이를 사랑하지 않고 **오직 나만을 사랑해**"	"아니야. 그는 너를 사랑하지 않아. 그가 너를 때리고 있기 때문이야"	
환상의 창안자	창안자는 희생자와 다른데, 존재한다면 희생자는 흔히 동기간이다	창안자는 희생자이다	아마도 매질의 구경꾼(매 맞는 아이들은 환상의 창안자를 대신하는 대리인이다)

	단계 1	단계 2	단계 3
환상의 공격자	아버지	아버지	아버지 혹은 선생님과같은 그의 대리인
공격적인 행위	매질	매질	매질은 처벌이나 다른 종류의 굴욕으로 대체될 수 있다; 훗날에 정교해진 환상에서는 벌 받는 아이는 심각하게 손상되지 않는다
환상의 정신적 위상	의식적인 환상이나 소망 혹은 재구성이기보다는 입증된 사건의 기억	무의식 상태로 있음: 재구성될 수 있을 뿐임	의식적인 환상 : 그러나 아버지처럼 매질하는 사람은 재구성됨
환상의 일반적 의미	매질은 "특별한 의미가 없음"	환상의 이 단계는 "가장 중요하고 가장 중대해서" 소녀의 성격에 영향을 주어 아버지와 비슷한 사람한테 적대감을 보임	
환상의 발전적 모체	오이디푸스적인 아이의 미숙한 대상선택의 결과	피학적인 환상은 커다란 쾌락을 가져다줌 : 수음이 수반될 수 있음	환상은 그 형태만 가학적이고, 강렬한 성적인 자극이 동반되고 그 절정에는 "거의 변함 없이" 수음이 수반됨
환상의 리비도적인 의미	환상은 정상적인 오이디푸스 콤플렉스에서 생겨나 아이의 질투심을 충족시켜주고 이기주의적인 관심으로 강화됨	환상은 피학증의 본질을 보여줌: 성적인 자극은 강렬하고 모호하지 않음	소녀들은 아버지에 대한 근친상간적인 사랑을 외면하고 자신의 남성 콤플렉스의 활동이 독려됨을 보게 되며 그때부터 오직 소년으로 되길 원할 뿐임
변형적 역동	죄책감의 출현; 근친상간적인 사랑 충동의 억압	억압은 가학증을 피학증으로 변형시킴; 죄책감과 가학적 요소는 항문-가학증 단계로의 퇴행을 가져옴	아버지의 사랑을 받는 환상의 억압과 피학적인 충족을 허용함

프로이트의 논문: 다른 문제들에 대해 무엇이 말해지고 있는가

제5부의 시작에서 프로이트는 상당히 많은 수효의 보다 덜 철저하게 검토된 사례들과 함께 주요 여섯 사례들의 임상적 근거에 대해 암시적으로 언급하면서 고려되어야 할 일반적인 세 가지 문제들을 지적해주고 있다. 즉 성도착증의 원인(그의 논문의 부제)과 특히 도착증적인 피학증의 원인(그의 논문의 본래 제목) 그리고 신경증의 역동에서 성적인 차이의 역할이다. 프로이트는 이전의 생각을 변경하기 시작하는데, 성적인 기능이 조숙하게 발달하면 그 기능의 가학적 요소는 고착을 겪게 되고 훗날의 발달에서 물러나게 된다(pp. 181, 189). 이제 그는 가학적 요소가 오이디푸스 발달에서 필수적인 역할을 해내고 오이디푸스적인 리비도 부하와 죄책감을 이어받는다고 말한다(pp. 191-92). 프로이트는 약간 산만한 방식으로 성도착증이 오이디푸스 콤플렉스에서 나온다고 하며 매질환상과 도착증적인 고착들이 그 상흔이라고 계속 상정해간다(p. 193).

프로이트는 두 번째 문제—피학증의 원인—에 관해서는 별로 이야기할 것이 없음을 인정한다. 우리는 이런 성도착증이 죄책감에서 나온다고 읽어 아는데, 그 죄책감이 가학증으로 하여금 자신에게로 향하게 만들었다는 것이다. 또한 우리는 그 본질이 고통에서 유래된 성적인 쾌락에 놓여 있음을 알고 있다. 그런데도 우리는 5년 동안이나 피학증을 세 종류로 나눈 프로이트의 분류를 멀리하고 있다.

프로이트는 논문의 마지막 부분에서 그 자신이 매질하고 있는 소년들로서 플리스와 아들러를 계속 이용하고 있는데, 그들이 억압의 이론을 성적으로 왜곡했기 때문이다(반어적으로 프로이트 자신은 억압의 표적들인 리비도적인 추구와 가학적인 추구를 남성적인 것으로 인식했음). 프로이트는 억압과 성적인 특성 사이의 연결에 대하여 각각 생물학적이고 사회학적인 플리스의 이론과 아들러의 이론을 '항상' 거부했다고 주장한다. 이것은 매우 옳지 않다. 플리스에게 보낸 1897년 10월 27일의 편지에서 프로이트는 모든 사람들이 당연히 매를 맞을만하다(!)는 햄릿의 생각을 인용한 뒤에 플리스의 억압설에 대하여 주저함을 표현하고 있다(프로이트, 1985, p. 273). 또한 플리스에게 보낸 1897년 5월 23일의 M초안에서 프로이트는 아들러의 생각과 비슷한 억압의 성애화에 관한 입장을 지지하다가 같은 해 11월 14일에는 그 입장을 포기하게 된다(프로이트, 1985, pp. 246, 281). 그리고 1914년과 1918년에 그는 그것을 공개적으로 비판했다(프로이트, 1914, p. 54; 1918, pp. 110-11). 어쨌든 훗날에 프로이트의 비판적인 입장은 다음과 같았다. 모든 사람들이 반대의 성에 속하는 경향을 완전히 억압한다는 플리스의 이론은 환원적으로 자신의 성기 형태를 닮아가려는 성적인 동일시와 동등하다고 여겨진다. 정신내적으로 여성적인 모든 것을 억압하는 동기로서 작용하는 '남성지향'이 모든 사람들한테서 일어난다는 아들러의 이론은 '남성적인' 가학적 충동의 억압도 설명할 수 없고 매질환상에서 소년들의 피학적 태도 역시 설명하지 못한다는 것이다.

프로이트의 모든 저술들 하나하나에는 툭 던지는 주목할만한 주장들이 많이 들어 있는데, 여기서 몇 가지 관련된 것들을 언급하는 것은 적절한 일이다. 한 예를 든다면 우리는 프로이트의 때맞춰 생각나게 하는 것—그럴 만큼 흔히 잊어버리는 것—과 우연히 마주치게 된다. 그것은 선천적인 동성애의 증거가 여섯 살보다 더 빠르지 않고 자신의 기억상실로 한정되는 성적인 성향의 기억들에 근거할 수 없다는 것이다(p. 193). 또한 우리는 프로이트가 피학적 단계에 자기애적인 것이란 라벨을 붙이고 초자아의 효과를 자기애적인 상흔이라 부르는 데에서 자기애에 대해 계속 늘어나는 그의 인식을 높이 평가할 수 있다(pp. 193–94). 또 다른 점에 관하여 프로이트는 매질환상이 편집증적 현상의 기초를 구성한다(p. 195)는 의미심장한 통찰을 얻기 이전에는 수음에 관한 신경증 환자의 죄책감이 사춘기 때의 죄책감에 관련되기보다는 오히려 아동기의 죄책감과 수음에 동반되는 오이디푸스적인 무의식적 환상에 관련된다고 주장하였다. 초기의 병리에 관한 프로이트의 임상적 테크닉을 말해보자면 그가 아동기 수음의 결정적인 영향력에 대해 반복해서 강조했을(사례연구에서 볼 수 있듯이—프로이트, 1905, pp. 56–57, 75–82; 1909a, p. 24; 1918, pp. 24–26) 뿐만 아니라 처음 2주 동안의 치료 기간 내에서조차 곧잘 그 재구성에 열중하곤 했다(프로이트, 1909b, p. 263).

또한 프로이트는 환상이 없는 **소망**의 존재에 대하여 결정적인 주장을 내세우기도 했는데, 그것은 놀랍게도 프로이트-클라인 논쟁(킹 및 스테이너, 1991)이나 혹은 환상에 관한 대단히 중요한 많은 문헌들에도 인용되지 않고 있다. 따라서 프로이트는 매질환상의 첫째 단계에 대한 연구에서 그것이 욕망의 문제인지 기억의 문제인지 그 여부의 중요성을 대단치 않게 생각했다. 다시 말해 "더구나 '환상'의 특징들이 훗날의 매질환상으로 향하는 이 첫걸음에 속하는 것으로 생각할 수 있을지 그 여부를 말하기가 망설여진다. 아마도 그것은 **차라리** 증언되었을 사건들의 회상문제가 되거나 **혹은** 다양한 경우에 일어났던 욕망의 문제가 될 것이다. 그러나 이런 의문은 **별로 중요하지 않다**"(p. 185, 강조는 필자의 것임).

끝으로 프로이트는 마땅히 설명될 만한 이론적인 입장과 메타이론적인 입장을 만들어냈다. "습관적으로 우리의 구별에 근거하는 모든 기호들이 그 근원에 더욱 가까이 다가갈수록 그 명료함을 상실하기 쉽다"(p. 187). 달리 말해서 우리가 그 근원에 더욱 가까이 다가갈수록 우리의 묘사할 말도 더욱더 허구의 구조가 되고, 사변으로 시작되었던 것은 결정적인 주장으로 굳어갈 위험이 커진다. 유전적인 문제를 다루게 될 때 분석가들은 너무나도 자주 우리의 묘사할 언어에 이의를 제기해서 얻게 될 결과에 대한 프로이트 지혜의 관련성을 무시해왔다. 마치 시적인 정의에 대한 애정 어린 판단에 의하는 것처럼 프로이트 일반화의 가장 정교한 적용은 몇년 뒤에 방어기제들에 대한 딸의 반성에서 찾아보게 된다. "만일 여러분이 그것들을 미시적으로 들여다보면 그것들은 모두 서로에게 합쳐지게 되고…. 그 요점은 그것들을 미시적으로 바라보는 것이 아니라 거시적으로 봐야 하는데, 분리된 커다란 기제들과 구조들과 사건들, 즉 여러분이 그것들을 부르고 싶은 대로 봐야 한다는 것이다. 그것들은 각자 서로 구별될 것이고 그것들을 이론적으로 서로 분리시키는 문제는 대수롭지 않은 것이다. **여러분은 그것들을 보려면 안경을 벗어야지 안경을 써서는 안 된다**"(샌들러 및 안나 프로이트, 1983, p. 90, 강조는 필자의 것임).

스타일 : 프로이트의 논문은 형성되고 있다

내가 자주 말해왔던 것처럼 프로이트가 저술에서 채택하는 설명적인 방식은 연상과정과 비판과정을 만들어내고 촉진시켜 주었는데, 그의 방식은 글을 쓰는 행위에 나타나고 우리들의 것은 그를 읽는 행위에 나타난다. 프로이트의 복잡한 사유를 추적해보면 우리는 쉽게 그 선형적 진행을 따라가게 되지만 그의 1차 과정—폭풍의 눈—을 추적하는 일은 또 다른 문제로서, 사이클론 같은 격렬한 움직임과 함께 안과 밖으로 소용돌이치고 급락했다가 급상승하는 변화로서 예측할 수 없을 만큼 재빠르게 벗어나곤 한다. 프로이트의 설명적인 전략의 주요한 함축을 알아보려면 우리는 셰익스피어를 인용하는 것보다 더 나은 방법이 없는데, 그는 장갑을 만드는 아버지의 직업을 마음속에 새겨두고 있다가 작가로서 자신의 인생에 닥칠 수 있는 위험성에 대해 다음과 같은 불후의 글을 남겼다.

> 내 성질은 누그러지네,
> 그게 작용하는 것은, 염색업자의 손길처럼.(소네트 111)

프로이트가 설명적인 방법에서 독창적으로 훌륭해지든가 혼란스러워지는 위험을 무릅쓰고 또한 그 자신의 도구로 만들어내기도 했다. 우리는 먼저 후자의 결과로 돌아가보려고 한다.

매질환상을 지닌 아이가 어떻게 그 환상에 '얽히는지'(vertrickt :『표준 영역본』 p. 205/186에는 '관련되는지'와 비교) 묘사해 보려다가 프로이트는 자신의 설명에 혼란을 초래하게 되는데, 그것은 그가 매질환상의 가학적인 특성과 피학적인 특성 사이에서 왔다 갔다 할 때와 똑같다. 가끔 그는 독자와 함께 자신의 재구성을 계속하기도 하는데, 그것은 매우 흥미로울 수 있다. 우리가 이미 주목했던 것처럼 다른 경우에 그는 임상적인 사실들을 바꿔 버려서 세심한 독자를 불안하고 당황스럽게 만든다. 예를 들어 환자의 구경꾼 노릇에 대해 오락가락하는 프로이트의 태도는 셋째 단계의 이러한 요소가 프로이트의 명백한 주장에도 불구하고 재구성이라는 점을 보여주고 있다.

프로이트는 제6부에서 정신역동적인 특징들에 대해 약간 지리멸렬한 묘사를 계속하고 있는데, 그중 어떤 단락들은 다시 읽어야 겨우 이해할 수 있다. 그는 둘째 단계에서 어떤 사람을 대신하여 "나는 나의 아버지한테 매를 맞고 있어요"를 소년의 원래 환상으로 오인하기도 한다(p. 202). 보나파르트(1953, p. 94)는 프로이트를 읽고서 그가 소년의 환상에서 두 가지 단계들을 봤다고 생각할 만큼 무척 혼란되어 있었는데, 사실상 그는 3중의 진행을 제공하여 이런 식으로 시작될 수 있다. "나는 아버지한테 사랑을 받고… 나는 아버지한테 매를 맞고 있으며… 나는 어머니한테 매를 맞고 있어요"(p. 198). 그와 비슷하게 프로이트가 소녀의 원래 환상을 취할 때 그는 그것을 "나는 아버지한테 매를 맞고(즉 사랑을 받고) 있어요"로 오인하고 있다. 그처럼 잘못된 재구성은 실제로 첫째 단계와 둘째 단계에서 소녀의 매질환상의 잠재된 의미들을 아울러 가지고 있다.

그러나 우리는 프로이트가 자신의 표현성을 대가답게 통제하는 것을 볼 수도 있다. 다른 임상자료(마호니, 1986, 1989,

1995, 1996)에서와 마찬가지로 이 논문에서도 문학에 대한 참조는 프로이트의 마음속에서 변함없는데, 인생이 문학을 닮았다는 말과 문학이 인생을 닮았다는 말 사이에서 왔다 갔다 한다. 예를 들어서 우리는 아이들이 정교한 환상을 만들어내는 일에서 허구의 작가들과 경쟁한다고(p. 180) 읽게 되고 또한 매질환상이 두 명의 사례에서 예술적인(kunstvoller, p. 210/190) 상부구조를 가졌던 것으로 읽게 된다. 거의 예술작품의 수준에 있는 그중 하나는 프로이트의 마음을 움직여 그 주체에 대해 시적으로 쓰게끔 만든다. "환자의 입을 통해 훗날의 생활 흔적들을 충분할 만큼 큰 소리로 말해주고 있는데, 어린 시절의 요청을 위해 목소리를 높여야 하는 사람은 바로 의사이다"(pp. 183-84). 또한 우리는 『맥베스』를 인용하는 프로이트의 목소리를 듣게 되거나 혹은 그의 애송시인 밀턴의 『실낙원』의 메아리를 들을 수 있는데, 위엄 있는 지위를 잃은 악마들이 천국으로부터 던져지는 표현이다. "부모들이 제공하는 확고부동한 애정의 자리에 안전하게 올랐다고 스스로 믿었던 많은 아이들은 단 일격으로 상상적인 전능함의 온 하늘로부터 내던져졌다"(p. 187). 또한 프로이트는 완전한 사랑 속에 빠져 있는 아이한테 "때 이른 이런 개화는 서리를 맞아 상하게[geschädigt, 'damaged'] 되는 때가 찾아온다"(p. 207/188)고 시적으로 외치고 있다.

프로이트의 논문에는 눈에 띌 만큼의 실험성이 정교하게 새겨져 있는데 영어 번역본에는 제거되어 있었다(오른스톤, 1982). 간혹 스트레이치는 불필요하게 그것을 강화하곤 하는데, 그는 '움직임'(stirring : *Regung*)을 '흥분'이나 '충동'으로 번역하고 있다(p. 197 f.; p. 201/182; p. 208 f./188 f.; p. 216/195; p. 223/201; 오른스톤, 1982, pp. 413-14). 순수문학적인 뉘앙스로서 프로이트 담론의 섬세한 측면들을 거부하기로 결정한다면 그 정신역동적인 차원을 놓쳐버리게 된다. 예를 들어 프로이트 논문의 두 단락 가운데 첫 번째에는 스트레이치에 의해 수동태가 능동태로 바뀌어버린 세 구절들이 있는데, 그렇게 해서 "아이가 매를 맞고 있다"는 수동적인 환상이 감춰지는 수동성의 입문 효과를 지워버리게 된다. 조금 있다가 프로이트는 그것이 양면 거울이나 되는 것처럼 환상을 통찰력 있게 묘사하고 있다. 그것은 아이의 관찰에 의지할 뿐만 아니라 아이의 특수하고 비정상적인 체질에 대한 내부의 증언(Zeugnis, p. 200/181)도 된다. 또한 프로이트는 다시금 "단 일격"(einen einzigen Schlag, p. 206/187)처럼 행하는 사건에 대해 언급하는데, 그것이 아이한테 매질환상을 갖도록 해준다. 독일어 텍스트 덕분에 우리는 매질환상(Schlagphantasien)이라는 바로 그 결과를 닮은 타격(Schlag)의 묘사에 있어 프로이트의 언어적인 천재성을 알아볼 수 있다.

훨씬 더 훌륭한 구절에서 프로이트는 소녀의 환상이 지닌 복잡한 내용을 교묘하게 묘사하고 있다.

> 소녀는 자신의 생활에서 성애적 측면의 요구로부터 완전히 벗어나게 된다. 그녀는 남성적인 방식으로 능동적인 자신이 되지 않으면서도 환상 속의 자신을 남자로 변하게 하고, 이젠 오로지 성행위를 대신하는 그 사건의 구경꾼이 될 뿐이다.(pp. 220-221/199)

오른스톤(1982, p. 418)은 이 텍스트를 다음과 같이 번역하고 있다.

> 그 어린 소녀는 그와 같은 애정생활의 요구로부터 벗어나게 된다. 그녀는 남성적인 방식으로 능동적인 사람이 되지 않으면서도 그 스스로 남자가 된다고 환상하며 이런 행위 속에서 살게 되는데, 이젠 성적인 사람을 대신하여 오로지 구경꾼으로 살고 있다.

오른스톤의 예리한 분석에 따르면, "그녀는 그 스스로 남자가 된다고 환상한다"는 말은 그 소녀가 스스로 남자로서 환상한다는 것을 의미할 뿐만 아니라 그녀가 자신을 남자에게 성적으로 제공한다는 것도 의미한다. 또한 "그녀가 그 행위 속에서 살고 있다"란 말은 소녀가 그 행위 속에서 살고 있음을 의미할 뿐만 아니라 그녀가 성교하고 있음도 의미한다. 변동하는 역할들이 겹쳐지는데다가 교환될 수도 있는 두드러진 일차과정의 환상들을 미묘하게 제시하는 프로이트의 유려한 설명에서 그 소녀는 매질 행위에 참여하면서 동시에 관찰하고 있는데, 매질행위는 섹슈얼리티를 그 자체로 대신하고 명백히 성적인 것이 된다.

시간에 대한 프로이트의 민감함은 임상적인 천재성과 텍스트적인 천재성이란 또 하나 구별되는 특성이다. 지금의 논문에는 서로 뒤얽힌 세 가지 서술적 요소들이 있다. 즉 세 단계로 이뤄진 매질환상의 발전, 분석에서 점진적인 발견의 정서적이고 관념적인 특성, 그리고 설명적으로 드러내는 프로이트의 속도이다. 개별적으로 복잡한 이런 요소들은 경악과 경탄과 기대 그리고 주저와 의심 같은 정서가 실린 수많은 프로이트의 참조들의 시간적인 함축에 의해 강화되는데, 내가 분석적인 다른 저술에서는 알아채지 못했던 복잡한 반응성을 드러내 보인다.

보다 덜 복잡하지만 그 자체로 가치 있는 작은 서술적 플롯은 프로이트가 4년 후에 초자아라고 명명했던 것을 이해해 보려는 점진적인 노력을 그려내고 있다. 프로이트는 매질환상의 첫째 단계를 묘사할 때 죄책감이 출현하면서 그와 동시에 억압이 일어난다고 말할 뿐이다(p. 188). 그러나 둘째 단계에서 죄책감은 야기시키는 역동적 요인이 된다. 즉 그것은 가학증을 피학증으로 변형시키고 억압 행위에 가담하게 된다(pp. 189, 194). 설명에서 이 지점에 도달하면 프로이트는 기관 하나를 시험적으로 불러내게 되는데, 그 기관은 자아 속에 그 스스로를 비판적인 양심으로 수립해둔다. 약간 다른 질서에서 재빠른 독자는 프로이트가 매질환상의 정확한 표현에 대해 비-강박적인 애착을 보이고 드러난 의미와 잠재된 의미들의 종합적인 형태를 존중하면서도 연상적인 작은 변형들이 주저없이 제공되는 사례들을 관찰할 수 있다.

이후의 저술 :『아이가 매를 맞고 있어요』를 넘어서

정신분석에서 다른 많은 것들처럼 환상은 임상적 관심의 주된 초점이 되는데도 아직까지 우리가 충분히 이해할 수 없는 개념이다. 참으로 무의식적인 환상들과 그 파생물들의 만족스러운 분류는 지금도 작성되고 있어야 한다(무어 및 파인, 1990, p. 75). 당장의 주제에 더욱 가까이 다가가면 우리는 다음과 같이 묻게 된다. 가학·피학적인 수음환상과 매질환상들이 제 각각 아형(subtype)과 하위아형(sub-subtype)이 되는 그 기본적인 피학적 환상이란 무엇인가? 또한 프로이트가 암시한 굴욕의 극화처럼 숨김없는 매질환상이나 그 파생물들은 얼마나 널리 퍼져 있는가? 적절히 우리의 언어는 '때리다'(beat)는 단어사용에 있어 매우 풍부하고, 그 동의어로는 정치와 전쟁과 스포츠로부터 프로 경기에 이르기까지 수많은 생활 영역에서 '패배시키다'(defeat) 혹은 '압도하다'(subdue)를 의미하는 '으스러뜨리다, 완파하다, 궤멸시키다'(crush, vanquish, rout)와 같은 단어들이 있다. 다시 말해 우리는 흔히 호된 꾸짖음과 자기애적인 타격을 가리키기도 한다. 프로이트의 셰익스피어 인용으로 되돌아갈 수 있다면 가혹한 초자아는 상징적인 채찍질이 아닌가? 끝으로 누가 '자위하기'(beating off 혹은 beating the meat)와 같이 수음을 묘사하기 위해 젊은 남자 청소년들이 사용하는 특이한 표현에 대한 죄책감의 기여를 간과할 수 있을까?

많은 분석가들이 지지하듯이 프로이트(p. 179)는 매질환상의 편재성에 대하여 놀라움을 표시했다. 그 환상들의 보편성에 대한 주장이나 거의 보편적이라는 더 큰 주장은 특히 크리스 연구회의 고전적인 논문에서 발견되는데(조셉, 1965; 또한 보나파르트, 1953 및 갤런슨, 1980 참조), 그 논문은 프로이트의 논문과 우리 자신들의 반영된 생각들이 나오는 중간쯤에서 출간되었다.[3] 크리스 자신은 아버지가 어머니를 때리는 최초장면의 '거의 편재적인' 가학·피학적 환상을 고려하여 아이의 매질환상은 아버지한테 성적으로 사랑을 받고 싶은 욕망을 표현하며 '거의 보편적인' 것이라고 암시해준다. 굴욕과 다른 자기애적 손상들을 포함하여 매질환상과 그 다양한 파생물들의 달라지는 출현에 대해 임상적으로 민감해 있

3) 빅토리아 시대의 영국에 만연하던 채찍질 문헌의 설명을 위해서는 마르쿠스(1974)에 나오는 "아이가 매를 맞고 있어요"란 제목이 붙은 제6장을 참조하시오.

다면 크리스의 입장이 옳고 시간에 걸쳐 생겨난다는 생각은 이성을 고수하는 것인데, 환상을 고수하는 것이 더 낫겠다.

매질환상의 드러난 형태와 잠재된 형태(둘 다 시각적일 수 있음)뿐만 아니라 매질환상의 의식적인 상태나 무의식적인 상태는 특별한 환자에 따라 프로이트가 마음에 품었던 것보다 훨씬 더 크게 변화할 수도 있다. 브로덴 및 마이어스(1981)는 자신들의 훌륭한 임상논문에서 데이터를 이용하여 초자아의 요구들을 완화시키는 완고한 건강염려증적 증상들과 또한 죄책감에 의해 촉진되었던 근원적인 무의식적 매질환상과의 사이에 형성된 역동적인 관계를 보여주었다. 또 다른 관점에서 통제할 수 없는 아버지의 매질에 대한 기억 때문에 아직도 두려워하는 한 어른 환자는 그가 '살짝 때리기'(soft spank)라고 부르는 중복결정의 고도로 통제된 성교중절 때문에 형언할 수 없는 죄책감의 큰 파도를 피해 보려고 애쓴다.

비록 매질환상들이 대개 나머지 임상 양상들과는 격리되어 있고 분석시간에도 지엽적인 문제로 밝혀지지만 어째서 그것들이 어떤 환자들한테는 꽤나 중요한 문제가 되는지 그에 대한 의문은 계속 남아있다. 매질환상은 무의식적인 상태로 계속될 수 있고 성격구조에 가학·피학적인 방식으로 영향을 줄 수 있다. 또는 매질환상은 의식적인 상태로 계속되고 행동화로도 보일 수 있다. 프로이트(1919, p. 180)는 자료들을 검토해 봐도 집안에서의 실제적인 매질과 환상들 사이에 어떤 관계도 맺을 수가 없었다. 마이어스(1980)와 대조해서 아쉬(1980)는 매질환상에 대한 실제적인 매질과 관장의 영향이 임상적으로 입증된 일이 없었다고 주장했다. 그러나 어른의 삶에서 명백한 신체적 피학증의 사례에는 더욱 큰 확실성이 존재한다. 그런 경우에는 어린 시절에 실제적인 매질의 역사가 존재하기 쉽거나(헌트, 1973), 남근적인 어머니와의 전(前)오이디푸스적인 문제들이 존재하기 쉽다. 다시금 반복해서 말하면, 고착된 매질환상의 병원성(pathogenic) 징후들이 유순하게 적응하는 이행기 징후들보다 더 큰 병원성 징후들을 갖게 된다(노빅 및 노빅, 1987).

프로이트가 깊은 통찰력을 얻으려고 하는 모습을 그처럼 자주 보게 된다는 것은 대단히 흥미로운 일이지만 더욱 진전될 수는 없는데, 그 대부분이 자기분석의 한계에 의해 결정되는 상황이기 때문이다. 다형태의 유아적 섹슈얼리티에 대한 집요한 믿음과 매질환상이 이전의 발달의 최종결과물이라는 그의 추측에도 불구하고(p. 184) 그는 매질환상에 대한 아버지의 오이디푸스적인 역할을 넘어서 전-오이디푸스적인 어머니의 영향력으로 진행해갈 수 없었다. 그는 그 자신의 기반에 도달할 수 없었는데, 그는 문자 그대로 모암(mother rock)을 의미하는 Muttergestein이란 동의어로 부르기는커녕 아주 적절하게 '자연 그대로의 암석'(gewachsener Fels)이란 말로 불렀다(마호니, 1989 참조). 일찍부터 분석가들은 프로이트의 편견을 수정하면서 매질환상에 전-오이디푸스적인 어머니의 실재적인 존재나 해석된 존재에 대해 보고해 왔다(버글러, 1938, 1948). 또한 정상적인 여성 피학증에 관한 프로이트의 개념과 보나파르트의 개념(1953, p. 87)은 역사적으로 시대에 뒤떨어져 있다고 더욱 더 인정되고 있었다. 즉 여성 피학증은 정상적으로 타고났거나 발달적인 성격 특성이 아니라 오히려 여성의 신체와 그녀의 자아이상을 왜곡시키는 무의식적인 환상을 보여준다. 더욱 진전된 연구를 기다리는 많은 의문들 가운데 하나는 지속적인 매질환상에 시달리는 여자들이 어째서 남자들에 비해 심각한 장애가 적어지는 경향을 보이는지 그 이유이다(노빅 및 노빅, 1972; 퍼버, 1975).

연구자들은 기대될 수 있었던 것처럼 조숙한 가학적 요소를 일으킬 만한 죄책감과 자기애적 손상 및 형제자매간 경쟁으로 위장된 음경선망과 같은 프로이트의 요인들(프로이트, 1924, p. 254)을 넘어서 더 멀리 나아갔다. 우리가 더 많이 이해할 수 있었던 것은 환경적인 압력과 자극(최초장면에의 노출, 결핍된 육아, 불가능한 분리개별화, 등등) 및 정신내적 발달(불완전한 성기적 도식화, 병리적인 초자아 형성, 등등)이 매질환상의 결정요인이 된다는 점이다. 여기에 덧붙여 복잡한 타협형성으로서 매질환상의 기능은 점차 확대되어 다양한 노력들을 포함하게 되었는데, 신체 경계나 공생적 관계의 유지로부터 정신구조의 형성과 수음쾌락에 대한 사전의 속죄에까지 걸쳐 있고(랙스, 1992), 양가적으로 사랑하는 어머니에 대한 더욱 강렬한 파괴적 소망을 회피하려는 것과 적응적 보상을 달성하려는 것에 이른다.

끝맺음으로 두 가지 간단한 테크닉을 고려해보는 일이 적절할 것 같다. 프로이트와 독일어권의 수많은 초기 분석가들은 환자의 환상을 일인칭 내적인 독백의 일부로 구성하게 되었다. 그런 식으로 경험에 가까운 해석의 구성은 내재화 가능성을 촉진시키고 최상의 임상적 접근의 증거가 된다(내 의견으로 동의어적 별칭인 "최상의 임상적 거리"는 의사과학적인 객관성을 목표로 삼고 비(非)감정이입적인 관계의 전조가 된다). 오늘날 보고된 비교적 적은 내재화 가능한 해석들은 내적인 독백에서 제거되고 이인칭으로 설정되며 이차과정의 특징을 더 많이 내보이는 것 같다. 예를 들어보면,

"네가 네 동생을 미워하니까 아버지가 그에게 매를 때리고 있다고 상상하는 것 같아. 그건 네가 아버지의 사랑을 받는 유일한 아이라고 추측하게 만드는 처벌인 게지."

공포증의 표면에 대한 분석이 그것의 중복결정을 밝혀주는 것처럼 매질환상의 명백한 내용에 대해 특별한 관심을 기울여보면 그것의 잠재된 의미와 기능이 드러나게 된다(류윈, 1952와 비교; 퍼버, 1975). 우리는 임상적 자료에 풍부한 감각양식의 다양성과 다른 변수들에 아무리 세심한 주의를 기울여도 지나치지 않는다. 예를 들면 매 맞는 동안 부동자세로 강요되었던 기억과 결국엔 무감각해진 느낌의 기억들이고, 좌절된 전-오이디푸스적인 어머니의 젖가슴을 대신하는 엉덩이로의 대체이며(버글러, 1938, 1948), 손이나 매질도구의 상징화이고, 엉덩이를 맞거나 좌절당하는 다른 아이를 바라보면서 느끼는 흥분이며, 백일몽에서의 굴욕감이다. 오랫동안 우울증을 앓던 환자가 어린 시절 엉덩이에 매를 맞는 동안 꼼짝 못 하던 부동자세와 직접 관련되는 신체마비가 생각난다. 다른 환자들이 예상된 아버지의 매질에 대해 어머니가 경고해 주던("아버지가 오실 때까지 기다려봐!") 기억들을 훈습하고 있었던 경우에 나는 카우치에 눕거나 자유연상을 하도록 강요되는 느낌처럼 분석적인 환경이나 과정에의 복종에 대하여 분석시간 내에 느끼는 새로운 공포의 출현도 관찰하게 되었다. 다른 시간에는 복종하는 느낌이 분석가한테서 매질을 유발시키는 무의식적인 소망과 결합되어 있었다.

결론적으로 나는 『차라투스트라는 이렇게 말했다』의 첫 부분과 『보라 이 사람이로다』의 서문에서 니체가 썼던 말을 인용하고 싫어진다. "그가 단지 제자로서 머문다면 스승에 대한 고약한 보답이다."[4] 과거의 임상적 이득을 터득하고 완성한 사람들은 미래를 향하여 전진해야 한다. 매를 맞는 길 위에 머물기로 작정한 사람들은 매를 맞게 된다.

참고문헌

Ash, S. 1980. Beating fantasy: Symbiosis and child battering. *Int. J. Psychoanal. Psychother.* 8: 653-58.

Bergler, E. 1938. Preliminary phases of masculine beating fantasy. *Psychoanal. Quart.* 22: 514-636.

——. 1948. Further studies on beating fantasies. *Psychiat. Quart.* 7: 480-86.

Blass, R. 1993. Insights into the struggle of creativity: A rereading of Anna Freud's "Beating fantasies and daydreams." *Psychoanal. Study Child.* 48: 67-98.

Bonaparte, M. 1953. *Female sexuality.* New York: International Universities Press.

Broden, A. and Myers, W. 1981. Hypochondriacal symptoms; unconscious beating fantasies. *J. Amer. Psychoanal.* Assn. 29: 535-57.

Clark, R. 1980. *Freud: The man and the cause.* New York: Random House.

4) "One requiteth a teacher badly if one remains a mere student."

Ferber, L. 1975. Beating fantasies. *In Masturbation, from infancy to senescence,* ed. I. Marcus and J. Francis. 205-22. New York: International Universities Press.

Freud, A. 1923. The relation of beating fantasies to a daydream. *Int. J. Psychoanal.* 4: 89-102.

Freud, S. 1905. Fragment of an analysis of a case of hysteria. *S.E.* 7.

——. 1909a. Analysis of a phobia of a five-year-old boy. *S.E.* 10.

——. 1909b. Notes upon a case of obsessional neurosis. *S.E.* 10.

——. 1914. On the history of the psychoanalytic movement. *S.E.* 14.

——. 1918. From the history of an infantile neurosis. *S.E.* 17.

——. 1919. A child is being beaten. *S.E.* 17.

——. 1923. The ego and the id. *S.E.* 19.

——. 1924. The economic principle of masochism. *S.E.* 19.

——. 1925. Some psychical consequences of the anatomical distinction between the sexes. *S.E.* 19.

——. 1937. Analysis terminable and interminable. *S.E.* 23.

——. 1985. *The complete letters of Sigmund Freud to Wilhelm Fliess: 1887-1904.* Cambridge. Mass.: Harvard University Press.

——. 1993. *The complete correspondence of Sigmund Freud and Ernest Jones 1908-1939.* Cambridge. Mass.: Harvard University Press.

Galenson, E. 1980. Preoedipal determinants of a beating fantasy. *Int. J. Psychoanal. Psychother.* 8: 649-52.

Hunt, W. 1973. Beating fantasies and daydreams revisited:

Presentation of a case. *J. Amer. Psychoanal. Assn.* 21: 817-33.

Jones, E. 1955. *The life and work of Sigmund Freud.* Vol. 2. New York: Basic Books.

Joseph, E. reporter. 1965. Beating fantasies. In *Monograph Series of Kris Study Group.* 1965. Monograph I, 30-67. New York: International Universities Press.

King, P. and Steiner, R. eds. 1991. *The Freud-Klein controversies:* 1941-45. London: Tavistock.

Lax, R. 1992. A variation of Freud's theme in "A child is being beaten": Mother's role—some implications for superego development. *J. Amer. Psychoanal. Assn.* 40: 455-73.

Lewin, B. 1952. Phobic symptoms and dream interpretation. *Psychoanal. Quart.* 31: 295-322.

Mahony, P. 1986. *Freud and the Rat Man.* New Haven, Conn.: Yale University Press.

——. 1989. *On defining Freud's discourse.* New Haven, Conn.: Yale University Press.

——. 1992. Freud as family therapist: Reflections. *In Freud and the history of psychoanalysis,* ed. T. Gelfand and J. Kerr. Hillsdale, N.J.: Analytic.

——. 1995. *Les hurlements de l'homme aux loups.* 2d. ed. Paris: Presse Universitaire de France.

——. 1996. *Freud's Dora: A psychoanalytic, historical and textual study.* New Haven, Conn.: Yale University Press.

Marcus, S. 1974. *The other Victorians.* New York: Norton.

Moore, B. and Fine, B. eds. 1990. *Psychoanalytic terms and concepts.* New Haven, Conn.: Yale University Press.

Myers, W. 1980. The psychodynamics of a beating fantasy. *Int. J. Psychoanal. Psychother.* 8: 623-38.

Novick, K. and Novick, J. 1972. Beating fantasies in children. *Int. J. Psychoanal.* 53: 237-42.

——. 1987. The essence of masochism. *Psychoanal. Study Child.* 42: 353-84.

Ornston, D. 1982. Strachey's influence: A preliminary report. *Int. J. Psychoanal.* 63: 409-26.

Sandler, J. and Freud, A. 1983. Discussion in the Hampstead index of *The ego and the mechanisms of defence. J. Amer. Psychoanal. Assn.* 31 (Supplement): 19-146.

Strachey, J. 1955. Editor's note to "A child is being beaten." *S.E.* 17: 177-78.

——. 1966. General preface to the *Standard Edition. S.E.* 1: xiii-xxvi.

Young-Bruehl, E. 1988. *Anna Freud: A biography.* New York: Summit.

굴욕적인 환상과 불쾌의 추구

아놀드 모델

『아이가 매를 맞고 있어요』는 프로이트의 『성 이론에 관한 세 편의 논문』(1905)에서 성도착에 대한 담론의 노작으로 읽힐 수 있다. 이 논문에서 프로이트는 성도착이란 미성숙한 성적인 목표의 독점적인 고착이라 정의하면서 어린 시절에는 우리 모두 도착증적이라고 하였다. 어린이들은 구강과 항문과 생식기 같은 성감대로부터 성적인 만족감을 의식적으로 추구한다는 점에서 "정상적인" 다형태의 도착증이다. 생식기가 우위를 점하면서 성적인 성숙을 추구하는 것은 오직 청소년기에 이르러서이다. 성도착은 따라서 성기적인 결합이란 규준에서 벗어난 미성숙한 성적인 목표로 정의된다.

『성 이론에 관한 세 편의 논문』(앞으로는 『세 편의 논문』으로 부름)에서 프로이트는 남자와 여자 간에 명확히 구별되는 시기는 청소년기가 지나서라는 관점을 보여주고 있다. 페미니스트들을 격분시키고, 정신분석뿐만 아니라 프로이트까지 불명예스럽게 만드는 명분으로 이용되어온 여성의 성-생리학에 대한 프로이트의 잘못된 관점의 윤곽도 여기서 드러난다. 프로이트는 청소년기의 소녀들은 성감대를 음핵—음경의 상사기관—에서 질로 옮겨가는 어려운 일을 겪게 된다고 생각했다. 사춘기 소녀들은 수동적이면서 여성적으로 되기 위해 적극적인 남성적 방식을 포기해야만 한다. 그 결과로 질을 통한 오르가즘은 성숙한 여성성의 특징이 된 반면에 음핵을 통한 오르가즘은 남성성의 미성숙한 흔적이 된다. 프로이트는 "남자는 아동기 이후로 자신의 주요한 성감대를 유지하고 있는 반면에… 여자는 주요한 성감대를 변화시키는데, 이는 말하자면 **어린애 같은 남성성을 그만두는** 일이다."(프로이트 1905, p. 21; 필자의 강조임).

『세 편의 논문』이 출판되고 5년이 지난 1910년에 프로이트는 "수음의 해로움"에 대하여 토론하게 되는데 비엔나 정신분석학회의 의사록에 인용되어 있었다. "수음 행위와 관련되어 성적인 갈등이 일어나는 여자에게는 부가적인 요인이 나타난다. 남자의 저항은 주로 사회적인 특성으로 되어 있지만 여자에게는 그 저항이 순수한 성적인 갈등이 된다. 여자의 음핵 수음은 유아적인 행위가 되긴 하지만 부가적으로 남성적인 특성을 가지고 있다."(넌버그 및 페던, 1967, p. 562). 프로이트는 여기서 여성의 수음은 성적인 정체성에 관하여 갈등을 일으킨다고 암시하였다. 이 주제는 『아이가 매를 맞고 있어요』라는 논문에 재등장한다. 이 논문에서 그는 어떤 소년이 매를 맞고 있다는 환상을 소녀들이 보일 때, 이것은 음핵 수음의 결과가 되는 남성적 동일시를 의미한다(p. 191)는 것이다. 이것은 프로이트의 당혹스러운 진술을 설명해주는데, "[매질환상]의 둘째 단계와 셋째 단계 사이에서 소녀가 자신의 성을 바꾸는 이유는 이후 단계의 환상에서 소녀는 소년으로 변하기 때문이다"(p.

196).

성도착에 대한 프로이트의 정의는 신경증적인 증상들이 도착증적인—다시 말해 미성숙한—성적인 목표의 한 가지 표현이라는 믿음에 따라 복잡해진다. 신경증과 성도착증의 구분은 의식 상태에 따라 이루어진다. 도착증 환자에게서 미성숙한 성적인 목표는 의식적인 반면에, 신경증에게서는 무의식적이다. 이것은 신경증이 성도착증의 반대 형태라는 잘 알려진 공식으로 표현된다. 프로이트는 신경증적 증상의 뒤에 무의식적인 유아적 성적인 목표가 놓여있다고 말했는데, 그것들이 "의식으로부터 벗어나지 않고서 환상과 행동에 직접 표출될 수 있다면"(p. 165), 가장 광범위한 의미의 단어인 "도착증적"이라고 기술될 것이다. 도착증의 이런 정의를 고려해볼 때 환상은 그것이 의식적이라면 도착증적이라는 라벨이 붙을 수 있다. 프로이트는 수음의 목적으로 유지된 매질환상이 "성도착증의 기본적인 특성으로 간주될 수 있을 뿐"(p. 181)이라고 말했다.

『아이가 매를 맞고 있어요』에서 프로이트의 관찰은 4명의 여자와 2명의 남자로 구성된 여섯 사례에 기초하고 있다. 생활상에서 우유부단함 때문에 분석을 받으러 왔던 다섯 번째 환자는 "개략적인 임상진단으로 분류될 수 없거나 또는 '정신쇠약'으로 간단히 처리됐을 것이다"(p. 183). 엘리자베스 영-브루엘(1988)은 안나 프로이트의 전기에서 이 다섯 번째 환자가 사실상 정신분석가가 될지 교사가 될지 그에 관하여 우유부단함으로 허우적거리던 안나 프로이트라고 하는 설득력 있는 정황 증거들을 보여주고 있다. 아버지와 함께했던 안나의 분석은 프로이트의 논문이 출판되기 한

해 전인 1918년에 시작되었다. 안나의 첫 논문인 『매질환상과 백일몽』은 『아이가 매를 맞고 있어요』가 출판되고 나서 3년 후인 1922년의 베를린 국제학회를 위해 쓰였다. 더욱이 영-브루엘은 안나 프로이트가 논문에서 제시하고 있는 매질환상이 자서전적임에 틀림없다고 말하는데, 왜냐하면 그 논문은 안나가 임상진료를 시작하기 전에 쓰였기 때문이다. 더군다나 영-브루엘은 안나 프로이트 논문의 기술적 구조물이 『아이가 매를 맞고 있어요』에서 프로이트가 기술하고 있는 두 명의 여성 사례들의 기술적 구조물과 거의 동일하다는 데에 주목하고 있다. 아버지에 대한 근친상간적인 욕망에서 비롯된 죄책감은 매질환상의 불가피한 결정요인이라는 것이 프로이트의 중심주제이다. 프로이트가 안나를 분석하면서 이런 가정을 어떻게 다루게 되었는지 정말 놀라울 따름이다.

프로이트는 소녀들에게서 전형적인 매질환상의 발전에 대해 세 가지 단계로 기술하고 있다. 매우 이른 아동기에 일어나는 첫째 단계에서 매를 맞고 있는 아이는 자신이 아닌 다른 아이인데 대개는 형제나 자매이다. 따라서 환상의 **첫째 단계**는 동기간의 경쟁이나 질투에 의해 영향을 받는다. 환상을 갖는 아이가 매 맞는 형제자매의 목격자라는 것을 고려하면, 그녀는 아마도 그 환상으로부터 얼마큼 가학적 쾌락을 얻게 될 것이다. 매를 때리는 사람은 성인이고, 그의 정체는 처음엔 모호해 보이지만 결국엔 소녀의 아버지로 확인된다. 환상의 발달에서 둘째 단계는 매를 맞고 있는 아이가 이제는 그 자신이라는 점에서 결정적인 변화를 보인다. 따라서 환상은 피학적인 것으로 변환된다. 이것이 핵심적이자 근원적인 환상이다. (여자) 아이가 아버지한테 매를 맞고 있기 때문에 이것은 솔직히 근친상간적이다. 결과적으로 이것은 성적인 흥분과 만족의 근원을 제공해준다. 환상이 분명하게 보여주는 것은 **나의 아버지의 매질이 내 생식기를 자극한다**는 것이다. 그러나 환상은 명백한 근친상간적 속성 때문에 억압되어야만 한다. 그 환상은 억압될 뿐만 아니라 프로이트의 주장대로 결코 의식되어본 일이 없다. "둘째 단계는 모든 단계들 가운데 가장 중요하고 가장 중대하다. 그러나 우리는 어떤 의미에서 **그것이 실재했던 일이 전혀 없었다**고 말할 수 있다. **그것은 기억되지 못하고, 의식화되는 데에 성공한 일이 결코 없었다.**"(p. 185; 필자의 강조임). 나는 이 진술을 곤혹스러운 것으로 알고 있다. 프로이트가 이 환상은 결코 의식적이지 않다고 말할 때 무엇을 의미했을까? 그가 아버지한테 매를 맞고 있다는 이 중대한 근친상간적인 환상이 계통발생에서 유래되어 전혀 의식적이지 않은 "최초의 환상"으로 생각될 수 있다는 것을 넌지시 알려주고 있었을까? 프로이트는 이 점에 대해 더 이상 어떠한 언급도 하지 않았기 때문에 이것은 풀리지 않는 수수께끼가 된다. 둘째 단계가 결코 의식적이지 않다는 그의 공식을 우리가 받아들이든 말든 그것은 무의식적인 환상의 중요성을 분명히 보여주고 있다.

셋째 단계에서 환상은 이제 다시 의식적이고 다양한 방식으로 정교화될 수 있는데, 이것은 흔히 백일몽으로 확장된다. 전형적으로 환상을 가지고 있는 소녀는 선생님에게 매를 맞고 있는 미확인된 소년들의 목격자가 된다. 선생님은 아버지의 치환인일 수 있으나 그처럼 인식되지는 않는다. 셋째 단계의 가장 중요한 측면은 환상이 수음에 이용되는 명백한 성적인 흥분을 일으킨다는 점이다. 프로이트는 소년들에게서 무의식적인 환상이 부정적인 오이디푸스 소망—"나는 아버지에게 사랑받고 있다"—과 부합된다고 말하는데, 이 소망은 이제 "나는 어머니한테 매를 맞고 있다"는 의식적인 환상으로 바뀐다(p. 198). 프로이트는 그 결정적인 요인이 아버지에게 사랑받고 싶은 소년의 수동적인 여성적 소망이라고 설명해준다. 남성과 여성 모두에게서 매질환상은 아버지와의 근친상간적인 관계로부터 유래된다.

프로이트는 매 맞는 아이의 환상에 관한 이런 당혹스런 발달에 대하여 몇 가지 설명을 제공하고 있다. 종합적으로 볼 때 아이가 목격자에서 희생자로 변하는 것은 가학증에서 피학증으로의 변환을 반영하고 있다. 그는 그 이전에 『세 편의 논문』에서 이러한 변환을 관찰하였고, 이 논문에서 피학증은 가학증의 반전(inversion)으로 나타난다고 하였다(1905, p. 158). 여기서 그는 중요한 부가적인 설명을 제공하고 있다. 가학증은 죄책감으로 인해 피학증으로 변환된다는 것이다(1919, p. 189). "나는 아버지한테 매를 맞고 있어요"라는 소녀의 중요한 피학적 환상은 아버지와의 성기적 결합에 대하여 금지된 근친상간적 소망에 대한 처벌이자 동시에 그 소망에 대한 퇴행적인 대체물이기 때문에 무의식에 머물러 있다고 프로이트는 설명하고 있다. 프로이트는 순차적인 리비도 발달단계를 가정하였기 때문에, 그 단계에서 엉덩이에 매를 맞는 것은 항문적 성애로의 방어적인 퇴각을 의미하므로 퇴행적이다. 그러나 프로이트의 성도착 정의에 따르면 매질환상의 둘째 단계는 무의식적이기 때문에, 엄밀하게 말하자면 도착증적인 것이 아니다. 그것이 퇴행적인 (도착증적) 리비도 욕망을 포함하고 있다는 점에서 그것은 나중에 신경증적 증상들을 만들어내거나 혹은 성도착을 초래할 수도 있다. 프로이트는 무의식에서 오이디푸스 콤플렉스로 남아있는 것이 성인의 신경증으로 되기 쉽다고 설명한다.

소녀들의 매질환상의 둘째 (무의식적인) 단계와 수음의 목적으로 이용되는 셋째 (의식적이고 보다 정교화된) 단계의 연관성은 잠재몽 사고와 발현몽 간의 관계로 비유될 수 있다. 낮의 잔재를 이용하는 발현몽은 무의식적인 소망에 의해 생성된다. 이 표본 환상에서 낮의 잔재에 상응하는 것은 아버지한테나 학교에서 선생님한테 엉덩이에 매 맞는 것을 목격하거나 경험하는 일이다. 20세기 초에는 서유럽과 아마 북아메리카에서도 마찬가지로 교실에서의 공공연한 매질은 다반사로 일어났다. 오늘날 아이들은 더 이상 그런 굴욕적인 체벌을 겪지 않으며, 아이들의 매질환상은 이제 약간 보기 드물다는 제안이 존재한다(노빅 및 노빅, 1972).

아버지와의 성적인 결합에 대한 소망은 실제적인 매질을 목격하거나 경험하는 낮의 잔재에 의해 자극되는 근본적인 무의식적 소망이다. 이런 생성적인 소망은 백일몽처럼 이차수정을 통해 변장된다. 이런 의미에서 백일몽은 발현몽과 유사하다. 환상의 이런 셋째 단계의 변장된 속성은 수음에 이용되도록 허용됨으로써 아버지를 숨겨주는 이 변장된 환상에 의해 근친상간적인 소망이 만족될 수 있다.

나 자신의 임상 경험에서 나는 엉덩이에 매를 맞는 명백한 환상에 대한 이야기를 거의 들어본 일이 없다. 내가 관찰해왔고 상당히 만연되어 있다고 믿는 것은 여성들의 수음 환상인데, 그런 환상을 지닌 사람은 굴욕을 당하고 통제되며 품위가 떨어진다. 수음을 통해서건 성적 파트너를 통해서건 오르가즘에 도달하는데 그런 환상이 필수적이라는 것을 알게 되는 일은 드물지 않다.

어떤 분석 환자가 수음에 동반되는 다음과 같은 환상을 보고하였다. 환자는 기저귀를 차고 있고 공공연히 팬티 속에 배변을 하게 된다.[1] 이 환상은 의심할 것도 없이 복합적인 결정인자를 갖고 있지만 한 가지 의미는 명백하다. 즉 어른과 마찬가지로 아이한테도 배변 조절능력의 상실은 수치심과 굴욕감의 근본적인 원인이다. 환상에서 이런 굴욕을 성애화 함으로써 그녀는 자기의 지배영역 안으로 굴욕감을 가져올 수 있었다.

『세 편의 논문』에서 프로이트는 한 가지 기능을 담당하는 어떤 본능 체계가 매우 다른 기능을 담당하는 또 다른 체계로 전치되거나 전이되는 과정을 암시하고 있다. 프로이트는 "처음에는 성적인 활동이 [돌봄과 같은] 자기보존을 목적으로 삼는 기능들 가운데 하나에 스스로 부착되고 훗날까지도 그 기능들로부터 독립하지 못한다"(1905, p. 182).[2] 나는 프로이트의 생각을 다음과 같이 다른 말로 바꾸어 보려고 한다. 비록 돌봄과 섹슈얼리티는 서로 별개의 생물학 체계이지만 이런 체계와 결합된 정동은 다른 것으로 전치되고 결합되며 치환될 수 있다. 내가 제시한 사례에서 굴욕감은 성적인 흥분의 원인이다. 이것은 보다 일반적인 과정—고통스러운 정동의 성애화—의 한 예로 볼 수 있다. 예를 들어 불안뿐만 아니라 증오 역시 성애화될 수 있다는 것은 잘 알려져 있다. 스톨러(1975)는 성도착을 증오의 성애적인 형태로 기술하였다. 우리는 또

1) 나는 이 사례를 The Private Self(Modell, 1993)에 발표하고 있음.

2) 나는 이 관점에 대해 Some Notes on Object Relations(Modell, 1990)에 더욱 자세히 논의하고 있음.

한 어떤 사람들에게서 자기를 타인에게 굴복시키려는 소망 속에 함축된 불안이 성애화되고 또한 성도착증의 핵심이 될 수 있다는 것을 알고 있다. 따라서 매질환상으로부터 나온 쾌락은 단지 아버지에 대한 근친상간적인 욕망이나 혹은 항문이란 성감대로의 리비도적인 퇴행만으로는 설명될 수 없다.

매질환상이 성교에 필수적이라면 환상의 부가적 기능에 주목해 보자. 환상의 공유되지 않은 사적인 세계가 창조되고 있는 한에 있어서 그 주체는 다른 사람과의 경험에 몰두하지 않을 것이다. 이것은 타인의 존재 가운데에도 홀로 남는 방법이다.[3] 이런 사적인 내부세계는 안나 프로이트가 자신의 분석 기간 동안 쓴 시작품에 기록되어 있는데(영-브루엘, 1988, p. 83에서 인용함), 다음과 같은 시행들이 포함되어 있다.

> 내가 살아가고 있는
>
> 세계의 이미지 속에, 나는 바쁘게도
>
> 내 자신을 위한 작은 세상을 건설하면서
>
> 내 자신의 능력 안에서 축소모형을 만들었네.

우리의 현대 문화에서 매질환상의 이환율에 관하여 어떤 일반적인 결론을 도출해내기란 쉽지 않다. 앞서 언급했듯이, 나는 프로이트가 자신의 논문에서 제시했던 것과 같은 전형적인 매질환상을 자주 본 일이 없으며 그런 환상이 20세기 초에 퍼졌던 것만큼

---

3) 나는 이 주제를 The Private Self(Modell, 1993)에 논의하고 있음.

오늘날에도 빈번한지 판단할 수 없다. 그런 환상에 대한 현대적인 설명이 최근에 《뉴요커》라는 주간지에 여성문제를 다루는 특별판으로 나왔다. 저자인 다프네 머킨(1996)은 평생 동안 엉덩이에 매를 맞는 환상에 사로잡혀 있었다고 기술했다. 그녀는 자서전에서 부모 모두에게 정서적으로 접근할 수 없었다는 것을 강조하였다. 그녀는 엉덩이를 맞은 기억은 없었지만 유모가 그녀의 남동생한테 그렇게 처벌하는 것을 흔히 목격했다. 그녀는 "남동생이 벌 받는 것을 보면서, 나는 그러한 엉덩이 때리기가 사랑의 한 형태라고 해석했다. 굴욕감은 다행히 다른 사람의 몫이었다. 하지만 어린 남동생의 벌거벗긴 동그란 엉덩이에 모아진 그런 관심과 에너지에 대해서는 뭔가 부러워할 만한 것이 있었다"고 말했다. 그녀는 다음과 같이 덧붙인다. "엉덩이 때리기는 분명한 시작과 끝이 있고, 맞고 나서 생활은 다시 보통의 일상으로 돌아갔다. 그와는 대조적으로 엄마가 벌을 주는 방식은 더욱 간결하지 못했다 : 엄마는 나에게 말 한 마디 건네지 않고도 며칠씩 지낼 수 있었다." 머킨의 설명에서 무반응적인 엄마의 역할은 아버지에 대한 근친상간적인 욕망보다 매질환상에 대한 설명을 더 많이 하고 있는 것처럼 보인다. 아마도 이것은 문학작품이라는 반응을 보일 것이고 프로이트는 아버지에 대한 근친상간적인 욕망이 무의식적인 것이라고 분명하게 상정했다는 반응을 보일 것이다. 그럼에도 불구하고 이 여자의 이야기는 오르가즘에 도달하기 위해 굴욕적인 환상을 떠올리는 여자들에 대한 내 자신의 관찰과 일치하고 있다. 남자에 의해 굴욕감이 가해지는 (여자들의) 그런 환상 속에서 나는 의심할 여지 없이 성적 흥분을 아버지한테서 찾아낼 수 있게 되지만 어머니와의 초기 관계에서 더욱 핵심적인 결정요인을 찾아낼 수 있을 거라고 강력한 낌새를 맡고 있다. 특히 굴욕의 환상이 불쾌의 추구라고 하는 기술과 동반되는 그런 사례에서는 더욱 그렇다.

유아를 관찰한 결과로서 우리는 모자간의 초기 정서적 대화의 중요성에 매우 민감해져 있다. 우울하거나 다른 이유 때문에 정서적으로 무반응적인 어머니의 아이들은 엄마를 무생물의 "죽은" 대상(그린, 1983)으로 경험하게 된다. 엄마한테 즐거움이 없다는 것은 아이들에게 생기를 불어넣지 못하고, 그런 아이는 자신을 죽은 것으로 경험하게 된다. 이러한 관점으로부터 굴욕의 환상에서 나온 흥분과 각성은 자기의 죽음에 대한 해독제이자 자기-증오의 표현이다. 《뉴요커》의 기사에 머킨은 다음과 같이 적었다. "내가 실제로 의심해 보았던 것은 엉덩이를 맞다가 죽기를 원했다는 것인가 하는 점이다. 그것은 나의 슬픔에서 벗어나 마비되고 영원히 무감각해진 상태로 옮겨가길 원했던 것이다." 따라서 나는 아이가 매 맞고 있다는 환상을 자기의 정신병리라는 더욱 더 넓은 맥락에 놓아두려고 한다.

프로이트는 확실히 이런 피학적 환상의 생성에서 중심적인 역할을 죄책감에 두었는데 그 생각은 옳은 것 같다. 그러나 나는 죄책감의 내용이 프로이트가 기술한 것처럼 한결같이 근친상간적인 것인지에 대해서는 의구심이 든다. 아버지에게 매를 맞고 싶은 소망은 이런 전형적인 환상의 유일한 결정요인도 아니고 아마도 주요한 결정요인도 아닐 것이다. 몇년 전에 나는 많은 사람들에게서 무의식적인 죄책감의 근원이 되는 원초적이거나 기본적인 환상을 보았다(모델, 1965). 기본적인 경험이란 다음과 같다. 뭔가 "좋은 것"

이 몸/자기 속으로 들어가게 될 때, 그것은 "사라져버리는" 것이라서 다른 가족들한테는 이용될 수 없다. 어떤 사람이 뭔가 좋은 것— 뭔가 쾌락적인 것—을 갖는다는 것은 다른 사람한테서는 박탈되고 고갈된다는 것을 의미한다. 여기서 다른 사람은 결국 어머니로 확인되는데, 그 어머니는 환상 속에서 아이가 쾌락을 얻는 결과로 손상을 입게 된다. 따라서 아이가 쾌락을 경험하려면 엄마의 허락이 필요하게 된다. 만일 모자간의 대화에서 엄마가 무반응이거나 심리적으로 죽었다면 아이는 아마도 쾌락 추구에서 금지를 경험하게 될지 모른다. 그러면 표본 환상은 타협 형성이 존재하는 한 증상으로 생각될 수 있는데, 다시 말해 성적인 쾌락의 추구는 굴욕의 고통에 의해 부정되어야 한다는 것이다.

굴욕적인 환상이나 피학적인 환상의 현상은 따라서 프로이트의 논문에서 의미하는 것보다 더욱 복잡하고 불가사의하다. 첫째로 그것은 한결같지 않고 넓은 범위의 개별적인 변이를 따르게 된다. 더구나 그 어떤 증상에서도 그러하듯이, 오이디푸스 콤플렉스뿐 아니라 서로 관련된 다양한 결정요인들의 그물망을 알아볼 수 있다.

영-브루엘의 전기가 나타난 이후로 나는 프로이트 자신의 딸인 안나의 분석을 생각하지 않고는 『아이가 매를 맞고 있어요』를 읽을 수 없다. 나는 그의 딸이 여섯 명의 환자들 가운데 단 하나일지라도 딸의 분석에 대한 프로이트의 경험이 이 논문에 스며들어 있고 그의 공식에 초점을 맞추도록 도와준다고 강력히 확신하고 있다. 그의 핵심적인 발견은 아이가 매를 맞고 있다는 환상의 이면에 있는 무의식적인 생각이 "아버지가 내 엉덩이를 때리고 있고,

이것은 내 생식기를 자극해요"라는 것이다. 프로이트는 자기 딸의 내적인 삶에서 이런 조직화된 환상을 관찰했을 때 어떻게 반응했을까? 환상의 둘째 단계는 결코 의식화되지 않기에 따라서 실제적인 경험과 아무런 상관도 없다는 그의 당혹스런 주장은 자기 딸과의 그 어떤 유혹적인 연루도 인식하지 못할 만큼 거리를 두고 싶었던 소망을 나타냈던 것일까? 프로이트가 자기 딸의 수음 환상을 출판했다는 것은 무엇을 의미할까? 이것은 의심할 여지 없이 딸의 동의로 이루어졌지만, 그녀의 순종은 무엇을 의미할까? 이런 질문들에는 여전히 답이 없지만, 그 질문들은 안나와 맺는 프로이트의 의식적이고 무의식적인 관계의 측면들이 매질환상에 대한 프로이트의 분석과 뒤섞여 있다는 것을 암시해주고 있다. 이 논문의 출판은 과연 프로이트와 딸 사이에 공모행위가 이루어졌다는 것을 의미할까? 프로이트는 (아버지와의) 남성적 동일시를 강조하였고, 이는 어린 소녀의 매질환상에서 일정 부분을 이루고 있다. 안나 프로이트에게 자신의 『매질환상과 백일몽』이라는 논문 발표는 그녀가 교사보다는 차라리 정신분석가가 되기로 결정하는 수단이 되었다. 이런 방식으로 아버지와의 동일시를 굳히면서 안나는 『아이가 매를 맞고 있어요』에서 아버지가 그려내는 이론을 확인해주었다. 영-브루엘은 안나의 논문에 대한 프로이트의 반응이 불안과 뒤섞인 아버지다운 자랑스러움에 주목하고 있다. 그녀는 안나가 자신의 논문을 비엔나 정신분석학회의 심사용 강연원고로 제출하려는 계획을 세웠을 때, 프로이트가 막스 아이팅곤에게 편지를 보냈다고 보고한다. 프로이트는 그 편지에서 자기 자신을 로마 공화정의 전설적 창시자이자 법정의 최고 법무관이었던 유니우스 브루투스에 비유하였다. (유니우스 브루투스는 반란음모에 가담했던 자신의 아들을 처형시켰다.) 안나를 아들로 여기면서 프로이트는 안나의 남성적 동일시를 반영하고 있는 것처럼 보인다.

「아이가 매를 맞고 있어요」는 그 자체만으로도 또한 동시에 정신분석 역사의 한 부분으로도 그 영향이 풍부한 논문이다.

참고문헌

Freud, S. 1905. Three essays on the theory of sexuality. *S.E.* 7.

——. 1919. A child is being beaten. *S.E.* 17.

Green, A. 1983. *On private madness.* Madison, Conn.: International Universities Press.

Merkin, D. 1996. Personal history—unlikely obsession. *The New Yorker.* Feb. 26 & Mar. 4: 98-115.

Modell, A. 1965. On having the right to a life: An aspect of the superego's development. *Int. J. Psycho-Anal.* 46: 323-31.

——. 1990. Some notes on object relations, "classical" theory and the problem of instincts(drives). *Psychoanal. Inquiry* 10: 182-96.

——. 1993. The *private self.* Cambridge, Mass.: Harvard University Press.

Novick, J. and Novick, K. K. 1972. Beating fantasies in children. *Int. J. Psycho-Anal.* 53: 237-42.

Nunberg, H. and Federn, E. eds. 1967. *Minutes of the Vienna Psychoanalytic Society.* Vol. 2. New York: International Universities Press.

Stoller, R. 1975. Perversion: *The erotic form of hatred.* Washington: American Psychiatric Press.

Young-Bruehl, E. 1988. *Anna Freud: A biography.* New York: Summit.

프로이트의 『"아이가 매를 맞고 있어요": 성도착증의 원인 연구에 대한 기고문』에 관한 논평

레오나드 셍골드

프로이트는 이 논문에서 가학피학적 현상의 특수한 순서를 여섯 명의 환자들한테서 관찰하여 도출된 결론과 미스터리를 보여주고 있다. 그 순서들은 매질환상에 중점을 두는데, 프로이트는 "피학증의 본질"(p. 189)로서 그 특징을 삼고 있다. 그가 이런 환상에 초점을 두는 것은 평범한 가설에 이의를 제기하는 어떤 의문들을 불러일으키게 된다. 어째서 매를 맞고 싶어 할까? 관련된 소망과 충동은 어떻게 반복하려는 강박을 따르게 되는가? 이것이 어떻게 성도착증으로 되는가? 성도착적인 피학적 충동은 대립적인 애매성의 수많은 종류로 존재한다. 그것들은 환상을 특징으로 하며 압도적이고 강렬한 성적인 쾌락을 약속하는 것과 관련되기 쉽다. 그 환상은 (허락된다면) 행동에서 대개 동시에 일어나는 잠재적인 금지의 "불쾌"—불안과 불만과 혐오감—를 일시적으로 극복시켜 줄 수 있다.

프로이트를 읽고 논평하고 또한 (특히) 인용하는 데 있어서 최선으로 어떤 견해에 대한, 특히 프로이트의 견해와 프로이트학파의 견해에 대한 역사학자의 시각을 필요로 한다. 최근에 우리는 프로이트의 사례에 대한 논평과 비판에 대해 동등하지 않은 가치를 지닌 논문들이 쏟아져 나오는 것을 지켜보고 있었다. 많은 논문들은 연대기적인 순서를 무시하면서, 1900년대 초의 프로이트의 생각들이 나중의 견해들을 예기하지 못할 뿐만 아니라 현재의 심리적인 추세를 따라가지도 못했다고 비난하려는 경향을 보인다. 프로이트는 『아이가 매를 맞고 있어요』를 (1918년에 써서) 1919년에 출간하였고, 그 이후로부터 그의 주요 이론들의 많은 수정들이 나왔는데, 예를 들면, 그의 본능이론의 수정(『쾌락원칙을 넘어서』, 1920년)과 마음의 지형학적 모델로부터 구조적 모델로의 수정(『자아와 이드』, 1923년) 그리고 불안이론의 수정(『금지와 증상 및 불안』, 1926년) 같은 것들이 있다. 그는 그때까지도 리비도의 발달과 자아발달의 오이디푸스 이전단계에 대한 체계적인 견해에 도달하지 못했고, 어머니의 역할과 여성들에 관한 자신의 견해를 수정하는 일도 아직 시작하지 못했다(영-브루엘, 1988 참조). 또한 그는 피학증에 대해 할 말이 좀 더 남아 있었다(1924년의 『피학증의 경제적 문제』; 1940년의 『정신분석의 윤곽』; 기타 등등).

그 이후 (프로이트의 생각에 대조되는) 프로이트학파 생각들의 발전을 고려해보면 우리는 그가 거인이라서 그 이후의 심리학적 사상가들이 (은유적인 문구를 사용하여) 그의 어깨 위에 서 있다는 것을 기억해둬야 한다. 어떤 사람들은 이런 사실을 모르는 것 같고 또 어떤 사람들은 그의 어깨를 열심히 물어뜯고 있다. 지난 몇

년 동안 프로이트의 성격과 사상에 대한 공격들이 쏟아졌는데 정당하고 균형 잡힌 것으로부터 편향되고 살인적인 것에 이르기까지 다양했다. 해롤드 블룸은 자신의 책에 『영향의 불안』(1973)이란 제목을 붙였는데, 이 제목은 지적인 창조의 삶에서 이전 세대의 창조적인 사상가들의 지배적인 사상들을 흡수하거나 제거하려는 갈등의 묘사를 잘 요약해주고 있다. 이것은 (블룸한테는 아니더라도 정신분석가들한테는 그들의 세련된 사상이 환원적인 공식을 회피하게 만듦) 부친살해의 충동—살인적이고 식인적인 충동, 오이디푸스적인 충동과 전-오이디푸스적인 충동—에서 유래된 더욱 깊숙한 무의식적 소망들에 관련될 것이다. 이런 소망들은 간혹 잘 승화되지 못하는 수도 있어서 원초적인 증오로 가득 찬 열정을 보여주기도 한다. 이런 종류의 강렬한 증오는 특히 카리스마 넘치는 지적인 지도자를 이전에 믿거나 따랐던 사람들한테서 찾아볼 수 있지만 물론 그들한테 국한되는 것은 아니다. 주창자로부터 변절자에게로 가는 열정적인 감정의 경로에는 최근 수십 년 동안 마르크스와 프로이트의 많은 추종자들이 따라가고 있었다. 프로이트에 대한 맹비난이 적어도 미국에서는 최근의 지적인 패션이 되어가고 있다. 다시 말해서 프로이트는 물어뜯기는(bitten) 거인일 뿐만 아니라 매 맞고(beaten) 있는 아이도 되었다. 1919년의 논문을 들여다보는 일은 이런 현상에 어떤 시각을 제공해줄 것이다.

도움을 받으러 오는 심리적으로 고통받는 사람들은 치료자의 공감을 필요로 한다. 이것을 충족시켜주는 일이 항상 쉬운 것은 아니다. 공감에 대한 이상적인 교훈은 기원전 로마의 극작가인 테렌스의 말이다. "인간적이 아닌 것은 어떤 것도 나에겐 생경하다."

이런 불가능한 기준에 맞춰 살아가려고 노력하는 장래의 구조자는 프로이트가 "쾌락원칙을 넘어선"(1920년) 것으로 그 특징을 삼는 환자의 병리가 정신영역에 존재할 때 가장 큰 어려움에 부딪히게 된다. 인간의 공격적인 현상들—살인과 식인풍습—을 이해하기 어려운 캄캄한 길이 비논리적이고 자기-파괴적인 미스터리라는 은유적인 장소에 놓여 있는데, 그런 현상은 타자들(그들은 간혹 방어적이고 적응적인 것으로 이해될 수 있는 곳)을 목표로 삼았을 뿐만 아니라 자기 내부로 향함으로써 본능적인 자기보존의 동기가 부여된다는 우리의 지속적인 추정에 모순이 되기도 했다.

공격적인 충동들은 초기 정신발달 과정상의 어느 시점에서 성적인 충동과 뒤섞인다. 타자들의 고통을 원하거나 바라보거나 혹은 일으키면서 성적인 흥분과 기쁨까지 느끼는 가학증은 매우 어리둥절케 만든다. (우리는 모두 천국에서 본래적인 순결의 신화에 매달릴 필요가 있다.) 피학증의 감정적 논리—성적인 각성과 자신에게로 향하는 공격의 혼합—를 따르기가 훨씬 더 어렵다. 두 가지의 합류라는 개인적이고 역동적으로 가변적인 각자의 양식을 지닌 각각의 인간들한테 가학증과 피학증은 언제나 한 꾸러미로 함께 일어난다. 가학피학적인 충동은 개인에 따른 정신적 방어의 무수한 변형들에 의해 더욱 분화되는데, 그 방어들은 모든 사람의 불가피한 양가감정의 일부가 되는 충동들에 대비하여 배열되는 것이다. 이처럼 무한한 변형들은 동일한 요소에서 형성된 현상들을 만들어내지만, (우리의 공통된 얼굴 모습처럼) 정확히 닮은 두 가지 조합은 존재하지 않는다. 이런 개인 특유의 특별한 차이점을 찾아내면서 느끼는 참신한 발견의 흥분은 정신분석 작업의 부수적인 이득들 가운데 하나이다.

우리는 특히 우리들 자신과 관련된 인간본성의 파괴적이고 사악한 부분의 존재를 알고 있으면서도 쉽게 받아들이지 않는다. 그러한 것들이 정말로 존재할 수 있을까? 여기서 냉혹한 현실의 수용은 단지 어리석음을 가져오거나 망상과 부정을 만들어낼 뿐이다. 우리는 모두 당연히 그러한 부정(그리고 망상들)을 만들어내기 쉽고 간혹은 필요로 하는데, 적어도 우리들 자신과 관련하여 에덴의 약속을 쉽게—또한 아마 결코 완전히—포기하지는 못할 것이다(셍골드, 1995 참조). 공격을 인간한테 내재된 (따라서 그 자신의) 생물학적 본성으로—계통발생의 일부, 즉 상속된 본능적 욕동으로—받아들이는 것은 가장 어려운 일이 될 것이다. 프로이트 학설의 이 부분은 이미 매질환상의 논문에서 시작되었지만 『쾌락원칙을 넘어서』(1920)와 『문명과 그의 불만』(1930)에서는 강력하고 비관적으로 설명되어 있는데, 특히 최근 수년 동안 계속 비판에 시달려 왔다. 공격에 대한 원인제공으로서 비극적인 면은 적지만 변함없이 존재하는 환경적인 요소를 강조하는 것은 분명히 더욱 안심시켜주는 일이다. 다시 말해서 그러한 원인제공에는 불가피한 좌절과 좋지 않은 육아, 나쁜 사회적 영향력 및 어떤 사람들한테는 나쁜 초자연력도 있다. (악마 혹은 어떤 종류의 마술적으로 부여된 불길한 적대자[1]와 동일한 그의 등가물은 악을 투사하고 전이하는 데에 필요한 인물이 되어왔다.) 우리의 타고난 파괴적인 동물적 본성을 완화시키는 것은 기적에 의지하거나 또는 그 가능성이 희미하지만 분명히

---

1) 사탄은 '적대자'(adversary)에 해당하는 히브리어이다. 그는 창세기에 나타나는 것이 아니라 나중에 역대기 상과 욥기에 나타난다.

있을성 싶지 않은 무의식적이고 생물학적이면서 수정되고 진화하는 징후에 의존해야 하기보다는 차라리 악이 외부에 존재하거나 외부로부터 오는 것처럼 느껴질 때 우리의 의지에 의해 적어도 개선되리라는 희망이 더욱 커진다(트릴링, 1955 참조). 자기애는 인간들의, 특히 자기 자신의 중심적 역할과 향상을 위해 전념하는 어떤 '더 높은 목표'를 향해 밀고 나아가고 있는데, 그 목표는 우리의 지혜로는 확신할 수 없는 것이다.

프로이트의 논문은 아직도 유효한 임상적 진술로 시작되고 있다. "분석치료를 받으려고 찾아오는 사람들이 얼마나 자주 '아이가 매를 맞고 있다'는 환상 속에 빠져 있었는지 고백하게 되면 놀라게 될 것이다"(p. 179). 진료 중에 프로이트는 (매우 어린 시절에 시작된) 환상이 어느 시기가 되면 수음과 연결된다는 것을 발견하였다. 수음이 진행됨에 따라 환상-행동의 결합은 반복강박적인 강렬함을 획득하기 쉽다. 프로이트는 있음직한 환상의 대체적인 빈도와 그 결과에 대해 언급하고 있다. 그는 환상-수음 콤플렉스를 소아의 일시적인 발달현상으로 보고 있는데, 그것은 간혹 만성적이고 강렬한 병리로 진행되어 가는 "유아 도착증"(p. 181)의 일부이다.[2)] 매질환상은 더 어릴 때 시작되지만 6살 때 학교에 가서 대개는 소년들인 다른 사람들이 매 맞는 모습을 보게 될 때 더욱 강화된다고 프로이트는 말한다(이 말은 1918년에 있었다). 아이들이 집안에서 매 맞는 일은 매우 드물었다. "자료의 편파성 때문에 그 관계가 전도된 것이라는 첫 번째 의심을 확인하기란 불가능했다. [그 환

---

2) 소아에서 매질환상에 관하여 발달적으로 '정상적인' 일시성이지만 병리적인 고착이 되기도 한다는 이런 생각은 노빅 부부에 의해 결정적으로 표현된 최근의 견해이다.

자들은] 어린 시절에 매 맞은 일이 매우 드물었거나, 아무튼 회초리의 도움으로 길러진 것은 아니다"(p. 180). 프로이트의 '의심'은 특히 최근의 지식에 비춰보면 (반드시 거부되지는 않을지라도) 물어볼 필요는 있는데, 프로이트가 『아이가 매를 맞고 있어요』라는 논문을 쓰기 직전인 1918년에 분석을 시작했던 그의 딸 안나가 수음-매질환상에 대한 아버지의 관찰에서 주요한 공급자였다는 사실이다(영-브루엘, 1988 참조). 나는 부분적으로 그의 딸이 집안에서 매를 맞지 않았다는 프로이트의 지식이나 최소한 그의 소망[3)]에 근거하고 있는 그 '의심'이 분명치 않은 보편타당성을 지닌다고 느껴진다. 소아분석가가 아니기 때문에 여기서의 내 근거에는 자신이 없다. 그러나 나는 어린 시절에 집안에서나 학교에서 매를 맞았던 확실한 기억들을 갖는 어른 환자들한테서 유사한 매질환상을 봤던 (혹은 슈퍼비전하면서 들었던) 일이 있다. 뿐만 아니라 분석에서 그런 기억을 전혀 떠올리지 못하고 매질이 결코 일어나지 않았지만 그런데도 프로이트의 논문에 나오는 환자들과 비슷하게 매우 무섭고 흥분되는 매 맞는 예상을 드러냈던 다른 환자들도 보았다. 양쪽 집단의 사람들은 매질환상을 유지해서 어른 때까지 계속될 수 있다.

어린 시절에 집안과 학교에서 통상적인 매질—회초리와 막대기를 마음대로 사용하기—은 회고록과 전기 및 지난 수십 년 동안 나온 소설로 잘 알려져 있는데, 특히 러시아와 영국 출신의 작

3) 프로이트는 당연한 일이지만 그 자신의 딸을 분석하기 시작하는 처지가 되고 말았다. 그러나 그가 아이를 매로 때리는 사람이었다는 결론은 나오지 않는다. 나는 있음직하지 않은 그런 역할을 암시하려는 것은 아니다. 소아의 체벌은 프로이트의 시대에 아주 빈번했고 아마 안나한테도 그런 일이 있었을 것이다. 그러나 환상에서의 그런 예상은 그녀의 가학피학적인 소망과 두려움을 일으키기에 충분했을 것이다.

가들이 (퍼블릭 스쿨에 대해) 쓴 글이다. 유명한 것들로는 디킨즈와 투르게네프, 도스토예프스키, 새뮤얼 버틀러, 스윈번, 체호프, 키플링 및 오웰의 이야기들이 있다. 체호프와 새뮤얼 버틀러는 집안에서 아버지한테 매를 맞은 피해자와 기록자로서 잘 알려진 사람들이다. 매를 맞는 것과 매질을 바라보는 것은 특히 노예의 신분(프로이트에 의해 언급된 『톰 아저씨의 오두막집』)과 농노의 신분(투르게네프, 도스토예프스키)과 관련된다.

아이로서 매질에 시달렸던 일이 실제로는 없어도 매질환상이 분명히 존재할 수 있다는 것을 나는 알게 되었다. 프로이트가 '유아 도착증'(환상+수음)의 습득을 하나의 '사건'으로 기술한 것은 매우 흥미로운 일이다(p. 182).[4] 이것은 다소 애매한 말이다. 환상을 사건으로 바꾸는 것이 수음행위일까? 환상 그 자체가 흔히 사건을 구성할 만큼 충분히 강력한 것은 아닐까? (프로이트는 흔히 병인론에 대하여 기록할 때 아이한테 일어나는 일과 상호작용하는 요인, 즉 항상 수반되는 '선천적인 체질상의' 요인을 도입한다. 여기서 그는 그것을 이전의 조숙한 가학적 발달로 확인하고 있다.) 우리는 항상 과거에 "무엇이 실제로 벌어졌는지" 평가하는 데 있어 어려움을 겪고 있다. 프로이트는 이 논문에서 간혹 겉으로는 풀 수 없는 다른 미스터리를 건드려 보는데, 그것이 바로 병인론의 문제다.

참으로 이 논문에는 떠오르는 기억에 관한 프로이트의 가장 솔직한 진술이 포함되어 있다. "엄밀히 생각해서—또한 이 문제

---

4) 그가 사용한 독일어는 Ereignis(event, incident, happening)이다. 나는 독일어가 event라는 영어보다 더 넓은 함의를 지닌 것으로 믿는다. 다시 말해, 외부로부터 오는 것처럼 경험되는 어떤 것을 겪었다는 의미이다.

는 어째서 가능한 한 엄밀하게 고려되지 않았을까?—분석 작업은 그 시작부터 어린 시절(대략 2살 때부터 5살까지)에 대한 그의 지식을 어른한테 감추는 기억상실의 제거에 성공했을 때에만 진실한 정신분석으로 인정받을 만하다"(p. 183). 나는 이상적인 기억 회복에서 보이는 프로이트의 목적이 발생론적 원칙의 강조에 있다고 느끼는데, 다시 말해 그 목적이 분석에서 과거를 '되찾아냄으로써' 특히 오이디푸스 콤플렉스를 되살려냄으로써 첫 5년간의 생활에 두고 있는 정신병리의 근원을 추적하는 것이라고 생각한다. 1918년에 프로이트는 기억에 대해서 오늘날의 우리보다 훨씬 더 정적(靜的)인 생각을 갖고 있었다. 또한 다양한 저항에 대한 작업과 억압 이외의 방어들에 대한 작업의 중요성이 그때까지도 평가되지 않고 있었다. 자아발달의 역할과 대상관계의 역할이 완전히 파악되지 않았다.

역사적인 진실을 되찾는 어려움을 감안해보고 또한 바뀌는 기억의 성질에 대해 최근의 신경학과 심리학에서 받아들이는 생각에 비추어 보면 프로이트의 정해진 엄격함은 더 이상 적절치 않아 보인다. 역사적인 진실은 우리의 불가능한 직업에서 목표로 삼기에는 대단히 곤란한 것으로 생각해두어야 한다. 그러나 기억회복에 대한 프로이트의 고고학적인 은유뿐만 아니라 고정된 기억의 개념도 포기하는 것이 더 좋을 것 같다. 그 대신에 우리는 처음 5년 동안의 생활에 대한 환자의 최근 정신적 기록들(기억과 환상으로 존재함)에 대한 연구를 강조하게 되는데, 여기에는 그런 기록들의 변천과 실패(그리고 그 결과로 생기는 공백)가 포함된다.[5)]

---

5) 어른의 마음은 과거를 역동적인 상태로 '기록하게'(register) 되는데, (1) 투사되고 전이된 환상과 충동 및 행동에서 강박적으로 반복되는 패턴을 특징으로 삼고, (2) (그 내용에 관련하

프로이트는 발달적인 '매질환상의 변형들'에 대한 연구를 제공하고 있다(p. 184). 이런 발표는 가끔 이것들이 바로 그 변형들이라는 잘못된 인상을 심어줄 수 있는데, 곧 찾아내게 될 엄청나게 다양한 개별적인 변화들을 아무렇게나 다룬다는 인상이다. 나는 이것들 가운데 몇 가지를 설명해보고 싶다.

환자 C는 불안, 작업의 거리낌, 자부심의 간헐적인 저하 및 피학적인 성적충동에 대한 걱정(대개 행동으로 나타나지 않음) 때문에 정신분석 치료를 받으러 온 지적이고 유능한 남자였다. 그가 여섯 살 때 부모가 모두 교통사고로 다쳐서 오랫동안 입원하고 몸을 못 움직이게 되었는데, 나이가 조금 많은 그의 누나와 C는 집안에서 부모의 보살핌을 받을 수가 없었다. 친척들이 그의 누나를 돌봐주다가 C는 다른 주에 있는 기숙학교로 가게 되었는데, 그는 다른 동급생들보다 나이가 어렸다. 이 사립학교는 훌륭한 장학제도 덕분에 유명해진 일종의 군대식 학교였다. 그 학교는 영국의 퍼블릭 스쿨 모델에 약간의 근거를 두고 있었다. 즉 상류층의 자제들이고 프로테스탄트이며 고전 언어를 공부하고 품행이 나쁜 남학생한테 매질하는 것은 당연한 일이었다. 매일 같이 매 맞기 위해 줄을 서는 소년들이 있었다. (매질은 교장 선생님의 교육방침과 취향 때문에 존속할 수 있는데, 교장실에는 자주 사용되었던 자작나무들을 수집해 두었다. 나중에 C는 그 교장이 은퇴한 수년 뒤에 매질 방침이

여 또한 타당성에 대한 확신에 관련하여) 항상 변하고 있어서 성숙이 진행됨에 따라 평생 동안 변형해가는 '기억'(믿을 수 없음을 가리키기 위해 인용부호를 사용함)을 그 특징으로 삼고 있다. 분석가와 환자의 인생에서 다른 중요한 사람들에 대한 전이와 투사에서 과거의 되살아남에 근거하는(대개는 왜곡된) 재구성은 '기억'을 보충할 필요가 생긴다. 나는 '기억'을 역사적 진실과 심리적 진실이 흔히 해독할 수 없을 만큼 혼합된 것으로 본다.

중단되었다는 말을 들었다.)

C의 묘사는 20세기 초에 영국의 퍼블릭 스쿨의 가학적 분위기에 대한 오웰의 회상을 환기시켜 주었다. 그 교장은 많은 부모들이 그렇듯이, "이 매질은 너희들보다 내 마음을 더 아프게 하는 거야"라고 여러 번에 걸쳐 밝혔고 C에겐 죄책감이 떠올랐다. 교장의 근엄하고 변함없는 얼굴 표정에도 불구하고 C는 교장이 격한 감정으로 옷을 벗긴 남학생의 엉덩이에 매질한다는 인상을 받았다(뒤에 가서 그는 그 일로 감동 받았다는 결론을 내렸음). C는 매를 맞은 다음에 교장 선생님께 위로받길 원했다는 것을 기억하고 있었다. 그러나 그런 일은 일어나지 않았다. "공공연하게 성적인 것은 전혀 없었어요"라고 C는 덧붙였다. 이 모든 일에 대해 나에게 말하는 동안 C는 불필요한 또 다른 주장을 드러냈다. 즉 그는 집안에서 부모한테는 한 번도 매 맞은 일이 없었다는 것이다.

C는 자신을 멀리 떠나보낸 부모들에 대해 혼란스럽고 절망적이며 죄책감도 든다고 말했지만 그의 분노는 억제되어 있었다. 나중의 치료시간에 부모의 매질에 대한 그의 부인은 수정되었다. 그는 그렇게 말했던 이유를 알지 못했는데, 그 말을 하는 동안에는 그처럼 믿고 있었다. 그러나 실제로 그의 어머니는 그를 가죽벨트로 때리겠다고 종종 위협하곤 했다. 비록 그런 일은 일어나지 않았지만 C한테는 벨트로 채찍질 당하는 환상과 가죽에 대한 페티쉬즘적인 흥분이 남겨져 있었다. 대개는 '사람 좋은' 어머니가 화를 내게 될 때에는 간혹 C는 어머니나 아버지한테 엉덩이를 얻어맞곤 했는데, 그는 이렇게 말했다. "부모님들은 결코 저에게 팬티를 내리게 하지는 않았어요"(교장 선생님과 대조됨). C는 이처럼 매우 드문 엉덩

이 때리기가 기숙학교에 들어가기 전에 일어났던 일인지 기억할 수 없었다. 그의 부모는 분명히 마지못해 엉덩이를 때렸고 그 뒤에는 속상해했다. 그러니까 엉덩이 때리기는 굴욕적이었지만 매우 조심스러웠다. 그래서 그는 매우 화가 났는데, 특히 어머니한테 그랬다. (어머니보다는 아버지한테 화내는 일이 더욱 쉬웠다.) 분석에서 나중에 C는 어머니가 거의 참을 수 없을 만큼 고통스럽게 그를 멀리 내보냈다는 것을 알게 되었다.

학교에서의 경험은 가학피학적인 흥분뿐만 아니라 부모로부터 분리될 위험과 부모에 대한 분노가 가득 차올라서 분명히 C에게 상처를 냈고 그의 환상에 영향을 주고 있었다. 그 뒤로 그는 처벌에 대한 욕구 때문에 괴로워했고, 청소년기에는 익명의 남자들한테 매 맞는 백일몽과 꿈들을 간혹은 애매하게 꾸기 시작했다고 기억했다. 그러나 흔히 그런 것처럼 대개 어린 소년들한테 매질하는 꿈들이었다. 이런 환상들은 아직도 간혹 성숙한 사람한테도 일어나곤 했다.

내가 휴가를 다녀온 뒤에 가진 어떤 분석시간에 그는 다음과 같은 꿈을 보고했다. "제가 어떤 소년에게 벌을 주고 있는데, 낯익은 지팡이로 그의 어깨를 살짝 건드리기만 하는 것 같아요. 그 소년은 엉엉 울고 저는 그 아이한테 사랑을 느끼면서 위로해주고 싶은데, 그게 안 돼요." C는 '낯익은 지팡이'가 교장 선생님께서 들고 다니신 무겁고 특수하게 생긴 단장이지 매로 사용하지 않은 것이라고 말했다. C는 교장 선생님한테 매를 맞은 다음 '다정함'을 바라는 그의 소망에 대해 반복적으로 말했다. 꿈속에서 그는 교장 선생님의 다정한 역할을 스스로 맡게 되고 또한 매우 다정하게 대해주는 소년의 역할도 맡았다. C는 꿈속에서 그 소년에 대해 일반화된 사랑의 감정이 조금 있었을 뿐이지 성적인 느낌은 전혀 없었다. 그런데도 발기된 상태에서 잠을 깼다.

겉으로는 주로 이성애적인 이 남자는 행동화해본 일은 없지만 동성애적인 강렬한 열망을 지니고 있었다. C의 섹슈얼리티는 금지 때문에 손상되었고, 그가 낮춰보던 매춘부와 여자들과의 우연한 접촉이 때때로 일어나는 것을 제외하고는 비교적 금욕적인 생활을 하고 있는데, 그는 이런 생활을 "스파르타식이고 질서정연한" 것이라고 불렀다. 즉 그는 오래 지속되는 애착관계를 회피해 왔다. 그는 성적인 접촉에서 때리든가 매 맞고 싶은 소망들을 억제하고 있었다. 남자들에 대한 그의 경미한 성애적인 느낌은 꿈속에서 다정함에 대한 갈망으로 다뤄졌다. 나에게는 그 꿈이 아버지(또한/또는 남근적인 어머니)의 사랑과 현재에는 분석가의 사랑을 받고 싶은 소망으로 표현되는 것처럼 보였는데, 겉으로 그것은 주로 부정적 오이디푸스 현상이 되고 퇴행되어 경미한 가학피학적인 말로 표현되었다. (이것은 흔히 매질환상으로 변장되든 직접 나타나든 처벌받는 환상에서 분명해지는데, 간혹은 수음이 동반되기도 한다.) 일반적으로 C는 특별히 침투와 파괴와 증오를 차단하는 것처럼 보이는 가학피학적인 흥분의 이상화(간혹은 환상에 동성애적인 색채를 띠게 됨)를 따르고 있었다. 이 세계에서 여자 교장선생님이나 남자 교장선생님을 죽이고 싶다든지 공격적으로 가혹하게 학대하길 원한다든지 혹은 그들의 공격(주로 항문적인 동전의 이면)에 복종하길 원하는 대신에 그는 수음환상에서 처벌을 사랑과 동일하게 생각하여 파괴를 회피해 보려고 했다. 이것은 프로이트의 일반적인 결론들

가운데 하나를 확인해준다.[6)]

C가 흔히 보이는 자극적인 피학증은 그가 잃을 것으로 예상하고 있는 부모라는 대상들을 꽉 붙잡으려는 의도 같아 보였다. 특히 그러한 예상에 연결된 파괴적인 분노로부터 그들을 보호하려는 의도인 것 같았다. 노빅 부부(1995)는 주로 아이의 가학증으로부터 부모들을 지켜내면서 부모들의 정신적인 이미지를 잃어버릴 위험에 대응하려는 시도로서 병리적 피학증이란 견해를 설득력 있게 제시하고 있다. 나는 이 점을 임상적으로 설명해보려고 한다.

D라는 환자는 나의 8월 휴가가 끝나고(그 휴가는 C한테도 대상상실이란 동일한 위협을 일깨워주었음) 되돌아온 첫 주말쯤에 나의 가벼운 병 때문에 부득이 분석시간을 취소했을 때 더욱 괴로워했다. 그 다음 주의 첫 시간에도 D는 내가 그 전날부터 기침을 하고 있어서 약속시간을 취소한 것이 놀랄만한 일은 아니라는 걸 알고 있으면서도 내가 이전 금요일의 약속시간을 취소했기 때문에 그는 화가 났다고 '생각했다'는 말을 했다. (D는 경악과 급작스런 변화들을 싫어하는 환자들 가운데 하나인데, 나는 그것이 항상 그런 것은 아니지만 빈번하게 어린 시절에 겪은 트라우마의 잔재라는 것을 알고 있었다.) 그는 "당신한테 갚아주겠어"라는 생각을 품고 있었는데, 그 생각은 7월의 미불의 치료비를 더욱 연기하겠다는 의미였다. 나는 이런 '지불하지 않음'이 분석가에 의해 묘사된 부모에 대한 무의식적인 보류와 관련된다고 느꼈다. 즉 무의식적인 환상에

6) 나는 프로이트의 1919년 논문에서 그의 일반화의 임상적인 유용성을 제시해 보려고 하는데, 거기에 어떠한 변경이나 수정을 첨가하고 싶고 또한 프로이트가 기술해 놓은 특수한 세부사항들에서 나온 변형을 찾을 때조차도 그런 시도를 하고 있다.

서 그 연결은 D의 항문 속에 있는 분석가의 대변-남근 때문에 생겨난 돈의 방정식이 된다는 것이다. 나는 이것을 해석하지 않았다. (지불을 보류하겠다는 결정은 D한테 너무나 명백하게 또한 불합리하게 자극적인 것으로 보여서 그는 그 이야기를 내게 할 때 웃음을 터트리기 시작했다.) 나는 그가 화났다고 '생각한다'는 그의 말에 주목하게 되었고 그가 분노를 느꼈는지 알고 싶었다. "제가 선생님을 만나자 그건 곧 사라져 버려요"라고 D는 말했다. "저는 그걸 두려워하고 있음에 틀림없어요." (그가 수반되는 몹시 강렬한 느낌을 의식으로부터 막아보려고 무의식적으로 그걸 사용했는지 그에 대한 지적인 통찰을 스스로한테 허용할 수 있는 것은 이런 영리한 사람의 전형이었다.)

내가 약속시간을 취소시켰던 금요일에 그는 집에 혼자 있으면서 잠시 화가 난 다음 외롭고 불안함을 느꼈다. "저는 그런 느낌이 들 때마다 흔히 하던 일을 했어요. 매 맞는 환상에 빠지곤 했죠" 그는 분석이 시작되자마자 이 환상에 대해 말했지만 그 자세한 내용을 밝혀준 것은 최근 몇 개월 전부터였다. 대개 그 환상은 '당당하고' 덩치가 크고 냉정한 익명의 여자한테 매를 맞고 있는 거였다. 그는 대단히 큰 쾌락을 느끼면서 그녀한테 벗겨진 궁둥이에 매를 맞으라는 그녀의 명령에 따랐다. 간혹 그 역할은 뒤바뀌어 그가 매질을 했는데, 이것은 프로이트의 방식에서 흔히 나오는 또 다른 변형이다. 금요일의 환상은 더욱 전형적인 수음환상으로서 그 속에서 그는 '남성역할의 레즈비언 같은' 여자한테 매를 맞았다. 그는 아마도 그녀가 그를 대신한다고 '생각했다' 그러나 실제로 그녀는 그가 어린 시절부터 꿈꾸어 왔던 무척 존경스러운 캠프 지도자에 대한 생각을 최근에 떠올리게 해주었다. 이 젊은 남자는 키가 크고 잘 생겼으며, 예쁜 여성 지도자들 모두가 매혹을 느낀다는 평판이 자자했다. 꿈속에서 D는 지도자를 바라보는 소년이 되어 있었다. 그러나 그 지도자가 남자였는지 여자였는지 분명치 않았다. "하지만 꿈속에서는 매질도 없었고 복종도 없었어요"라고 D는 주장했다. (그가 강조한 것을 프로이트의 의미로 보면 나는 그것을 부정의 표현으로 간주하게 되었다.) 그 꿈에 부착된 감정은 별로 없었지만 그의 마음속에는 얼마 동안 남아 있었고 이전에는 분석 중에 언급된 일이 없었다.

D가 어린 시절 캠프에 다니는 동안 이 젊은 남자를 존경했고 그에 대해 막연하게 "로맨틱한—성적이지 않은—감정"을 품고 있었다(C의 단정적인 부정과 비교해보라). D는 계속해서 이렇게 말했다. "제가 그를 좋아하는 것 같았어요. 하지만 그가 저한테 고함을 지르면서 제 등을 철썩 때린 뒤로는 그를 죽이고 싶을 만큼 미워하게 됐죠. 그때도 역시 매질환상을 갖게 되었지만 저를 때리는 사람은 항상 여자였어요. 만일 제가 실제로 어떤 사람한테 복종하는 모습을 상상하게 되면 그 사람한테 분노를 느껴요. 저는 선생님께도 분노를 느꼈다고 생각돼요. 선생님은 젊지도 않고 잘 생기지도 않았지만 키가 크거든요." (분석은 수년 전에 이뤄졌고, 나는 D보다 나이가 젊고 또 그렇게 보인다고 믿었지만 그는 내가 늙은 세대라고 주장하는 다중-결정적인 믿음을 갖고 있었다.) "제 지도자는 선생님을 대신한다고[잠시 멈춤], 생각하거든요."

D는 아이일 때 규칙적으로 체벌을 받아왔는데, "대개 차갑고 못마땅해하는" 어머니가 머리빗으로 엉덩이를 찰싹 때리곤 했다.

그는 이런 경험을 처음엔 유쾌한 것으로 기억하고 있었다. 즉 이런 일은 적어도 어머니의 관심을 보여주는 것이었다. 그러나 결국 어머니에 대한(또한 찰싹 때리는 것을 허용하는 아버지에 대해서도) 억제된 분노가 드러나면서 D한테 그 매질이 얼마나 겁나는 일이었는지 더욱더 분명해지기 시작했다. 아픔이 크지는 않았지만 흥분상태가 되었는데, 그 상태는 과도한 자극과 무기력감, 분노, 그리고 아마 그 무엇보다도 공포, 즉 그의 분노에 대한 공포로 변해갔다. 그는 분석 초기에 "매질은 너무 오래 지속되었어요"라고 말했다. 아이일 때 그는 분노를 느꼈다. 그는 분노의 초점을 어머니로부터 멀리 떠나 머리빗으로 돌리기 위해 최선을 다했다. 그는 그 머리빗을 얼마나 미워했던가!

D는 훗날 분석도중에 자신의 분노가 너무나 강렬해서 어머니 없이는 살 수 없다고 느꼈던 그런 어머니를 죽이고 싶어 할까봐 몹시 두려워하고 있다는 것을 깨달았다. 그것은 마치 느낌의 강렬함 그 자체가 신비한 살인적인 힘을 갖는 것처럼 보였다. 또한 내가 인용하고 있는 분석시간에 D가 나를 잃어버릴까 봐 두려워했다는 것을 알 수 있었다. 이것은 특히 그가 나에 대해서 잠깐 '죽일 것 같은' 느낌을 받았을 때—그가 분석시간에 마침내 그 점을 인정했던 것처럼—사실로 드러났다. 그런 일은 수음환상에 빠지기 직전에 집에서 일어났다. 즉 나에게 간직된 환상 속에서의 복종과 '항문적인' 접촉이고 나와의 관계였다. 처벌은 일시적으로 '사랑'이 되거나 혹은 적어도 사랑에 대한 희망과 욕구의 보존이 되게 하였다.

유전적으로 양쪽 부모는 모두 나에 대한 전이에 관련되는 것처럼 보였다. 프로이트는 퇴행적 저하에 대해 말하는데, "낮은 수준으로 성기적 조직화 그 자체의 퇴행적 저하를 말한다. '아버지가 나를 사랑한다'는 것은 성기적 의미를 내보였다. 다시 말해 퇴행 때문에 그 말은 '아버지는 나를 매로 때린다'로 변하게 된다. 이렇게 매 맞는 것은 이제 죄책감과 성적인 사랑의 수렴이 된다. [매질은] 금지된 성기적 관계에 대한 처벌일 뿐만 아니라 그런 관계에 대한 퇴행적 치환도 된다"(p. 189). 그러나 (프로이트 논문의 어딘가에서 **"양쪽의 경우[소년들과 소녀들]에 매질환상은 아버지에 대한 근친상간적인 애착에 그 기원을 두고 있다"**[p. 198, 프로이트의 강조임]는 프로이트의 주장과는 대조적으로) D한테는 금지된 성기적인 성의 형태들과 항문적인 퇴행의 형태들로 무의식적 환상과 의식적 환상 속에 아버지보다는 어머니가 훨씬 더 많이 겹쳐져 있었다. 또한 부모는 모두—남근적인 어머니와 적극적인 아버지는 물론이고 그 반대로 수동적인 어머니와 수동적인 아버지—이런 모든 변형들에서 분석가한테 전이될 수 있었는데, 그런 다음부터 분석가는 D의 매질환상에 나타나기 시작했다.

내 환자들과 프로이트의 환자들에게서는 항문성의 리비도 갈등보다 오이디푸스적인 갈등으로부터 훨씬 더 깊은 퇴행적 후퇴가 매질환상에 관련될 수 있다. 이 분석시간이 끝나갈 즈음에 D는 이렇게 말했다. "만일 제가 선생님에 대하여 매질환상을 갖게 된다면, 제 환상 속에 선생님과 저는 함께 있을 겁니다. 저 혼자는 아닐 거예요. 저는 분석시간이 끝나고 카우치에서 일어나 문밖으로 걸어나가는 것이 싫어요. 그건 선생님한테 제 엉덩이를 보여주는 걸 의미하죠. 선생님한테 이 말을 하면서도 선생님이 싫어요. 무척 부끄럽거든요. 그러니까 혐오감은 분리와 함께 오는 거죠. 저 스스로 선생님을 환상들 속에 들여다 놓으면 수치심과 흥분을 느끼면서 선생님한테 매달리게 될 것 같아요. 제가 그걸 원하지만, 선생님은 알죠,[7] 함께 있다는 것은 제가 마치 선생님의 일부가 되는 것처럼 제 정체성을 잃어버릴 위험이 있다는 거예요. 이것은 성에 관한 것만은 아니죠. 제 환상에는 쾌락이 있지만 이것은 겁나는 부분이에요."

그것은 무서운 부분들 가운데 하나였다. 항문성 발달수준에는 부모라는 타자의 상실과 같은 무서운 위협과 함께 주로 가학적인 충동들이 존재하는데, 수반되는 항문적 수동성과 (또한 위험성이 가득한) 피학적 복종은 서로 대항하게 되었다. 정체성을 상실할 위험, 즉 자기를 상실할 위험은 구강적 융합에 대한 소망에서 나온다. 이것은 항문기보다 빠른 발달시기에 나온 것으로서 그때의 어머니는 오늘날 우리가 알기로 자기의 일부로서 출발하게 되는 없어서는 안 될 '유일한' 타자로 느껴진다.[8] 위험스러운 것은 역시 욕망

---

7) 나는 환자가 했던 말 때문에 놀란 것은 아니었지만 나는 당연히 알지 못했다. "선생님은 알죠"는 여기서 부지불식간에 나온 것처럼 들렸다. 나는 "선생님은 알죠"와 같은 말이 다른 사람들한테나 환자들한테 흔히 그렇듯이 투사였다고 느낀다. D 자신이 알지 못하거나 알 수 없었던 어떤 것은 2인칭에게, 즉 분석가에 대한 투사에 나타나고 있었다. 즉 "저는 알아요"가 "선생님은 알죠"로 되어간다. 매일 벌어지는 이런 투사는 정체성의 일시적인 상실과 아주 작은 상실에 관련되는데, '나'('I')를 내주는 것은 D사례에 출현하는 통찰로부터 자아의 순간적인 후퇴로 표시되고 분석에 관련된 오랜 기간 동안 이리저리 오가는 (정신내적인 역동의) 투쟁에서 아주 작은 변화로 표시된다. "선생님은 알죠"와 같은 이런 말은 그 사람이 하고 있는 말을 '소유하지' 못한다는 것을 의미한다(셍골드 1995 참조).

8) 항문적 수준과 구강적 수준에서의 접촉과 융합은 충족적이면서 동시에 겁나게 해주는데, 브레너가 강조했던 충동과 방어 사이에서 편재하는 정신적 타협을 나타낸다. 발달의 최근 견해는 부모의 최초 정신적 대리인이, 프로이트(1941)에 의하면, "젖가슴은 나의 일부이다. 나는 젖가슴이다"(p. 299)로 출발한다는 것이고, 또한 발달과정 중에 보살피는 인물은 차츰 전인적 인간으로 분리되어 나온다. 아버지는 나중에 가서 중요해지는데, 처음엔 어머니로부터 전치되어 나오고 그 다음엔 자기의 타고난 권리로 나오게 된다. 그러나 최초의 정신적 인상은 결코 지워지지 않는다. 최초의 부모로서 보살피는 인물은 남자들과 여자들 모두에게 기본적인 중요성을 보유하게 된다. (죽어가는 사람들은 어머니를 부르는 경향을 보이거나 혹은 무의식적으로는 최초의 부모로 여겨진 하나님을 부른다.) 이런 견해는 매질환상에서 주요한 인물로서 아버지에 대한 프로이트의 강조를 변화시키는 복잡한 시각을 부여해준다.

되고 있는데, 그것은 자기애적인 퇴행 방어의 함정이 된다(셍골드 1988 참조).

이번 치료시간은 크리스의 "좋다"는 묘사(1956, p. 253)에 들어맞는 그런 치료시간들 가운데 하나였지만, D가 얻어냈던 통찰에 의해 정서적으로 훈습하기까지 수년이 걸렸는데, 그렇게 해서 그는 어린 아이일 때부터 짊어져 왔던 가학피학적인 부담을 감소시킬 만큼 스스로 충분히 자유로워지도록 그것을 안전하게 **소유하고** 이용할 수 있게 되었다.

매를 맞고 매를 때리는 것의 성애화는 주로 항문성의 느낌들과 충동들(항문적인 성애발생[신체적 느낌]과 가학피학적인 리비도[에너지]에 관련되는 것; 플리스, 1956 참조)이 되는 것처럼 보이는 것에 대한 고착과 그것으로의 퇴행을 특색으로 삼는다. 프로이트는 오이디푸스적인 충동들—아버지한테 수동적인 복종—로부터의 퇴행을 강조하고 있다(혹은 우리는 이제 남근적인 어머니를 첨가하게 된다). 안나 프로이트는 1922년의 『매질환상과 백일몽』이라는 논문에서 아버지의 논문에 그 윤곽이 그려진(그것은 틀림없이 그녀 자신의 이야기처럼 보임) '단계들'에 따라 사례 이야기를 제시하고 또한 매질 발작이 "근친상간적인 사랑의 장면"의 퇴행적 치환물이라는 그의 통찰에 대해 고쳐 말하고 있다(1922, p. 152).

스윈번은 그의 인생과 저술들에서 (그의 시작품에서는 그다지 명백하지 않고 편지와 소설에서 아주 명백하게) 한 가지 실례를 제공해주고 있다. 두 권의 소설 가운데 첫 번째는 1877년에 필명으로 출간된 『사랑의 역류』였다. 그의 편지와 두 번째 소설인 『레스비어 브랜든』은 스윈번이 살아있는 동안에 출간되지 않았다. 윌슨(1962)은 이렇게 말한다.

> 그러나 이 소설들의 화려함과 재치를 즐기는 것은… 기이하고 역겨워 보이는 한 요소에 의해 얼마큼 방해되기 쉬우며, 이런 요소는 [스윈번의] 서신에 훨씬 더 역겨운 형태로 나타난다. 이튼 칼리지의 학생으로서 경험했던 결과는 스윈번이 매 맞는 태형이란 전통적 영국식 의식(儀式)을 만들어냈고, 이것은 그한테 오로지 피학적이었던 것처럼 보이는 성적인 만족을 위한 그의 능력과 분리할 수 없게 되었다. 매 맞는 일의 쾌락과 중요성은 이런 가족소설에서… 그려 내보이고…. 『레스비어 브랜든』에서 스윈번은 온갖 노력을 다하고, 고통의 울부짖음은 황홀감의 울음이 된다.(pp. 28–29)

스윈번은 결혼한 일이 한 번도 없었다. 젊은 시절에 누이와 닮은 여자 사촌에게 근친상간적인 애착(겉으로는 명백히 일어난 적이 결코 없었음)처럼 보였던 일이 그에겐 있었다. 그녀는 다른 사람과 결혼했다. (형제자매간의 근친상간은 그의 글에 많이 나온다.) 스윈번은 성인으로서의 생활 대부분을 시어도어 와츠던튼이란 또 다른 독신남자와 함께 살았는데, 그는 시어도어에게 특유의 복종적인 태도를 보였다. 그는 어떤 편지에서 와츠던튼을 '메이저'라고 부르고 자신을 '마이너'라고 불렀다. 거기에는 무의식적인 부모-자식 간의 동일시가 있었다. 스윈번은 와츠던튼에게 읽어보라고 『레스비어 브랜든』의 원고를 주었고, '메이저'는 그 원고를 출판하지 못하게 막으려고 돌려주지 않았다. 와츠던튼에게 보낸 편지에서 스윈번은 흔히 회초리에 빗대어 남학생의 페르소나에 빠져든다. 이와 관련하여 두 남자들 사이에 뭔가 있더라도 행동화된 것은 알려져 있지 않고 대부분의 해설자들은 공공연한 성적인 접촉도 아마 없었을 거라는 점에 동의하고 있다.

윌슨은 그 시인에 관한 회고록에 에드먼드 고스가 붙인 은폐된 후기에서 "그는 스윈번이 채찍질을 전문으로 하는 런던의 사창가를 알고 있었다고 말한다"(윌슨, p. 29)는 고스의 글을 인용했는데, 그곳에서는 분명히 여자들이 매질을 했다. 윌슨은 스윈번이 수영을 좋아했고 바다처럼 "위험한 물속에서" 수영하리라는 것을 인정한다. "스윈번이 수영을 좋아해서 시련에 대비할 뿐만 아니라 자신에게 피학적인 만족을 가져다준다는 것을 [그의] 편지로 분명히 확인할 수 있다. 그는 냉혹하고 '거대하고 달콤한 어머니'가 마구 치고 찰싹 때리는 것을 좋아했다"(p. 34).

프로이트는 스윈번과 같은 피학증 환자들에 대해 생각하면서 그들이 언제나 여자들한테 매를 맞는 환상을 갖는다고 주장하였다. 이때까지도 여전히 프로이트는 어머니를 대신해서 매를 때리는 여자 뒤에 무의식적으로 숨어 있는 그런 남자들이란 대상은 바로 아버지라고 주장하고 있었다. 오늘날 우리는 검열에 의해 변장된 개인적인 다양성에 관련되어 있는 아버지와 어머니 두 분 모두와 함께 훨씬 더 다양해진 다층성을 보게 될 것이다.

프로이트는 매 맞는 환상에 관하여 소녀들은 소년이 되고 싶고 소년들은 소녀가 되고 싶어 하는 것으로 본다. 오늘날 우리는 항문성의 가학피학적인 현상들이 두 성간의 차이와 세대 차이에 대한 부정을 목표로 삼는다는 것을 인정한다(샤스게-스미르겔, 1978 참조). 프로이트가 거의 보편적인 현상으로 봤던 이런 매질환상은 적어도 일시적인 형태로서 나에게는 성과 관련하여 우리 모두 기본적으로 모든 것이 되고 싶고 모든 것을 갖고 싶어 한다는 가정을 확인하게 된다. 그 모든 것은 어머니이면서 아버지가 되고, 소녀들이면서 소년들이 되며, 여자들이면서 남자들이 되는 것이다.

매질환상의 편재성 덕분에 "도착증은 아이의 성생활에서 더 이상 하나의 고립된 사실이 아니다. 그것은 우리에게 친숙해져 있는, 정상적이라고 말하는 것은 아니지만, 전형적인 발달과정 중에 제 자리를 차지하고 있다"(p. 192)는 것으로 확립된다고 프로이트는 생각한다. 프로이트는 소아의 포괄적인 성도착증이 "아이의 근친상간적인 애정-**대상**"(p. 192)과의 관계에 근친상간적으로 그 기반을 두는 것으로 보고 있다. (이것은 **대상들**이 되어야 하는데, 프로이트는 여전히 아버지나 어머니에 대해 너무 많이 생각하고 있다.) 부모는 불가피하게 첫 번째 타자들이 되고 따라서 발전해감에 따라 욕동의 대상이 된다. 우리는 이제 이것이 오이디푸스 콤플렉스로 가는 전(前)오이디푸스적인 통로라고 말하게 되는데, 다시 말해서, 전-오이디푸스적인 근친상간 대상들이 근친상간적인 오이디푸스 대상들이 된다는 것이다. 이와 함께 또한 여행은유로 계속해 보면 "오이디푸스 콤플렉스에서 시작된 유아적 도착증의 근원"(p. 192)에 관한 프로이트의 진술도 받아들일 수 있는데, 만일 우리가 그 콤플렉스에서 생긴 방어적인 퇴행이 완전히 포기되지 않고서 확립된 전-오이디푸스적인 도착증적 위치로 되돌아가는 길을 대부분 혹은 부분적으로 통과하는 것을 의미한다고 받아들인다면 말이다.

프로이트는 『아이가 매를 맞고 있어요』라는 논문에서 아무런 특징도 없이 서투른 방식으로 스스로 모순되는 경향을 보인다.

한편으로 그는 상당히 고정된 일반 규칙들과 공식들의 윤곽을 그려내고 또한 매질환상의 형성과 도착증의 인과관계에 대한 순서들의 윤곽을 그려내고 있으며, 또 다른 한편으로 그의 많은 결론들이 제한된 관찰에 근거를 두고 그 대부분이 알려지지 않았으며 사변적이고 명확하지 않다는 것을 분명하게 밝히고 있다. (우리는 이제 가학피학적인 경향들이 다중결정 되고 다양한 경로를 따라 다양한 양식을 형성할 수 있다는 강렬한 느낌을 받고 있다.) 알려진 것과 알려지지 않은 것 사이에서, 확실한 것과 확실치 않은 것 사이에서 **균형**을 얻기 위해 열심히 노력하는 일이 정신분석적인 임상과 이론작업에 필수적이고 최상의 것이 되기도 한다. 이것은 우리가 피할 수 없는 전문직의 또 다른 불가능한 부분이다. 우리가 애쓰고 있는 정신 영역에서는 프로이트의 마음처럼 모순을 포용할 수 있는 그런 마음이 필요하다. 그는 훌륭한 모델이다. 그러나 이 논문에서는 균형을 잃은 것처럼 보인다. 모순들은 서로 삐걱거리고 있다. 그 논문은 그의 일반화에 있어서 너무 과도한 확실성의 표현으로 '항상'과 '결코 아니다'[9]라는 절대적인(즉 조금 수정되거나 부정적이지 않은) 용어들의 비교적 드문 남용의 특징을 내보이고 있다. 불변성을 표현하는 단어와 구절의 대부분은 프로이트의 임상자료에서 핵심이 되는 소녀의 매질환상에 관련되어 있다. 또한 그 논문은 프로이트의

9) 용어색인 목록에 '항상'의 사용례가 1053개 들어 있지만 그 대부분은 불변의 일반화를 표현하지 않거나 혹은 한정되어 있다('거의 항상,' '거의 언제나 …한 일이 없다'). 이런 절대론적인 단어들을 말하는 다른 방법도 있다. 프로이트는 이 논문에서 '확실히,' '변함없이,' '하지 않을 리가 없다,' '거의 변함없이,' '정확히 동일한 것,' '역시 불가피한 것,' '…와 함께 하는 것은 아니다,' '대체로,' 그리고 동일한 목적에 다른 어구를 사용하고 있다. 이상하리만큼 '결코 …아니다'(never)라는 단어는 색인목록에서 빠뜨려져 있는데, '중립적인'(neutral)로부터 '그럼에도 불구하고'(nevertheless)로 건너뛰고 있는데 편집자나 출판자의 설명하기 어려운 '실수'다.

주장에 덧붙여 불확실성의 더욱 특징적인 균형[10]에 관한 수많은 사례들을 포함하고 있다. 한 가지 예를 들면, 그가 소녀들에 대해 선언하는 것과 대조적으로 "소년들의 매질환상에 관한 나의 지식을 크게 발전시킬 수는 없었다"(p. 196)고 말한다.

프로이트의 논문은 4명의 여자들과 2명의 남자들에 대한 분석적 연구에 기반을 두고 있다. 그는 그들 가운데 5명의 진단(네 명은 강박증이고 한 명은 히스테리)에 대해 언급하고 있지만, 여섯 번째 환자는 진단되지도 않고 더 이상 언급되지도 않는다. 나는 (영-브루엘과 함께) 여섯 번째가 그의 딸인 안나, 즉 프로이트의 '안티고네'일 거라고 생각하는데, 그녀의 분석이 프로이트가 이 논문을 쓰게 된 주요한 추동력이 되었다. 여섯 사례들은 피학증의 이론이나 성도착증의 이론에 대하여 부적절한 근거가 되지만, 프로이트는 당연히 그의 이전 경험들을 모두 불러와서 그의 일반화에 관련시킨다(대부분의 일반화는 1905년에 처음으로 출간했지만 계속 고치고 첨가했던 『성에 관한 세 가지 논문』에 따라 나온다). 존스는 매질환상의 논문을 "순전히 임상적인 연구"(1955, p. 305)라고 부르지만, 여기에는 프로이트의 변해가는 이론적 견해에 대한 중요한 기여가 포함되어 있는데, 특히 본능이론과 가학피학증 및 성도착증에 관한 견해들이다.

마호니는 이 논문에서 "프로이트가 현재시제를 광범위하게 사용했다"(1987, p. 140)고 지적해낸다. 이것이 간헐적으로 사용되

10) 알려지지 않은 것이 얼마나 많은지 그걸 강조하는 수많은 구절들이 있는데, 여기에는 '말하기가 불가능한,' '아마도,' '매우 사실 같은,' '의심이 남아 있다,' '…인 것처럼 보인다,' 그리고 '있을 수 있는'이 포함된다.

더라도 프로이트 문체의 특징적인 면이라고 그는 말한다. 그런 문체는 즉각적인 '영향'을 주고 극적이면서 정서적인 강렬함을 전달해주는데, 특히 프로이트가 꿈과 임상적 서술에 대해 쓸 때 분명해진다. 프로이트가 현재시제를 사용하는 것은 "절박감"(p. 128)을 보여준다고 마호니는 말한다.[11] 만일 이 논문에 특이한 정서적 강렬함이 있다면 그것은 다시금 (사변적으로) 프로이트의 환자로서 안나 프로이트가 그 논문에 기여했던 중요성의 결과로 볼 수 있다.[12]

따라서 이처럼 중요한 논문에 나오는 프로이트의 몇 가지 결함들은 우리 모두에게 영향을 주는 오이디푸스적인 가족 콤플렉스와 전-오이디푸스적인 가족 콤플렉스의 개인적인 버전 탓으로 돌릴 수 있다. 즉 그에게는 그 자신의 유아기적 과거와 민족적 과거에서 **돌아온 사람들**이 있었다. 프로이트의 강점은 불가피한 결함—그 자신의 것과 타자들의 것—에 대한 인식에도 불구하고 그의 추종자들로 하여금 내부적인 식인풍습과 살인과 근친상간을 고려하도록 그가 요구했고 또 애썼다는 점이다. 인간조건의 일부인 죄책감은 프로이트 자신의 결함이나 죄를 경감시켜주지 못한다. 그러나 그는 논문의 말미에 우리들 자신과 우리 부모들의 무거운 죄악과 상대적인 무기력감의 냉혹성에 대해서 우리에게 상기시켜주고 있다. 즉 우리는 모두 햄릿과 오이디푸스가 직면했던 것을 우리 나름대로

---

11) 마호니는 프로이트의 독일어에서 현재시제의 사례들이 『프로이트 전집』에서 스트레이치에 의해 항상 그처럼 번역되는 것은 아니라고 지적한다. 그러나 그는 특히 매질환상 논문의 영어 번역에서 유지되고 있는 프로이트의 일인칭 사용 실례로서 이 논문을 언급한다.

12) "안나 프로이트는 『매질환상과 백일몽』의 임상자료가 그녀의 분석치료에서 나온 것이라고 선언함으로써 자신의 프라이버시를 몇 차례 보호하려 했다. 그러나 그 논문은 실제로 안나 프로이트가 첫 번째 환자를 보기 시작한 6개월 전에 쓰인 것이었다"(영-브루엘, 1988, p. 103).

직면해야 한다는 것이다. 나는 논평에서 부모로부터 아이에게로 향해가는 이런 살인 충동의 뒤집힌 형태가 갈등을 일으키고 금지시키는 결과를 강조해봤다(현대화한 나의 수정은 진하게 쓰여 있다). "억압 하에 유지되던[**되는**] 유아적인 섹슈얼리티[**그리고 공격**]는 증상형성에서 주요한 원동력[**들**]으로 [**작용한다**]. 또한 [**그것들의**] 내용의 본질적인 부분인 오이디푸스 콤플렉스는 [**그것에 의해 변형되긴 하지만 제거되지 않는 전-오이디푸스적인 선행사건을 포함하여**][13] 신경증의 핵심적인 콤플렉스가 된다"(p. 204). 오이디푸스 콤플렉스와 전-오이디푸스적인 선행사건은 당연히 섹스뿐만 아니라 살인에도 관련된다.

이것은 프로이트의 어떤 독선적인 비판들을 감당해낼 수 없다. 식인풍습과 살인과 근친상간에 대한 우리의 개인적인 몰입을 수용하는 것은 자기애적인 타격이면서 동시에 공포의 근원이 되지만, 아아, 인간의 본성이 지닌 이런 어두운 면의 보편성을 드러내는 것은 너무나 쉬운 일이다. 오랫동안 초월하기 어려운 우리 인간성의 필수적인 또 다른 부분인 부정에 대한 우리의 욕구로 인해 세계평화의 교란자로서 프로이트의 역할(모든 분석에서 환자의 마음과 충동의 거울로서 프로이트학파 분석가의 역할에 유지되어 있음)이 프로이트와 정신분석에 대한 불안과 적개심을 계속 조성시키는 일은 불가피해진다.

---

13) 프로이트의 논문에 나오는 진술과 관련된다. "여기서 가장 어린 시절의 경험을 강조하는 것은 후년의 경험에 대한 과소평가를 의미하는 것이 아니다"(p. 183). 이 진술은 '가장 어린 시절'과 '후년'이라는 단어를 뒤집어서 반복될 수 있다.

후기

나는 매를 맞았던 아이인 C환자를 프로이트의 환자인 안나 프로이트와 연결시키고 싶다. 그 교량 역할은 그들 둘 모두가 다정함을 특징으로 하는 꿈을 꾸었던 일이다.

안나 프로이트는 아버지가 돌아가시고 나서 3년 후인 1942년에 다음과 같이 썼다.

> **상실함과 상실됨에 대하여**/어젯밤의 꿈에 관하여: 내가 흔히 그래왔듯이 아버지가 다시금 여기에 계시는 꿈을 꾼다. 최근의 이런 모든 꿈들에는 동일한 인물이 나온다. 그 주된 역할을 아버지에 대한 나의 그리움으로 해내는 것이 아니라 오히려 나에 대한 그의 그리움으로 해내게 된다. 꿈속에서의 주된 장면들은 언제나 나에 대한 그의 다정함에 관련되는데, 그것은 항상 어릴 때 내 자신의 다정함의 형태를 띠우게 된다. 실제로 항상 내 기억 속에 남아 있는 한두 번을 제외하고서 그는 [다정함을] 보여준 일이 전혀 없었다. 그 반전은 단지 [다정함에 대한] 내 소망의 충족이 될 수 있을 뿐이지만, 아마 그 밖의 다른 것이 되기도 한다. 이런 종류의 첫 번째 꿈에서 그는 숨김없이 이렇게 말했다. "나는 말이지, 항상 너를 매우 그리워했단다." 어제 꿈의 주된 느낌은 내가 다른 일을 하고 있는 동안 그는 (산꼭대기나 언덕 위에서) 돌아다니고 계신다는 것이고…. [나는] 내가 하고 있는 일이 무엇이든 그만두고 그와 함께 산보하러 가야 한다고 생각한다. 결국에 그는 그에게 오라고 나를 부르시고 이것을 스스로한테도 요구하신다. 나는 크게 안심이 되어 그에게 몸을 기대고서 우리 두 사람한테 매우 익숙해진 방식으로 울고 있다. 다정함이다. 내 생각은 불안해진다. 즉 그

는 나를 부르지 말았어야 했다. 그것은 마치 그가 불렀기 때문에 진전의 한 형태나 단념을 원래로 되돌렸던 것처럼 보인다.(1942, pp. 269-97).

이 꿈은 매우 감동적인데, 특히 그녀의 아버지에 대해 분명하지만 조심스러운 책망을 보이기 때문이다. 책망하는 이유는 다정함을 드물게 표현하기 때문만은 아니다. 책망은 또한 지나친 친밀감을 손상시키거나 적어도 금지시키려는 그의 요구를 가리키고, 침묵하고서 직접 설명하지 않는 것이 그녀에게 그의 분석수행자가 되라고 '요구했던' 아버지에 대한 불평이라고 생각된다.

그 글은 그리움과 사랑, 죄책감, 그리고 부정에 대한 분노와 책망으로부터 물러섬으로써 끝내고 있다. "동정심과 꺼림칙한 마음. 연상들 : 알브레히트 섀퍼의 시, '당신은 강하고 소중한 도보여행자… 나는 그 길 위에서 매 걸음마다 당신과 함께 했고—/아무런 승리도 없었고 나 또한 이기지도 않았고—/슬픔도 없이 나는 당신 곁에서 고통스럽지 않았어요,/당신은 강하고 당신은 소중한 방랑자'"(p. 297).

안나 프로이트의 이 꿈들은 돌아가신 아버지를 되살려낸다. 내 느낌으로는 그 꿈들이 부모의 상실을 회피하거나 원상태로 돌려놓기 위해 부모에 대한 적개심을 억제시켜 그 자신에게로 돌리려는 피학적인 아이의 욕구를 보여주는 것 같다. 냉대를 견뎌내는 것은 아이가 부모 없이 살아갈 수 없다고 느끼는 그런 부모와의 연결을 유지하는 일이다. 그 다음에 이런 욕구는 성애화 된다. 정서적이든 신체적이든 그 매질을 다정함과 사랑으로 바꾸려는 강박적인 갈망이 존재하게 된다.

참고문헌

Bloom, H. 1973. *The Anxiety of Influence.* New York: Oxford University Press.

——. 1944. *The Western Canon: The Books and School of the Ages.* New York: Harcourt, Brace.

Brenner, C. 1994. The mind as conflict and compromise formation. *J. Clin. Psychoan.* 3: 473-88.

Chasseguet-Smirgel, J. 1978. Reflections on the connexions between perversion and sadism. *Int. J. Psycho-Anal.* 59: 37-48.

Fliess, R. 1956. *Erogeneity and Libido.* New York: International University Press.

Freud, A. [1922]. Beating fantasies in daydreams. *The Writings of Anna Freud.* New York: International University Press, 1: 137-57 (1974).

——. 1942. Notes toward the essay "About losing and being lost." In *Anna Freud in Her Own Words.* comp. R. Rosen. *Bull. Anna Freud Centre* 18: 293-305 (1995).

Freud, S. 1905. *Three Essays on the Theory of Sexuality. S.E.* 7.

——. 1919. A child is being beaten. *S.E.* 17.

——. 1920. *Beyond the Pleasure Principle. S.E.* 18.

——. 1923. *The Ego and the Id. S.E.* 19.

——. 1924. The economic problem of masochism. *S.E.* 19.

——. 1926. *Inhibition, Symptoms and Anxiety. S.E.* 20.

——. 1930. Civilization and its discontents. *S.E.* 21.

——. 1940. *An Outline of Psychoanalysis. S.E.* 23.

——. 1941. Findings, ideas, problems. *S.E.* 23.

Jones, E. 1955. *The Life and Work of Sigmund Freud.* 1901-1921. Vol. 2. New York: Basic Books.

Kris, E. [1956]. On some vicissitudes of insight in psychoanalysis. In *The Selected Papers of Ernst Kris.* 252-71. New Haven, Conn.: Yale University Press (1975).

Mahony, P. 1987. *Freud as a Writer.* New Haven, Conn.: Yale University Press.

Novic, J. and Novic, K.K. 1995. *Fearful Symmetry. The Development and Treatment of Sadomasochism.* Northvale, N.J.: Jason Aronson.

Orwell, G. 1947. Such, such were the joys. In *A Collection of Essays.* New York: Harcourt Brace Javanovich.

Shengold, L. 1988. *Halo in the Sky.* New Haven, Conn.: Yale University Press. 1992.

——. 1995. *Delusions of Everyday Life.* New Haven, Conn.: Yale University Press.

Trilling, L. 1955. Freud: Within and beyond culture. *In Beyond Culture.* 89-119. New York: Viking (1965).

Wilson, E. 1962. Introduction. *The Novels of A. C. Swinburne.* 3-37. New York: Farrar, Straus & Cudahy.

Young-Bruehl, E. 1988. *Anna Freud: A Biography.* New York: Summit.

장면과 그 반전

프로이트에게서 연상의 연쇄에 관한 고려

마르시오 데 지오바네티

어떤 텍스트라도 그것이 프로이트의 텍스트라면 그에 관한 글쓰기는 불가피하게 놀랄만한 경험이 될 뿐만 아니라 주제넘은 모험도 되는데, 왜냐하면 분석수행자와의 작업에서처럼 우리의 과제는 처음부터 불가능성과 결함과 부적절함이란 요소들을 수반하고 있기 때문이다. 결국엔 프로이트나 다른 위대한 저자들을 읽을 때 우리는 즉각적으로 지식과 진실의 문제 혹은 지식에 관한 진실의 문제에 직면하게 된다. 어떤 경우에든 우리는 절반-말하기(half-said)와 금지된 것과 공허감의 영역 속으로 옮겨가게 된다(앙드레, 1994). 프로이트의 텍스트를 전체적으로 보든 한 줄씩 보든 그 텍스트는 사실상 그 자체의 주체—인간—의 모방(mimesis)이고, 실제로 말해질 수 없는 것에 대해 말하는 일을 멈추지 않는다. 그것은 영원히 다른 단어를 찾아 나서는 단어처럼, 즉 어떤 대화에 나오는 단어처럼 끊임없는 유동상태에서 그 자체를 제시해주는데, 그 단어는 대화를 기록하지만 그와 동시에 하나의 실체로서 대화의 불가능성을 증명해준다. 그것은 무의식처럼 결코 전체적이지 못하고 항상 일부분으로서 무의식으로부터 나온 단어가 있을 수 없다는 바로 그 구조에 의해 보여주게 된다. 여기서 무의식은 언술 될 수 있는 모든 단어의 한계를 뚫고 나오지 못하고 그 한계를 뛰어넘지 못하는데, 처음 생길 때에도 그것을 반-단어(half-word), 즉 절반 진술된 것으로 변화시켜서 언술되는 동안에도 그 자체로는 완전하지 못하기 때문에 해석 중인 새로운 단어를 필요로 하는데, 그 단어는 결과적으로 또 다른 새로운 단어를 요구하게 된다.

인간의 말 그 자체에 대한 메타언어적인 단어로서 작용하는 프로이트의 텍스트는 끊임없이 스스로 개조해가기 때문에 태어남과 동시에 죽는 셈인데, 그것은 마치 모든 언어의 상징적이고 은유적인 특성에 관심을 끄는 것과 같다. 그 텍스트는 항상 유동적이기 때문에 출발점만 있을 뿐 도착지점은 없고, 그 자체와 그의 대상들의 끊임없는 개조 과정에서 또한 그의 전치와 압축, 재공식화 및 그 자체의 부정을 통하여 그것은 명백한 수준에서 스스로 대상이 될 때라도 통합에 저항을 보이고, 또한 바로 그것이 그 고유한 특성의 근원이 된다(지오바네티, 1994 참조).

프로이트가 저술을 시작한 맨 처음부터(『실어증에 관하여』; 「과학적 심리학을 위한 기획」) 끝에 이르기까지(『정신분석에 관한 새로운 입문강의』; 「종결할 수 있는 분석과 종결할 수 없는 분석」; 『정신분석의 개요』), 그의 저서들의 제목은 개요나 기획보다 더 많은 것이 제공되는 단어를 찾지 못하는 불가능성이 강조되고 있는데, 그 대상인 인간의 살아있는 본성에 대해 단순히 해석적인 소개보다 더 큰 단어들을 말한다. 종결할 수 있든 없든 프로이트의 텍스트는 단지 의미(Deutung)를 향하고 있을 뿐이고, 더욱 발전된 필수적인 텍스트의 방향을 가리키고 있다. 그것은 어떤 담론이든 인간 담론의 구성에 대하여 또한 역사화한 정당성을 갖는 그런 담론에 대하여 기본조건이 된다.

프로이트의 방법은 청취에 대한 집중을 골고루 잠시 보류시킨 채로 자유연상과 그의 대응물에 기본을 두고 있다. 만일 그 자신의 방법이 그의 작품에 적용된다면 그에 스며든 다양한 연상의 흐름이 드러나게 될 것이다. 『꿈의 해석』의 시작부분이 그 구조에 있어서 과학논문을 닮았을지라도 그 작업이 보여주는 실증주의자들과의 결별은 제2장에서부터 분명하게 나타난다. 프로이트의 접근방법은 점차 에세이처럼 되어가고 있다. 즉 그는 자신의 작업이 형성되어 가는 방법을 보여주면서 그의 연구 대상과 수많은 방법으로 관련되는 한 주체의 위치를 떠맡게 된다.

프로이트는 『꿈의 해석』을 쓰는 데에 3년이란 긴 시간이 걸렸는데, 나중에 나온 그의 모든 텍스트들은 『모세와 일신교』를 제외하고는 매우 짧은 기간에 생산되었다. 그것은 사실상 그가 자유연상이란 방법에 충실했음을 증명하고 있었던 것이다. 그는 각각의 연상사슬마다 그의 마음속에 떠올랐던 모든 것에 주목하고 적어두며 그가 검열의 불가항력에 직면하게 될 때까지 모든 가닥들을 따라가게 된다. 바로 그 검열이 불가피하게 그의 발언에 구두점을 찍게 될 것이다. 그러나 잠시 동안일 뿐이다. 왜냐하면 그가 새로운 텍스트에서 그의 주장을 다시 시작했을 때 이전의 연상사슬이 비록 변형되고 변장될지라도 다시 시작되기 때문이다. 그러나 계승되는 사슬은 이전 것과 연속된 것이든 반대의 것이든 혹은 심상이든 간에 밀접한 관계를 유지하게 될 것이다. 실례로는 프로이트가 수년간에 걸쳐 대부분의 텍스트에 붙였던 각주와 후기들이고, 자신의 작품들을 영어로 옮긴 스트레이치의 번역본에 덧붙인 서문과 주석들이다. 전자는 특별한 문맥 내에 제각각의 기고문을 붙인 것이고, 후자는 우리로 하여금 그것들이 포함된 작품보다 빠른 것이든 늦은 것이든 또 다른 텍스트를 끊임없이 참조하게끔 한다. 존스와 앙지외 및 게이가 각각 썼던 훌륭한 전기들도 단지 몇 마디만 언급하여 유사한 접근방법을 채택하고 있다.

따라서 프로이트의 텍스트 읽기는 그의 이전 저술과 그 이후 저술들을 참조하지 않고서는 불가능하다. 그와 비슷하게 그의 작품들에는 분명한 통로가 없는데, 그 까닭은 각각의 텍스트는 다른 작품으로 가는 통로가 되기도 하고 빌딩 전체의 기초를 이루는 일부도 된다. 그와 똑같이 거기엔 출구가 없다.

멜처(1978)는 프로이트의 저술에 천재성이 두 번이나 터져 나왔다는 것을 기록하고 있다. 한번은 1899년부터 1904년까지이고 또 하나는 1919년부터 1922년까지였다. 내 생각으로는 이런 아이디어는 명백하게 드러난 진술에 관해서라기보다는 함축적인 내용에 더 큰 흥미를 불러일으킨다. 왜냐하면 두 번째에 잠재되어 있는 것은 원래의 연상 사슬이 최대의 저항 지점을 극복하는 데에 성공했다는 사실이다. 그때부터 외상적인 기억을 회복하고서 다른 수준에서 그의 역사의 재구성을 이룰 수 있는 분석수행자와 마찬가지로 프로이트의 작품들은 다른 수준 위에서 구성되고 있었다. 새로운 수준은 이전의 것보다 더 좋지도 않고 더 나쁘지도 않지만, 샌들러(1987)가 첫 번째 지형학설과 두 번째 지형학설에 관련하여 지적하는 것처럼, 몇 가지 잠재된 측면들을 명백하게 밝혀줌으로써 그것을 고쳐 만들어서 결코 대체하지 않는다고 말해주게 된다.

프로이트의 첫 번째 지형학설로부터 구조이론으로의 이행이 철저한 방향전환에 관련되었다고 흔히 주장된다. 그와 비슷하게 성 본능과 자아 본능 간의 안티테제는 전통적으로 삶의 본능과 죽음의 본능 간의 안티테제와 대조를 이루어왔다. 그러나 나 자신의 접근방법은 원래의 연상 사슬을 방해해서 그 결과로 새로운 연상의 흐름이 일어나게 했던 저항을 프로이트가 극복했다는 생각에 더욱 집중되어 있다. 얼마쯤 예상되겠지만 나는 이런 저항이 죽어야 할 운명과 관련되어야 한다고 말할 수 있다.

프로이트의 주요문헌 전체에서 가장 자극적이고 당황케 하며 난해했던 작품들 가운데 하나인 『아이가 매를 맞고 있어요』가 나타나게 됐던 것도 이런 새로운 흐름 덕분이다. 그것은 실제로 한 가지 저술 계통에 속하는데—여기서 '시작되다'는 단어가 참으로 적절하다면—그 저술은 1914년의 『유아신경증의 병력으로부터』(1918[1914])로 시작되어 『항문적인 성애에서 예증된 본능의 변형에 관하여』(1917a)로 계속되다가 『'시와 진실'에 나온 어린 시절의 회상』(1917b)이 나온 직후에 『아이가 매를 맞고 있어요』와 『쾌락원칙을 넘어서』와 『기괴한 것』이 1919년 1월과 5월 사이에 쓰였는데, 시니피앙들의 풍부한 그물망을 보여주고 있다.

이런 이상한 개념 구조는 새로우면서도 동시에 낡은 것으로서 유아기의 기억과 유아기의 성이론, 최초장면, 오이디푸스 콤플렉스, 남근 및 쾌락의 가닥들을 엮어 만든 것인데, 여기서의 쾌락은 매우 어두운 얼굴을 보여주고 있다.

프로이트가 『문명과 그 불만』(p. 133)에서 인용한 "인간은 인간에게 늑대다"(homo homini lupus)라는 꼬리표는 추방된 국외 거주자의 꿈으로 연결될 수 있는데, 그 꿈에서 갑자기 창문이 열리더니 나무가 보이고 그 나무 위에서 부동의 다섯 마리 늑대가 꿈꾸는 사람을 바라보고 있다. (프로이트는 예닐곱 마리 늑대라고 말하지만 늑대인간의 그림에는 실제로 다섯 마리가 보인다.) 프로이트는 처음부터 유아적인 호기심과 그 섹슈얼리티와의 관계에 관심을 두고 있었다. 이런 특별한 일련의 연구들은 『성이론에 관한 세 가지 논문』(1905a)으로부터 시작되어 『소아의 성이론에 관하여』(1908), 꼬마 한스의 사례(1909a), 『레오나르도 다빈치와 어린 시절의 기억』(1910a), 『사랑의 심리에 대한 기고문』 I과 II(1910b, 1912), 『편집증(편집성 치매) 사례의 자서전적 설명에 관한 정신분석적 주석』(1911[1910]), 『토템과 터부』(1912-13) 및 『자기애에 관하여 : 서론』(1914)으로 이어진다. 이 모든 작품들은 이런저런 방법으로 호기심과 지식과 섹슈얼리티라는 문제를 다루고 있는데, 이때 프로이트는 차츰 『유아 신경증의 사례로부터』(1918[1914])에서 명백히 최초장면이 되어가는 것에 대하여 그의 방법으로 작업하고 있었다.

오이디푸스 콤플렉스라는 개념이 처음부터 그의 저술에 나타나고 있지만 방금 언급된 작품들에서는 항상 다음과 같은 동일한 질문에 관련되곤 한다. "단 하나의 리비도만 있다면 남성과 여성을 구별해주는 것은 무엇인가?" 이 질문은 필연적으로 아기들이 어디에서 나오는지 그곳에 대한 꼬마 한스의 질문에 연결된다. 혹은 오이디푸스가 명확하게 말한 것처럼 "나는 누구인가?" 그 질문에는 오직 역사에 의지해서 답할 수 있을 뿐이다. 따라서 그것을 과거의 시간과 장소로 되돌려 놓을 필요성은 시작이나 근원이 반드시 있었다는 것을 보여주면서 그 질문을 "나는 어디에서 왔는가?"로 바꿔 놓고 있다.

프로이트 역시 동일한 질문을 훨씬 더 큰 맥락인 종(種)개념의 문제에 놓아두면서 사변으로 빠져들었다. 그는 『토템과 터부』에서 인간이 어디에서 왔는지 궁금해 한다. 그의 사변은 우연히 뚜렷해진다. 다시 말해 그것은 그 기초와 논거의 확실성에 관한 논쟁을 초월하게 되는데, 그 이유는 이 세계의 창조에 관한 슈레버의 망상적인 사변과 함께 그것이 그의 새로운 개념인 자기애의 기초를 그에게 제공해주었기 때문이다.

그 다음엔 동일시의 수준에서 우리는 지금 호기심과 오이디푸스 콤플렉스, 성적인 젠더 및 자기애를 결합하게 된다. 만일 호기심이 자기애적인 위치에서 발휘된다면 "나는 누구인가?"라는 질문에 대한 답은 "이 세계"이다. 그러나 오이디푸스적인 호기심의 경우라면 그 답은 훨씬 더 복잡해질 것이다. 그 답은 "나는 확실히 알지 못한다"가 될 것이다. 관련된 지식이 부족하고 불완전해서 호기심을 채워주기는커녕 오히려 자극하게 된다. 그 답은 다음과 비슷한 것으로 바뀌게 된다. "세계가 존재하고 내가 존재한다. 따라서 나는 내 자신에 대한 것을 알기 위해 이 세계를 알아가야 한다."

자신에 대한 지식에 결합된 이 세계에 대한 지식이 오이디푸스 신화의 기본적인 구성요소들 가운데 하나이다. 어느 도시에서 다른 도시로 가는 길들과 운명적인 교차로 및 이 도시에서 저 도시로 오가는 사람들은 모두 정체성의 탐구에 연결되어 있고 스핑크스가 수수께끼를 내놓는 장면의 배경을 나타낸다.

자기와 세계 간의 이러한 연결은 이미 한스에 의해 힌트가 주어진 길 위에 있었는데, 그는 창문을 내다보며 철길 위로 왔다 갔다 움직이는 기차를 봤고 거리를 총총 걸어서 오르내리는 말들을 봤던 결과로 집에서 떠나기를 거부하게 되었던 꼬마 소년이다. 또한 그것은 쥐인간에 의해 오스트리아–헝가리제국 군대의 기민한 승선 기동연습에 대한 자세한 설명을 통하여 또한 수신인에게 도달하도록 특수한 글자로 써야 하는 경로에 대한 묘사를 통하여 나타나기도 했다. 이제 늑대인간과 함께 유랑—태어난 집으로부터 분리와 이미 여행했던 길을 보여주는 것—은 최초장면을 드러내 보이면서 새로운 창문이 열린다.

호기심이 결정적인 것이 되는 이유는 그것이 그 주체에게 일시성을 경험시켜주기 때문이다. 늑대인간의 착상시간인 오후 5시는 나뭇가지에 앉아 있는 부동의 다섯 마리 늑대로 상징화되는데, 어떤 혈통에 포함된 사람의 멋진 알레고리가 된다. 늑대인간이 보고 있는 것은 하나의 가계도로서 그것은 그가 태어나기 오래전에 시작되었고 그의 이후에도 계속될 사슬의 한 고리가 된다. 늑대들의 부동자세는 그 자신의 죽을 운명의 이미지가 될 수도 있다. 그 다음 그 주체는 자기애에 강력한 타격을 입히게 되는데 그 이유는 그가 중심적인 위치로부터 갑자기 쫓겨났기 때문이다. 오이디푸스적으로 구조화된 그의 호기심이 그로 하여금 최초의 대상들을 향해

주요한 첫걸음을 내딛게 하기 때문이다. 그는 그의 부모의 창조자가 되길 그만두고서 그를 함께 창조했던 사람이 한 남자와 한 여자인 부모라는 사실을 알게 된다. 이후로 그의 세계는 더 이상 동일한 것이 아니다. 그것은 더 크고 참으로 끝이 없다. 끝이 있어 유한한 것은 인간의 생명이다. 이것은 어두운 측면이고 쾌락을 넘어서는 것, 즉 기괴함이다.

"[나의 출생은] 1749년 8월 28일, 12시를 치는 정오에 일어났다." 자신의 인생에 대한 괴테의 설명은 이렇게 시작되고 있는데, 그는 예순 살의 나이에 이 글을 쓰기 시작했다. 프로이트는 『'시와 진실'에 나온 어린 시절의 회상』(1917b)에서 이 이야기를 우리에게 들려준다. 여기서 그는 괴테의 어린 시절의 기억을 그 자신의 환자들 가운데 한 사람의 임상자료라는 관점에서 해석하고 있다. 문제의 그 회상은 가정용 도자기를 모두 창밖으로 집어 던진 일이다. 프로이트는 해석적인 구성에서 괴테의 자서전에 제시된 순서를 재배열하고 있다. "나는 운명의 총아였다. 운명은 나의 인생을 보호해줬다. 비록 내가 이 세상에 올 때는 죽은 아이 같았지만. 더욱더 운명은 내 동생을 사라지게 했고 따라서 나는 어머니의 사랑을 그와 공유할 필요가 없었다."

"12시를 치는 정오에"라는 말은 다른 시계의 메아리를 불러일으키는데, 그 시계는 늑대인간에게 오후 5시라고 알려줬다. 동일한 방법으로 우리는 꼬마 한스한테 창문이 특별히 중요한 시니피앙이라는 것을 알아챌 수밖에 없는데, 그것은 젊은 러시아인의 꿈에도 나왔고 괴테한테도 다시금 나왔다. 한스는 창문을 통해서 이 세상을 관찰했다. 러시아의 귀족은 창문을 통해 자신의 유한성을 감춰주는 베일을 벗겨 냈다. 젊은 괴테는 창문을 통해 동생의 출생에 대한 분노와 질투를 제거했는데, 이 테마는 꼬마 한스와 늑대인간에게도 모두 나타났다.

시간 표시하기와 창문 열기는 연상의 흐름에 대한 최대의 저항 지점을 가리키는 프로이트의 텍스트의 구성요소들이지만, 그것들은 그 저항이 극복될 때 되돌아온다.

따라서 호기심과 출생, 오이디푸스적인 경쟁심, 강한 소유욕 및 질투라는 테마들은 프로이트가 1919년에 드디어 저항을 극복할 수 있게 될 때까지 그의 작품에서 더욱더 두드러진 특성을 내보이고 있었다. 그런 다음 섹슈얼리티의 어두운 측면인 도착증과 죽음을 강조하는 세 가지 작품들이 출현하게 되었다.

이전에 이런 테마들은 오로지 그 이면에 의해—도착증은 신경증의 부정적 측면으로 보였음—다루어졌고 따라서 연상의 흐름에 대한 저항이 되었다. 그러나 지금부터 그 테마들은 반대측면에서 생각해왔던 이미지들과 정면으로 부딪치게 된다. 다시 말해 점진적으로 드러내 보이게 된다. 따라서 프로이트는 꿈으로 되돌아가는데, 이제는 오직 환각적인 소망충족으로만 보는 것이 아니라 오히려 외상적인 실제의 측면에서 또한 외상의 훈습이란 측면에서 보게 된다. 우리는 "쾌락원칙을 넘어서고" 있다. 죽음은 숨은 곳에서 나타나 무대 앞에 자리를 잡는다. 정신적인 세계는 점차 더 커져서 더 이상 친숙한(heimlich) 것이 아니라 섬뜩한(unheimlich) 것이 되어 달라져 버린다. 이제부터 섹슈얼리티는 이런 차이점을 고려하여 다뤄지게 될 것이다.

『아이가 매를 맞고 있어요』라는 논문에는 "성도착증의 원인 연구에 관한 기고"라는 부제가 붙어 있다. 여기서 프로이트는 관련된 것이 더 이상 소아의 다형태적 도착증이 아니라는 것을 우리에게 보여준다. 그는 동사의 시제("is being")가 우리에게 알려주는 것처럼 현재 수행되고 있는 행위라는 것을 보여주고 있다. 다시 말해 그것은 도착증적인 행위의 재발이거나 반복이다. 하지만 그 아이는 누구일까? 텍스트는 우리에게 말해주지 않는다.

지금까지 우리는 주체를 구체적으로 명시하는 이름이나 별명—도라, 한스, 레오나르도, 슈레버, 쥐인간, 늑대인간—을 갖게 되었다. 주체는 규정되었다. 그러나 『아이가 매를 맞고 있어요』에서는 이름이 붙지 않은 한 주체가 소개되고 있는데, 그 주체는 오로지 겪었던(혹은 수행된) 행동에 관련해서 존재할 뿐이다. 첫 번째 지형학이 구체적으로 명시된 주체와 관련된 채로 확립되었는데, 예를 들어 그의 꿈들에 관한 분석을 통해 프로이트 자신이 명시되고 『일상생활에서의 정신병리』(1901)의 제1장에 나와 있는 것처럼 잊어버린 시뇨렐리라는 고유명사의 회복을 통해 그 이름이 명시되고 있지만, 반면에 새로운 체제인 구조이론은 명시되지 않은 주체에 근거하고 있다. 따라서 한 가지는 다른 것의 대조물인 그 이면이나 거울상이 된다. 『동성애 여자환자의 정신증상 발생』(1920a)은 확실히 도라의 대조물이다. 또한 남자에게서 '검은 대륙'인 여자로 옮겨가는 오이디푸스 초점의 전치는 섹슈얼리티와 정체성의 이론들이 이제 남자가 아닌 여자에 대한 탐구를 통해 다뤄지고 있다는 것을 지적할 수밖에 없다.

섹슈얼리티에 관한 새로운 시각과 정체성에 관한 새로운

시각은 자아 개념의 구조화에 끼치는 영향과 함께 거세 문제로 시작되어 남성의 오이디푸스 콤플렉스와 여성의 오이디푸스 콤플렉스 간의 복잡한 차이점들을 강조하는 연상의 새로운 사슬로 안내해 가고 있다. 자아는 처음엔 의식이라 여겼을지라도 어두워 눈에 띄지 않는 측면을 이용해서 그에 의해 점차 무의식으로 되어간다. 더구나 그중에서도 더욱 새로운 것이 초자아이다. 자아의 이런 두 가지 측면들이 인식되면 차츰 신경증 기제와 정신병 기제 및 도착증 기제들을 구별할 수 있게 된다. 연상의 새로운 사슬은 1919년에서 1937년으로 달려가다가 피학증과 페티시즘, 여성성 및 자아의 분리에 관한 작업으로 구두점을 찍게 된다.

프로이트는 『아이가 매를 맞고 있어요』라는 논문에서 그의 목표가 신경증적 역동에서 남녀 성들 간의 차이점의 역할을 평가할 뿐만 아니라 전반적으로 성도착증의 발생에 대해서, 특히 피학증의 발생에 대해 설명하려는 것이라고 명백하게 진술하고 있다. 다시 말해 그는 자신의 연구가 오이디푸스 콤플렉스의 구조화, 즉 "신경증의 실제적인 핵심"(p. 193)에 근거하고 있다는 것을 다시 한 번 분명하게 밝히고 있다. 그는 계속해서 "매질-환상"과 유사한 도착증적 고착이 오이디푸스 콤플렉스의 침전물인 상흔이라고 말하는데, 이를테면 그 유명한 "열등감"이 비슷한 상흔에 해당하는 것과 똑같이 그 과정이 끝난 후에 남겨진 것이다.

그가 오이디푸스 콤플렉스와 자기애적인 상흔, 환상, 도착증적 행위, 그리고 마지막으로 두 성간의 차이를 조사연구에 어떻게 연결시키는지 바라보는 것도 흥미로운 일이다. 내가 프로이트의 텍스트에 관한 분석을 이런 결합에 근거시키려는 이유는 그것이 최초장면의 구성요소들을 합쳐놓기 때문인데, 거기서 주체는 자신의 근원을 호기심에 차서 지켜보고 있다. 내 의견으로는 그것이 도착증의 구조에서 마디 점이 된다.

프로이트는 "분석 작업이 처음부터 그 어른의 소아기에 대한 지식을 바로 그 사람한테 감춰주는 기억상실의 제거에 성공했을 때에만 진실한 정신분석으로 인정을 받을 만하다"라고 쓰면서 또한 "소아기의 분석을 소홀히 하는 사람은 누구든 가장 비참한 오류에 빠지도록 되어 있다"(p. 183)고 쓴다. 이보다 조금 전에 그는 다음과 같이 쓰고 있다. "우리 지식의 현재 상태는 매질-환상의 이해에 있어 우리의 방법을 너무 까마득하게 만들고 더 이상 진전되지 못하게 만든다. 분석하는 의사의 마음속에 그것은 사실이고 이것이 그 문제에 대한 최종적인 해결책이 아닐지도 모른다는 불편한 의심이 남게 된다. 그는 이런 환상들이 신경증의 나머지 내용으로부터 크게 동떨어져 존속하게 된다는 것을 스스로 인정하도록 강요되고 있으며 그 구조 내에서 적절한 자리를 찾지 못하고 있다. **그러나 내 자신의 경험을 통해 알고 있듯이 이런 종류의 인상은 너무도 흔쾌히 무시될 뿐이다**"(저자의 강조임).

이런 인용문을 주의 깊게 읽어보면 프로이트가 모든 사람들한테서 발달의 모든 시기에 지식의 추구와 그 거부 사이에서 겪게 되는 끊임없는 갈등에 대해 언급하고 있다는 것을 분명하게 보여주고 또한 그가 이런 투쟁장소에서 "아이가 매를 맞고 있다는" 환상에 대해 연구하고 있을 뿐만 아니라 그런 투쟁장소가 사실은 본질적으로 환상 구조의 기초라는 것을 보여주고 있다. 그는 이렇게 쓰고 있다. "이런 환상의 고백은 망설임 끝에 이뤄진다."(p. 179). 또한 그의 환자들은 이렇게 말한다. “나는 그에 대해 더 이상 아는 것이 없어요”(p. 181).

환상을 털어놓는 분석수행자들의 주저하는 말에는 부끄러움과 죄책감이 뒤따라 나오는데, 프로이트에 따르면 성생활의 시작에 대해 기억하는 유사한 이야기들의 경우보다 더욱 강하게 그렇다는 것이다.

그렇다면 그 빈번함 때문에 분석가를 깜짝 놀라게 하고 분석수행자 측에는 그런 감정과 과묵함을 불러일으키며 “틀림없이 학교에 들어가기 전이니까 대여섯 살 이후는 아닌”(p. 179) 시기부터 시작되는 이러한 실체는 무엇인가? 혹은 달리 말해서, 성생활을 넘어서는 이런 실체는 무엇이란 말인가?

프로이트의 대답은 환상-수수께끼가 학교에서의 교육에 의해 또한 『톰 아저씨의 오두막집』과 『소피는 말썽꾸러기』(Les Malheurs de Sophie)처럼 젊은 사람들을 위한 책들에 의해 개작된다는 것이다. 따라서 환상은 “나머지와 떨어져서” 존속하고 우선 먼저 지식의 구조를 가능하게 만드는 구성으로서 지식의 근원 그 자체에 놓여 있다. 아버지의 ‘오두막집’이 제공해준 지식(sophia)에 의해 야기된 불행(malheurs)을 직면하기 위해 필요한 것은 많은 분량의 쾌락이다. 또한 어떤 지식을 소유하는 데에 꼭 필요한 것은, 말하자면, 무지의 분량이거나 지식의 거부의 분량이다. 프로이트가 매 맞는 아이의 성에 대해 질문을 받았을 때 그 대답은 간혹 “항상 소년들”이었고, 간혹은 “오로지 소녀들”이었으나, 더욱 흔히 “나는 알지 못해”가 되거나 “어느 쪽이든 상관없어”였다.

이 텍스트에 함축되어 있는 다른 질문은 이렇다. “섹슈얼리티를 즐길 수 있도록 만들어주는 차이점들에 대한 지식의 획득은 어째서 많은 쾌락—특히 수음의 쾌락—을 필요로 하는가?" 프로이트의 대답은 이렇다. "모든 동물들 가운데 유일하게 인간으로 하여금 성생활을 두 번씩이나 시작하도록 [강요되고 있는데], 첫 번째는 다른 모든 생물체들처럼 어린 시절 초기에 시작되고, 그 다음엔 오랫동안 중단되었다가 사춘기 나이에 한 번 더 시작하게 된다"(p. 193). 이런 대답의 특징은 분리와 단절, 일시정지 및 외로움의 영역에 존재하는 것으로써 인간됨의 특성을 삼는다. 따라서 분석 중인 두 사람의 과제가 되는 그의 역사의 재구성은 이러한 단절 및 이러한 분열과 차이를 인식하는 문제이다.

프로이트는 마지막 장을 이렇게 시작하고 있다. "내가 한두 가지 관련성을 제외하고는 여성들의 사태에 국한시키지 않았다면 유아적인 매질환상을 명백하게 조사해내는 것은 분명히 불가능한 일이었을 것이다"(p. 195). 그는 이것으로 그 한계조차 그것의 한계를 갖는다(그는 …을 제외하고는 그 스스로를 국한시켰다)는 것을 의미한다. 좀처럼 인정할 수 없는 내 잘못에서 그가 지금까지 거부해왔던 차이점이 근본적으로 중요하다는 것을 여기서 그는 분명하게 밝혀주고 있다. 남녀 간의 차이점은 단지 해부학적인 것만은 아니다. 그때까지도 그는 남성과 여성의 오이디푸스 콤플렉스가 완전히 같은 것이라고 주장해 왔지만, 이제는 그 증거를 받아들이고 말았다. 매끄러운 상보성에 대한 소망과 기대는 잘못된 것이다. 성적인 욕망과 행위는 별개의 것이다. 이것은 오이디푸스 콤플렉스가 남긴 상흔들 중의 하나로서 지식에 의해 아이에게 입힌 세 가지 타격 가운데 하나이다. 다시 말해 아이는 오직 훗날에 가서 그 차이점을 기초로 삼아 다른 사람들한테서 만족을 구해보기 위해 최초의 성적인 대상을 포기해야 한다.

최초장면, 즉 "시선을 피할 수 없는 어떤 광경"과의 대면에서 생긴 또 다른 타격은 아이들이 생식기의 발견 때문에 "그들의 상상적인 전능함의 온 하늘로부터 내던져질"(p. 187) 때 일어난다. 지금까지 자기애적인 아이가 그의 이미지대로 부모와 세계를 창조했지만, 이제부터는 창조의 미스터리가 성기에 연결된다는 것을 발견하게 된다. "비록 끊임없이 생각해보면 함께 잠자는 것, 상대방이 있는 곳에서 오줌을 누는 것, 등등처럼 그의 부모들 사이에서 당연하게 여겨지는 친밀한 행위의 본질을 다른 관계들에서도 찾아볼 수 있을지라도 아이는 성기가 그 일[아기들]과 어떤 관련이 있다고 확신하는 것 같다"(p. 188). 유아의 성 이론은 지금까지 대변이 아기들과 동일한 것이라고 했지만, 이후로는 신체의 양쪽 부분들, 즉 서로 다른 신체의 지각은 아이한테 그 자체를 받아들이도록 강요한다. 다시 한 번 아이는 만들어내길 소망하지만 이 목적을 위해서는 다른 사람의 신체를 필요로 한다. 그 아이가 세계의 창조자가 되었던 시간을 끝내면서 새로운 시간이 시작되는데, 그렇게 해서 두 가지 시간들이 존재하게 된다. 즉 가능성의 시간인 현재와 전능의 시간인 과거이다.

유아의 자기애에 대한 세 번째 타격은 자연스럽게 다른 두 가지에서 나온다. 만일 아이가 더 이상 전능하지 못하여 아기를 만들어내기 위해서는 그 자신과 다른 또 한 사람이 필요하다면 아이는 자연스럽게 그 자신의 착상에서 비롯된 아이디어와 만나게 된다. 따라서 아이는 그의 부모에 의해 만들어졌다는 것을 스스로 알게 되고 거기엔 그가 계보 상의 일시성에 속한다는 근본적인 의미가 포함되어 있는데, 왜냐하면 그는 아직 존재하지 않지만 그의 부모들이 존재했던 시간이 있었기 때문이다. 이것은 그 아이를 그의 한계와의 새로운 관계에 놓아둔다. 세대들 간의 차이가 있기 때문에 아이는 부모와 동일한 세대에 속하지 않는다는 의미와 함께 세대의 계승을 알게 될 뿐만 아니라 특히 그는 개체의 피할 수 없는 죽음에 직면하기도 해야 한다. 그가 할 수 있는 모든 것은 자식을 보다가 동시에 죽음—어두운 쪽—을 맞이하게 되는 자기 차례를 기다리는 일이다. 그렇지 않다면….

적어도 부분적일망정 아이가 이런 지식을 거부하지 않는다면—또한 이것은 수음에 의한 매질환상이 그렇게도 흔히 관찰되는 이유가 되는데—시간이 흘러가지 않는다면… 프로이트의 예민한 귀는 그 환상이 현재진행형으로 구조화되어 있다는 것을 알아차렸다. 즉 '되고 있다'(is being)는 욕망의 시제이고 무의식의 시제이며 과거와 미래의 비존재이다.

"아주 흔히 놀라고 있다"는 말은 현재진행형의 시제를 나타내고 지식에 대조되는 환상의 시제를 의미하는데, 그것의 측면에서는 계보상의 일시성에 새겨져 있다. 환상의 수음적인 특성은 이런 계보의 거부에서 생겨나거나 그에 대한 전능한 승리로부터 생겨난다. 프로이트의 표현처럼 확실히 이것은 신경증 환자들이 "수음을 죄책감의 중심점으로 삼는"(p. 194) 이유이다.

프로이트는 『아이가 매를 맞고 있어요』라는 논문을 발표한 6년 뒤에 『두 성들 간의 해부학적 구별의 몇 가지 정신적 결과들』(1925)이란 논문에서 매질환상의 주제를 다시 들고 나왔다.

> 나는 아직도 이런 질투의 근원[음경선망]을 알지 못했고 "아이가 매를 맞고 있는" 환상을 생각하고 있었는데, 그 환상은 소녀들한테서 매우 흔하게 일어나고 있다. 나는 그에 대한 첫째 단계를 만들었는데, 그 의미는 주체가 질투하고 있던 라이벌인 또 다른 아이가 매를 맞고 있다는 것이다. 이런 환상은 소녀들한테 남근기의 잔재처럼 보인다. "아이가 매를 맞고 있다"는 단조로운 공식에서 나에게 깊은 인상을 심어준 독특한 경직성이 특별한 방식으로 해석될 수도 있다. 매를 맞고(혹은 어루만져지고) 있는 아이는 정말 음핵 그 자체임에 틀림없을 수도 있는데, 그렇게 가장 낮은 수준에서 그 진술은 수음의 고백을 포함하게 될 것이고, 남근기에서 시작하여 훨씬 훗날의 인생까지 그 공식의 내용에 매달린 채로 남게 되었다.(p. 254)

지금부터 "아이가 매를 맞고 있는" 환상은 오이디푸스 콤플렉스와 거세 콤플렉스, 최초장면, 두 성들 간의 차이 및 남근을 결합하여 남근기의 맥락에서 수음을 가리키게 된다. 이러한 맥락은 수음활동과 그 고유의 성적인 활동 사이에서 선명한 분수령을 제공해준다. 이렇게 된 이유는 그 환상이 오로지 주저하던 끝에 털어놓게 되고 그 주체의 성생활 시작에 대한 설명보다 훨씬 더 많은 불안을 가져오기 때문이다. 무엇보다도 그것은 오이디푸스 법칙이 인류의 사슬과 계보의 사슬 속에 그 개체를 놔둔다면 적어도 부분적으로는 오이디푸스 법칙의 거부에 대한 고백이 된다. 주체는 사실상 "나는 법의 테두리 밖에 있다"고 털어놓는다. 그러나 이렇게 말하기 위해서는 먼저 그 법에 대한 지식이 있어야 한다.

그러나 법이란 무엇인가? 프로이트의 대답은 그것은 거세 콤플렉스이다(『오이디푸스 콤플렉스의 해소』 1924b; 『두 성 간의 해부학적 구별의 어떤 정신적 결과들』 1925; 『페티시즘』 1927; 『여성 섹슈얼리티』 1931). 그 법은 성적인 대상으로서 어머니를 가지려는 아이의 소유에 대한 아버지의 금지이고 일반적으로 대상의 소유에 대한 금지이다. 법은 성적인 대상으로서 그 대상의 즐김을 허용하지만 그 소유는 허용하지 않는다. 법은 자아와 그 대상 둘 모두를 인간적인 변증법인 섹슈얼리티의 변증법과 차이의 변증법 속에 놔두는 것이다. 이런 이유로 하나의 '나'(I)와 또한 이러한 '나'와는 달라진 하나의 '타자'가 존재한다. 권리가 관련되는 곳에는 반드시 대화가 존재한다. 즉 개인과 그 개인의 대상은 둘 모두 권리를 지닌다. 원칙적으로 어떤 쪽의 말도 타자의 말보다 우세하지 않다. 그 모두는 동일한 법을 따른다.

그와 대조적으로 수음의 영역은 대상의 소유뿐만 아니라 자아에 의한 그 대상의 창조까지도 가정하게 된다. 대상에 대한 성적인 즐김과 그 소유가 혼동되어 있는데, 그와 똑같이 대상은 자아와 혼동되어 있다. 다시 말해서 자아와 대상 사이에 명확한 구분이 없고, '나'와 외부세계 사이에서, '나'와 타자 사이에서, 또한 아버지와 어머니 사이도 구별되지 않는다는 것이다. 미래에는 함께 모여 오이디푸스 콤플렉스를 형성하게 될 모든 구성요소들이 여기서 이미 어떤 형태로 발견될 수 있지만 그것들은 흩어져 있고 모든 종류의 투사에 물들어 있으며, 실제적으로는 아직도 원시적인 자아의 연장선이다. 그런 자아는 주로 전능하고 자기애적인 것으로서 자기-생산적이고 이 세계의 창조자가 된다. 이것은 유아적 성 이론의 발원지가 되어 이것이 계보적 사슬 내에 개체를 놔두게 되면 성기적 섹슈얼리티의 경험과 지식을 위한 길을 열게 된다. 확실히 성기성(性器性 genitality)은 개체의 만족보다 종의 번식에 더 크게 작용한다. 이것은 "쾌락원칙을 넘어서는" 영역임에 틀림없는데, 섹슈얼리티가 오로지 죽을 운명과 무상함이 동일한 문맥에서만 이해할 수 있음을 보여준다.

전성기성(前性器性 pregenitality)으로부터 성기성으로 옮겨가는 일은 프로이트가 최초장면이라 불렀던 다양한 요소들의 구조변화에 의해 이뤄지는데, 생식행위로부터 아이를 배제시킴으로써 그의 자기애, 즉 자기-생산과 세계 창조의 기초에 일격을 가하게 되고 차이점과 불완전함, 결여 및 결합의 변증법에 아이를 놓아두게 된다.

내부의 정서적이고 환상적인 배열이 부모 성행위의 이미지를 통해 최초장면이란 관념의 이해—즉 개념작용—를 수반할지라도 그것은 말하자면 그 이면에 합목적성의 관념, 즉 목적의 관념을 암암리에 포함하지만, 그러나 이것은 이미지가 없는 관념이 되는데, 왜냐하면 죽음의 정신적 이미지는 어느 것도 가능하지 않기 때문이다.

그 결과 성행위에서 대부분 나타나기도 하고 대부분 사라지기도 하는 실체로서 또한 차이의 가장 분명한 징표로서의 음경은 정서적으로 과도한 에너지 부착을 받게 된다. 다시 말해 그것은 장면 그 자체의 이미지가 되는데, 세간의 주목이 쏠려 있는 대상이고 번쩍번쩍 빛나는 대상이며 모든 관념들을 포함하게 될 대상이다. 그것은 삶의 시니피앙이면서 죽음의 시니피앙인 남근이 된다. 그것의 특성인 삶-죽음의 이중성은 그것이 끊임없는 위협 속에 있음을 의미한다. 그러므로 거세불안은 남근의 바로 그 속성에 내재되어 있다. 그것은 광휘(Glanz), 즉 빛남이면서 동시에 프로이트가 『페티시즘』(1927)에서 언급했던 '흘긋 보는 것'(glance)이다.

프로이트는 거세 콤플렉스가 소녀에게서는 결국 오이디푸스 콤플렉스로 되는 반면에 소년에게서는 그것을 사라지게 만든다고 우리에게 알려준다(1925, p. 256). 그러나 내 생각으로는 최초장면이 둘 모두한테 거세를 소개하게 된다는 것이다. 소녀가 자신도 어머니도 음경을 소유하지 않았다는 것을 알게 될 때 그것을 강렬히 욕망하기 시작한다. 즉 그녀는 아들 하나를 원하고 따라서 남근을 소유한 다른 육체를 필요로 한다. 소년이 아버지처럼 자신도 음경을 소유한다고 알게 될 때 그것을 사용하고 싶은 강렬한 소망을 품게 된다. 양쪽의 태도에 함축된 것은 아버지의 말이고 그것은 첫 번째 수업으로서 첫 번째 육체관계를 전달해주는데, 현실은 개체의 죽을 운명과 종족의 보존이라는 것이다. 그 법칙을 따르기 위해 음경의 소유자인 소년은 그것을 적극적으로 사용해야 한다. 그것을 소유하지 못한 소녀는 그것을 적극적으로 욕망함으로써 아들을 통해 그것을 회복할 수 있는데, 그렇게 해서 그 법칙을 따르게 된다. 양쪽의 경우에 이것은 성적인 대상으로서의 어머니와 전성기적 섹슈얼리티의 구체화인 어머니의 분리를 가정하게 된다.

달리 말해서, 남녀 두 성 간의 구별을 기본으로 삼아 최초장면의 배열은 차이의 상징적 변증법을 준비한다. 즉 환상과 지식 간의 차이로부터 전능함과 창조능력 사이, 쾌락대상과 성적인 대상 사이, 나와 타자 사이, 생물과 무생물 사이, 그리고 생명과 죽음 사이로 갔다가 궁극적으로는 인간의 변증법으로 가게 된다.

도착증적 구조는 바로 이 변증법에 반대한다. 도착증 환자는 법을 모르는 것이 아니라 그 법에 반항하고 (부인에 의해) 그 법을 거부하는 것이다. 그가 인정하는 법은 자신의 욕망의 법칙이다.

그러나 한번 잠깐 보고서, 오직 '힐끗 봤을' 뿐인데 최초장면은 그 흔적을 남긴다. 프로이트가 『페티시즘』(1927)과 『방어과정에서의 자아의 분리』(1940b[1938])에서 보여주는 것처럼, 도착증 환자는 그의 의식을 분리시키는 것 외에 다른 방법이 없다는 것을 받아들인다. 이런 흔적은 그의 섹슈얼리티에서 명백히 드러난다. 도착증 환자가 두 성들 간의 차이점을 진정으로 모르는 것은 아니다. 그와 반대로 그가 경험하는 차이는 근본적인 것으로서 정신병적 구조에서 관찰되는 것과는 다른데, 정신병에서는 결합된 모습이 지배적이다. 도착증 환자는 죽을 운명에 대한 근본적인 거부에서 독특하다. 그는 아버지의 법인 최초의 법에 대한 불복종에서 강박적으로 쾌락을 얻어내려는 시도에 그의 인생을 허비하고 있다. 그 법은 **죽을 운명**에 연루된 계보적 사슬에 그를 놓아두게 된다. 따라서 그는 아직도 근본적인 차이를 더욱 심하게 만들어가고 있다.

동성애의 도착증적 구조는 합일보다는 분리의 목적을 위해 차이의 승인을 이용하고 있다. 여기서 거부는 기본적으로 생식과 종족의 번식에 관여하고, 동성애가 법칙을 이겨내는 것은 바로 이 점에서다.[1)]

페티시즘 환자는 성적인 쾌락을 페티시 대상의 소유로 넘기는데, 그 대상은 남근의 현실에 관하여 그에게 확신을 제공함으

---

1) 그러나 나는 동성애가 모두 도착증적이라고 믿지 않는다.

로써 그를 삶과 죽음의 주인으로 만들어준다.

가학증과 피학증에서는 죽을 운명 및 파트너의 인간성과 주체 자신의 인간성이 오로지 쾌락에 대한 한계로 고려될 뿐인데, 다시 말해서, 성적인 쾌락이 하마터면 대상이나 주체 자신을 죽일 뻔했던 것을 조건으로 하여 두 파트너들은 모두 환상 속에서 죽음을 이겨내게 된다. 가죽과 강철과 채찍의 수집은 전형적으로 가학증적인 행위를 동반하면서 첫 번째 법칙의 구체적인 상징이 되는데, 채찍의 소유자로서 그는 그 법칙을 이겨내고 타인을 그 법칙에 따르게 한다. 따라서 가학피학적인 한 쌍이 가장 분명해지는 이유는 자아분리의 가장 구체적인 이미지 덕분이다.

다른 도착증 한 쌍인 관음증 환자와 노출증 환자는 끊임없이 최초장면을 반복하지만 마치 극을 상연하는 것처럼 적극적으로 반복하고, 이 경우에 승리는 주체가 그 행동의 선동자라는 믿음에 놓여 있다.

끝으로 시간증(necrophilia)이 있는데, 죽을 운명에 대한 승리의 가장 근본적인 이미지이고 그 법칙에 의해 설정된 한계의 가장 분명한 거부이다.

이 모두는 매질환상에 의해 힌트가 주어진 수음 영역의 근본적인 발현들이다. 매질환상이 수음적인 이유는 그것이 개인을 계보에 합류시키고 통합시킨다는 의미에서 또한 불완전함과 일시성을 표현한다는 의미에서 섹슈얼리티를 거부하기 때문이다. 또한 그것이 수음적인 이유는 그것이 성적인 파트너로서 타자의 영역을 거부하기 때문인데, 타자를 주체 자신의 일부인 소유의 대상으로 변형시키는 대신에 결코 소유되지 않으면서 오로지 즐기게 되는 파트너일 뿐이다.

이것이 분석가인 타자한테 고백하기가 매우 어려워지는 이유이다.

여기서의 내 의도는 물론 『아이가 매를 맞고 있어요』처럼 매우 복잡한 텍스트의 가능한 모든 해석들을 논의하려는 것이 아니고, 더구나 그 논문에 의해 수두룩이 생겨난 문헌들에 대하여 비판적인 검토를 떠맡으려는 것은 결코 아니다. 텍스트 그 자체에 집중하는 것이 이런 단행본 시리즈의 목적에 더욱 일치하게 될 것이다.

다시금 나는 어떠한 프로이트의 저술도 그 자체로 완전한 것은 없다고 믿는다. 그 각각은 작품의 전체적인 맥락 내에서 읽을 필요가 있는데, 왜냐하면 그 각각은 인류의 위대한 사상가들 가운데 한 사람의 연상 사슬에 해당하는 길고 긴 여정에서 하나의 정박지에 불과하기 때문이다. 따라서 그것을 제시하는 가장 좋은 방법은 프로이트의 텍스트가 제기하는 일련의 질문들에 대한 대답이나 최종적인 해결책을 찾았다고 주장하지 않고서 그 텍스트와의 대화에 몰두하는 것이라고 나는 믿는다.

다른 한편으로 정신분석은 특유의 선형 발달을 보이는 전통적인 과학과는 다르다. 그 자체의 발달은 계보학을 더 많이 닮아서 각각의 진전은 선행자보다 더 낫지도 않고 더 옳지도 않지만, 후계자는 선행자가 물려준 것에 대해 다른 견해를 보일 수 있다.

따라서 나는 우리 문헌에서 소중히 모시는 과거의 어떤 저자들에 대해 언급하고 싶을 뿐만 아니라 현대의 몇몇 저자들에 대해서도 언급해야겠는데, 그들은 『아이가 매를 맞고 있어요』라는 논문이 제기한 문제들에 대해 새로운 시각을 제공해왔거나 이 문제들에서 새로운 아이디어들을 끌어냈다. 그중에서도 특히 자아와 오이디푸스 콤플렉스, 그리고 사고와 환상과 정신병 및 성도착증의 발생에 관한 생각들이다. 전자의 그룹에는 클라인, 호르나이, 비온, 위니코트, 코후트 및 올랴니에르가 포함되고, 후자의 그룹에는 샤스게-스미르젤, 맥두걸, 그린 및 컨버그가 포함되어 있다. 내 독해는 그 분들의 기고에 대한 찬성과 불찬성에 의해 크게 영향을 받아왔다.

여기서 나는 주로 도착증적 구조의 뿌리에 놓여 있다고 생각되는 것을 강조하는 일에 관심을 가져왔는데, 다시 말해서, 지식에 관련된 곤경과 고통에 관심을 두었고 혹은 인간이 자신의 위대함과 자신의 가장 철저한 한계—성적으로 민감하고 죽을 수밖에 없는 신체—를 구성하고 있다는 것을 발견해낸 결과로서 그런 지식에 대한 거부에 관심을 두고 있었다.

지식과 그 한계에 대한 질문은 모든 임상 정신분석가들한테 부단한 도전이 된다. 우리가 20세기 말에 접근해보면 우리의 문화에 스며든 도착증적인 논리와 미학을 관찰하는 일이 공교롭게도 어렵지 않다. 인간의 이미지는 모든 광고포스터와 영화와 텔레비전 쇼프로그램처럼 더욱더 비인간화되어 간다. 우리에게 제시된 이상적인 이미지인 남녀모델과 남녀배우에게는 실제적으로 인간의 속성과 삶의 흔적이 전혀 없다. 그들은 우리들 자신과 우리의 아이들과 우리의 환자들한테 실례로 들었던 인간, '신인류,' 복제인간을 닮았거나, 혹은 도리언 그레이 초상의 반전을 닮고 있었다.

우리 정신분석가들은 이런 새로운 형태의 매질을 어떻게

다룰 수 있을까?

참고문헌

André, S. 1994. *O que quer uma muhler?* São Paulo: Jorge Zahar.

Anzieu, D. 1959. *Freud's self-analysis*. trans. P. Graham. London: Hogarth, 1986.

Aulagnier, P. 1990. Observaçoes sôbre a feminidade e suas transformaçoes. In *O desejo e a perversão*. 67-96. Campinas, Brazil: Papirus.

Chasseguet-Smirgel, J. 1976. Freud and female sexuality: The consideration of some blind spots in the dark continent. *Int. J. Psycho-Anal.* 57(3): 275-86.

——. 1984. *Creativity and perversion*. New York: Norton.

Dadoun, R. 1982. *Freud*. Lisbon: Publicaçoes D. Quixote.

Freud. S. 1901. *The psychopathology of everyday life. S.E. 6.*

——. 1905a. *Three essays on the theory of sexuality. S.E. 7.*

——. 1905b[1901]. Fragment of an analysis of a case of hysteria. *S.E.* 7.

——. 1908. On the sexual theory of children. *S.E.* 9.

——. 1909a. Analysis of a phobia in a five-year-old boy. *S.E.* 10.

——. 1909b. Notes upon a case of obsessional neurosis. *S.E.* 10.

——. 1910a. Leonardo da Vinci and a memory of his childhood. *S.E.* 9.

——. 1910b. A special type of object choice made by men. Contributions to the psychology of love I. *S.E.* 11.

——. 1911[1910]. Psycho-analytic notes on an autobiographical

account of a case of paranoia(dementia paranoides). *S.E.* 12.
——. 1912. On the universal tendency to debasement in the sphere of love. Contributions to the psychology of love II. *S.E.* 11.
——. 1912-13. *Totem and taboo. S.E.* 13.
——. 1914. On narcissism: An introduction. *S.E.* 14.
——. 1917a. On transformations of instinct as exemplified in anal erotism. *S.E.* 17.
——. 1917b. A childhood recollection from *Dichtung und Wahrheit. S.E.* 17.
——. 1918[1914]. From the history of an infantile neurosis. *S.E.* 17.
——. 1919a. A child is being beaten. *S.E.* 17.
——. 1919b. The "uncanny." *S.E.* 17.
——. 1920a. The psychogenesis of a case of homosexuality in a woman. *S.E.* 18.
——. 1920b. *Beyond the pleasure principle. S.E.* 18.
——. 1923a. *The ego and the id. S.E.* 19.
——. 1923b. The infantile genital organization. *S.E.* 19.
——. 1924a. The economic problem of masochism. *S.E.* 19.
——. 1924b. The dissolution of the Oedipus complex. *S.E.* 19.
——. 1925. Some psychical consequences of the anatomical distinction between the sexes. *S.E.* 19.
——. 1927. Fetishism. *S.E.* 21.
——. 1930. Civilization and its discontents. *S.E.* 21.
——. 1931. Female sexuality. *S.E.* 21.

——. 1940a[1938]. *An outline of psycho-analysis. S.E.* 23.

——. 1940b[1938]. Splitting of the ego in the process of defence. *S.E.* 23.

Gay, P. 1989. *Freud: A life for our time.* New York: Norton.

Giovannetti, M. de F. 1994. A voz do ausente. *Jornal de psicanálise* 27(52): 21-27.

Horney, K. 1968. El temor a la mujer. In Klein, M., Honey, K., Boehm, F., Ferenczi, S., Fenichel, O., Alexander, F. *La sexualidad en el hombre contemporáneo,* 116-37. Buenos Aires: Paidos.

——. 1978. La peur de la femme. In *Le complexe de castration: Un fantasme originaire,* B. Grunberger and J. Chassequet-Smirgel, 219-36. Malesherbes: Tehou (Les Grandes Découvertes de la Psychanalyse).

Jones, E. 1953-1957. *Sigmund Freud: Life and work.* 3 vols. London: Hogarth.

Kernberg, O.F. 1991a. A contemporary reading of "On narcissism." In *Freud's "On narcissism: An introduction,"* ed. Joseph Sandler, 131-48. New Haven, Conn.: Yale University Press.

——. 1991b. Sadomasochism, sexual excitement and perversion. *J. Am. Psycho-anal. Assn.* 39(2): 333-62.

Kohut, H. 1984. A reexamination of castration anxiety. In *How does analysis cure?* ed. H. Kohut and A. Goldberg, 13-33. Chicago: University of Chicago Press.

——. 1991. *The analysis of the self: A systematic approach to the psychoanalytic treatment of narcissistic personality disorders.* New York: International University Press, 1982.

Lacan, J. 1964. *A relação de objeto. O seminário*, IV. Rio de Janeiro: Zahar, 1995.

Meltzer, D. 1978. *The Kleinian Development.* Perthshire: Clunie.

Sandler, J., and Sandler, A.-M. 1987. Past unconscious, present unconscious, and vicissitudes of guilt. *Int. J. Psycho-Anal.* 68: 331-42.

Winnicott, D. W. 1985. *The maturational processes and the facilitating environment: Studies in the theory of emotional development.* London: Hogarth.

『아이가 매를 맞고 있어요』: 현대 정신분석의 시각에서 본 지원자들과의 세미나

장-미셸 키노도스

서문

에셀 퍼슨은 초청장에서 이 단행본의 기고자들이 "자신들의 견해"를 표현하고 "정확히 그(혹은 그녀)가 세미나를 가르치고 있는 것처럼" 교육적이어야 한다고 강조할 뿐만 아니라 그 문헌에 대해 자세히 설명하지 않으면서 그 텍스트의 중요한 문제들에 대해 논의하도록 요구한다는 것도 강조하고 있었다. 이런 마음에서 나는 지원자들이 프로이트의 작업들을 연대순으로 공부할 수 있도록 몇 년 동안 세미나를 해오고 있었다. 따라서 나는 그것이 『아이가 매를 맞고 있어요』에 전념하는 세미나인 것처럼 내 논문을 작성했고 그 세미나에는 제네바의 〈레몽 드 소쉬르 정신분석센터〉에 속하는 우리 학회의 회원이 되려는 지원자들이 참석하고 있었다.

일반적으로 내 세미나는 각각 세 단계로 이뤄져 있다. 즉 발표단계와 논의단계 그리고 현대 임상연구에 전념하는 단계이다. 우리의 (가상적이라기보다는) 실제적인 세미나에서는 각각의 참석자들이 그 세미나의 끝에 가서 각자 준비한 텍스트의 사본을 자신의 기록으로 받게 되는데, 각각의 텍스트는 최대로 길어야 한 페이지가 되고 최종 세미나에 대한 간략한 설명이 된다.

1. 발표단계

세미나의 회원들은 다양한 관점에서 텍스트를 공부하고 발표하도록 요구된다. 어떤 사람은 그 텍스트의 위치를 전기에서 찾아내게 되고 다른 사람은 그 내용의 개요를 발표하게 되며 세 번째 사람은 그곳에 나타난 새로운 정신분석 개념들을 강조하게 될 것이다. 나는 『아이가 매를 맞고 있어요』의 경우에도 이 경로를 따라가고 있다.

1) 그의 인생의 어떤 단계에서 또한 어떤 환경에서 프로이트는 『아이가 매를 맞고 있어요』를 썼을까?

프로이트가 1919년에 이 논문을 썼을 때 그는 제1차 세계대전 동안 겪었던 '어둠의 세월'에서 빠져나오고 있었다. 그때 그에겐 여전히 클라이언트와 돈이 없었고, 군대에 소집되어 갔던 두 아들을 걱정하고 있었지만, 그는 자신의 창조성을 회복해가고 있어서 페렌치한테 "피학증에 관한 몇 가지 매우 훌륭한 생각들이" 떠오르고 있다는 편지를 썼다.

『아이가 매를 맞고 있어요』를 그의 딸인 안나의 분석이란 맥락에서 생각해보는 것은 중요한 일이다. 안나 그 자신은 매질환상에 시달리고 있었는데, 그것이 그녀의 첫 번째 분석으로 이끈 여러 증상들 가운데 하나였다. 그녀는 1918년과 1922년 사이에 아버지한테 분석을 받았지만 그 당시로는 유별난 진료가 아니었다. 전기 작가들에 의하면 안나 사례가 프로이트의 논문에서 언급되고 있는 사람들 가운데 포함되어 있었다는 것은 의심할 여지가 없다(영-브루엘, 1988, p. 104).

이 분석의 끝인 1922년에 안나 프로이트는 신청자 자격요건의 일부로서 15세 소녀의 매질환상에 대해 기술한 임상논문을 비엔나 정신분석학회에 제출하였다. 그 다음에 그녀는 그것을 『백일몽에 대한 매질환상의 관계』(1923)라는 제목으로 출판하였다. 그녀에 따르면 매질환상은 세 단계로 발전한다. 첫째로 매질환상이 나타나는데, 부녀간의 근친상간적인 사랑의 장면에 대한 치환물로서 수음의 쾌락이 동반된다. 둘째 단계에서 소녀는 매질환상을 대신하는 '훌륭한 이야기들'을 스스로한테 말하게 된다. 마지막은 환상과 백일몽을 대신하는 승화—글쓰기 같은 것—의 결과로서 '치유'의 단계로 들어오게 된다. 나는 개인적으로 이 논문이 단지 서술적이고 매우 피상적인 것으로 알고 있는데, 1922년에는 아직 안나가 정신분석에서 환자를 본 일이 없다는 것을 기억한다면 이해되는 일이고 따라서 이것은 십중팔구 그녀가 자신의 경우를 묘사했던 것임을 알 수 있다. 그러나 이것은 안나한테 매질환상의 끝이 아니었다. 참으로 1924년에 이 환상의 재발로 그녀는 다시금 아버지한테 두 번째 분석을 받게 되었다. 그녀는 1924년 5월 5일에 루 안드레아스-살로메한테 다음과 같은 편지를 썼다. "계속하는 이유는… 백일몽이 간혹 또 부적절하게 침투해 들어오기 때문인데요. 매질환상과 그 결과(즉 수음)에 대해—이따금 정신적일 뿐만 아니라 신체적으로—점차 견뎌내기가 어려워지는데요, 그것 없이는 안 되겠어요"(영-브루엘, 1988, p. 122에서 인용함).

질문 : 프로이트가 자신의 딸을 분석했다는 사실이 그의 생각에, 특히 여성성에 관한 생각에 어떤 효과를 가져왔을까?

프로이트의 안나 분석이 여성의 섹슈얼리티에 대한 그의 사유방식에 심각한 영향을 주었다는 것은 부정될 수 없다. 따라서 영-브루엘은 안나의 첫 번째 분석이 『아이가 매를 맞고 있어요』라는 프로이트의 논문출판에 밀접하게 연결되어 있듯이 그녀의 두 번째 분석은 『두 성들 간의 해부학적 차이의 정신적 결과』(1925b)라는 논문 내용에 연결된 것처럼 보인다고 지적해낸다. 그러나 이 후자의 주장을 지지할만한 문헌상의 증거는 없다(1988, p. 125). 프로이트는 1925년의 텍스트에서 음경선망을 소녀의 발달에서 중점적인 요소로 만들고 또한 음경을 포기하게 된다면 정상적으로 아이를 갖고 싶은 소망을 일으킨다고 적어놓고 있는데, 그녀가 그 뒤에 또한 아버지도 포기할 수밖에 없었을 때 그 결과는 "그와의 동일시"가 될 수도 있고 "따라서 소녀는 그녀의 남성성 콤플렉스로 되돌아가고 아마도 그것에 고착되어 버릴 것이다"(프로이트, 1925b, p. 256). 아버지와의 동일시로 후퇴하기와 프로이트의 『아이가 매를 맞고 있어요』와 안나 프로이트의 『백일몽에 대한 매질환상의 관계』에서 도달한 결론 사이에는 명백한 연결이 존재한다. 보상적인 부친 동일시는 안나 자신의 강렬한 남성적 동일시와 금욕주의, 여성으로서 적극적인 성생활의 포기 및 남자들과 관계상의 어려움에 연결되는 것처럼 보인다.

프라지에르와 포르-프라지에르(1993)에 따르면 프로이트는 여성들의 리비도 발달에서 실재적인 것, 즉 해부학적인 것을 재도입하고 음경선망을 중요한 요인으로 만들면서 두 번에 걸친 딸의 분석 기간에 딸에게 향하는 미해결의 오이디푸스적인 감정에 대하여 스스로를 방어하고 있으며 그렇게 함으로써 아버지로서의 죄책감을 부정하고 있다(또한 그와 동시에 『부정』[1925a]이란 논문에서 자신의 이론에 부정의 개념을 도입하고 있음). 그러나 그것이 모든 것을 설명해주지 못한다.

개인적으로 나는 안나의 분석이 여성적인 섹슈얼리티라는 프로이트의 특별한 개념작용을 확실히 강화시켜 주었다고 생각하는데, 그에게는 성기적으로 성숙한 섹슈얼리티의 문제보다 전(前)성기적인 유아적 섹슈얼리티의 문제가 더 크게 생각되었다. 우리가 앞으로 보게 되는 것처럼 아마도 안나를 분석한 경험이 다른 여성 분석수행자들한테서 얻은 경험에 연결될 때 그 경험은 그로 하여금 어머니한테 붙어 있는 딸의 조숙한 애착에 대해 질문을 던지기 시작하도록 이끌어줬을 것이다.

2) 프로이트에 의한 매질환상 단계들의 요약

표 6-1은 프로이트가 4명의 여자들과 2명의 남자들을 대상으로 연구했던 6명의 사례들을 기초로 하여 소녀들과 소년들의

경우에 묘사된 매질환상의 단계들을 구분하기 위해 꾸며졌다. 그 유일한 목적은 논의를 위한 기초로 이용하는 일이다. 프로이트 자신은 이 논문에 제시된 해석이 결코 철저한 것은 아니라고 고심 끝에 말하고 있었다.

표 6-1

소녀들의 사례에서 보이는 단계들	소년들의 사례에서 보이는 단계
1. 의식 "아이가 매를 맞고 있다"는 백일몽 –불확정–성적인 특성이 없음	1. [등가물이 없음]
2. 무의식 "나는 아버지한테 매를 맞고 있다" –무의식적인 피학적 환상 –엄격히 말해서 직접적인 오이디푸스 콤플렉스–'정상적인 오이디푸스적인 태도'	2. 무의식 "나는 아버지한테 매를 맞고 있다" –무의식적인 피학적 환상 –엄격히 말해서 전도된 오이디푸스 콤플렉스 –소년의 '여성적인 태도'
3. 의식 "아이가 아버지의 치환인(선생님)한테 매를 맞고 있다" –수음–소녀는 피학적으로 성적인 장면의 구경꾼이 되는데, 그녀는 자신의 환상 속에서 소년이 됨 –그녀의 성을 포기	3. 의식 "나는 어머니(혹은 그녀의 치환인)한테 매를 맞고 있다" –수음 –피학적인 성적인 관계 –수동적인 환상–소년의 '여성적인 태도' –성의 (명백한) 변화 없음

소녀의 매질환상에 대한 논의로 시작해보자. 프로이트에 따르면 그것에는 세 단계들이 있다.

(1) 첫째 단계에서 환상은 **의식적**이고 백일몽으로 나타나는데, 확실하지 않은 참가자들과 함께 일종의 유아적인 기억이다. "나의 아버지는 어떤 아이를 매로 때리고 있다." 첫째 단계는 성적인 특성을 갖지 않는다. 매를 맞고 있는 아이는 환상하는 사람이 아니라 대개 남동생이거나 여동생이다. 질투나 자매간 경쟁의 결과로 환상은 "내가 미워하는 아이를 나의 아버지는 매로 때리고 있다"를

의미하게 된다. 달리 말해서, "나의 아버지는 다른 아이를 사랑하지 않고 오로지 나만을 사랑한다."

(2) 둘째 단계는 "나는 나의 아버지한테 매를 맞고 있다"가 된다. 이러한 환상의 변형에서 환상을 만들어내는 사람은 매를 맞고 있는 아이가 되어 버리고 그녀의 아버지는 결국 매질을 하고 있는 사람이 된다. 흔히 기억이 실제적인 장면에 붙어 있는 첫째 단계와는 달리 둘째 단계는 실제적으로 존재하게 된 일이 전혀 없었다. 그것은 분석에서 재구성될 수밖에 없는 무의식적인 환상이다. 매질에 동반되는 쾌락은 환상에 피학적 특성을 부여해 주는데, 아버지한테 매를 맞는 것은 오이디푸스적인 죄책감과 에로티시즘 두 가지 모두를 초래한다. 즉 그 **환상**은 "금지된 성기적 관계에 대한 처벌일 뿐만 아니라 그런 관계에 대한 퇴행적 치환도 된다"(프로이트, 1919, p. 189).

(3) 끝으로 환상은 "어떤 아이(일반적으로 소년)가 아버지를 대신하는 치환인한테 매를 맞고 있다"가 된다. 여기서 환상을 만들어내는 사람은 더 이상 매를 맞지 않고 그 장면의 구경꾼이 되어 있으며 매질을 하는 사람도 더 이상 아버지가 아니다. 이 단계를 다른 단계들과 다르게 만드는 것은 수음의 만족으로 이끌어주는 강렬한 성적인 자극의 존재이다. 이 마지막 단계에서 소녀는 "자신의 성까지 포기했고" "그녀는 스스로 소년이 되었기 때문에 그녀가 매를 맞도록 만드는 사람들은 주로 소년들이다"(p. 200).

이제 **소년**의 매질환상으로 가보자. 프로이트는 소녀들한테서 묘사했던 세 단계들에 해당하는 유사물을 찾지 못해 깜짝 놀랐다. 첫째로 그는 소녀들한테서 발견했던 것과 동등한 첫째 단계가 소년들에겐 없다는 것, 적어도 자신의 임상자료에는 없었다는 것을 주목하고 있다. 그 다음에 그는 소년의 의식적인 환상이 "나는 나의 어머니한테 매를 맞고 있다"가 된다는 것을 발견하였다. 사실 그는 그 환상이 무의식적인 것으로 되길 기대했고 또한 그 환상이 소녀의 둘째 단계 환상인 "나는 나의 아버지한테 매를 맞고 있다"와 동등한 것으로 되길 기대했다. 여기에 덧붙여서 프로이트는 소녀의 환상과 정확히 동일한 무의식적 환상인 소년의 "나는 나의 아버지한테 매를 맞고 있다"는 무의식적인 환상이 순서에 따라 소년의 의식적인 환상을 선행했다는 점에 주목하고 있다. 따라서 프로이트에 의하면 남녀 모두에서 매질환상은 아버지에 대한 오이디푸스적인 애착에 그 근원을 두고 있다. 즉 그가 예상했던 유사물은 존재하지 않았다.

그는 예기치 못한 이런 관찰결과를 다음과 같은 방식으로 설명해보려고 한다. 만일 남녀 모두에서 매질환상이 오이디푸스 콤플렉스에서 시작된다면 소녀에게서 그 환상은 '직접적' 혹은 '긍정적' 콤플렉스에서 생겨나는 반면에 소년에게서는 '반전된' 혹은 '부정적' 콤플렉스에서 생겨난다. 프로이트는 소년의 경우에 다음과 같이 강조하고 있다. 즉 두 단계들에서 환상은 대단히 수동적인데, "그의 아버지에 대한 여성적인 태도에서 유래되고"(p. 198), 매질을 행하는 사람의 성이 바뀌는 데도(무의식적인 환상에서 아버지, 의식적인 환상에서 어머니) 불구하고 이렇다는 것이다. 다른 한편 소년은 소녀와는 달리 둘째 단계와 셋째 단계 사이에서 그 자신의 성적인 지정에 아무런 변화도 경험하지 못한다.

프로이트는 자신의 연구결과로 성도착증 중에서도 특히 피학증이 어린 시절에 시작하고 오이디푸스 콤플렉스에서 그 근원을 찾아낸다고 확신했다. 프로이트는 피학증이 "죄책감"의 영향 아래 "자기에게로 방향을 바꿨던 가학증에서 비롯된다."(p. 194)고 생각한다. 그는 유아적인 수음에 단단히 연결되어 있는 죄책감을 비판적인 도덕관념에 할당시키는데, 그것은 그가 나중에 초자아라고 부르게 되었던 기관이다. 나는 이 논문에서 프로이트가 소년의 여성적 태도 뒤에 놓인 원동력으로서 쾌락에 부착된 죄책감을 강조한다는 점을 지적해낼 것이다. 훗날에 그는 거세에 대한 두려움이 훨씬 더 중요한 역할을 맡게 된다고 주장한다.

3) 『아이가 매를 맞고 있어요』에 나타나는 새로운 정신분석 개념

이것은 아무런 논평도 없이 1919년의 텍스트에 나타나는 새로운 정신분석적 생각들의 간단한 목록이다.

(1) 『아이가 매를 맞고 있어요』에서 프로이트는 고통 중에 찾아지는 성적인 쾌락—피학증의 특징—이 근친상간적인 대상들의 성애화와 밀접하게 연결되어 있음을 보여준다. 그는 오이디푸스 콤플렉스가 신경증에서처럼 성도착증에서도 똑같이 핵심적인 역할을 해낸다고 주장한다.
(2) 프로이트는 신경증처럼 성도착증도 유아적인 신경증에서 시작된다고 주장한다.
(3) 프로이트에 따르면 피학증은 죄책감의 영향 아래 자기한테 가학증의 방향을 돌린 결과이다. 그러나 그것은 제1의 원인은 아

니다(훗날 그의 말과는 반대임).

(4) 프로이트는 매질환상의 여러 측면들을 분석하면서 정신적인 양성(bisexuality)의 중요성을 보여주는데, 다시 말해서 어떤 사람이든 그 개인을 만들어가는 남성적인 요소와 여성적인 요소의 중요성을 보여주고 있다.

질문 : 프로이트는 간혹 매우 다른 생각을 표현하려고 환상이란 용어를 사용하는 것처럼 보인다. 그가 이 논문에서 환상에 대해 말할 때 정확히 무엇을 의미하는가?

프로이트는 이 텍스트에서 환상이란 단어를 다양한 의미로 사용하고 있다. 첫째로 환상은 매를 맞는 아이에 대해 의식적으로 상상된 시나리오를 묘사해주는데, 환자가 각성된 상태에서 스스로한테 이야기하게 될 시나리오다. 여러 사람들 가운데 샤퍼(1968)가 주목해왔듯이 이런 의미에서 환상이란 단어는 의식적인 백일몽에 해당한다. 그러나 프로이트는 무의식적인 환상들을 묘사하기 위해 그 단어를 사용하기도 하는데, 그것은 억압되어 왔고 따라서 무의식에 위치하는 시나리오들이다. 무의식에서 그것들은 정신적 구성을 위한 명확한 구조를 만들어낸다. 묘사되고 있는 것이 의식적이든 무의식적이든, 즉 그 내용이 발현되어 있든 잠재되어 있든 환상이란 동일한 용어가 사용된다.

질문 : 프로이트가 말하는 어른의 매질환상은 도착증적일 수도 있다. 아이들에 대해서는 어떠한가? 모든 아이들이 가학적인 환상과 피학적인 환상을 갖고 또한 그들이 형제자매나 친구들을 때리거나

혹은 그들한테 매를 맞는 행동화의 에피소드를 갖는다는 것은 진실이 아닐까? 이것들이 어떠하든 도착증적으로 생각되지 않는다는 것도 사실이 아닐까?

형제자매들이나 친구들한테 매를 맞거나 그들을 때린다는 가학증적 환상과 피학증적 환상의 표현과 행동화는 유아적 섹슈얼리티의 "다형태의 도착증적" 측면의 일부가 되고(프로이트, 1905), 따라서 우리는 이런 환상들을 표현하거나 행동화하는 모든 아이들을 도착증으로 생각하지 않는다.

그러나 가학적이거나 피학적인 환상들과 행동은 소아에서 다형태의 도착증적인 유아적 구성과는 구별될 수 있다. 특유의 도착증적 환상들이나 행동들을 초래하게 되는 도착증적 구성들이 소아에겐 존재할 수 있다. 그것들은 주로 병리적인 정체성 장애로 나타나서, 예를 들어 그럴 때 소년은 소녀처럼 옷을 입거나 가학피학증적 행동을 보이는데, 하지만 어른들처럼 정신-성적 장애로 나타나는 것은 아니다. 가장 심각한 사례는 주체가 성도착증을 환상할 수 없는 상태로 행동화하는 경우이다.

질문 : 아이가 실제로 매를 맞거나 학대를 당했던 일이 어른의 생활에서 피학적 환상들의 표출에 영향을 끼치는가?

분명히 그렇다. 실제로 학대를 당했던 일은 흔히 퇴행이나 외상적인 고착을 만들어내게 되고, 훗날 정신을 시들게 해서 재현과 정교화의 작업을 어렵게 만든다. 여기에 덧붙여야 하는 것은 근친상간적인 오이디푸스 대상들에 대한 퇴행이나 무의식적인 고착에 연결된 고통의 성애화이다. 이런 것들은 가해자가 아이의 특별한 애착이 붙어 있거나 아이에게 아주 가까운 사람일 때 훨씬 더 뚜렷해진다. 그러나 실제적인 사건들과 환상 사이에 상관관계를 설정하기는 흔히 어려운 일이다.

2. 논의

우리는 이제 세미나의 두 번째 단계를 다루려고 하는데, 질문은 세미나에 참석한 회원들이 준비한 것이다.

질문:「아이가 매를 맞고 있어요」라는 논문에서 프로이트는 소년들의 무의식적인 매질환상과 소녀들의 무의식적인 매질환상 사이에는 유사성이 없다고 주장한다. 자신의 이론을 지지하기 위해 그가 특정 형태의 환상은 강조하면서 다른 형태는 덜 강조해왔던 것이 가능한가? 예를 들어, 나는 간혹 그가 일부러 소녀의 아버지에 대한 애착(긍정적 오이디푸스 콤플렉스)의 역할을 강조하지 않으면서 그녀의 어머니에 대한 전의식적인 애착(반전된 오이디푸스 콤플렉스)의 역할을 과소평가했을 거라고 생각한다.

남녀 논평자들은 매질환상의 선구적인 환상들이 있다고 일찍부터 지적해왔는데, 특히 소녀의 어머니에 대한 조숙한 애착과 관련된 환상들이다. 그중에서도 특히 보나파르트는 남근적인 어머니가 소녀의 매질환상에서 아버지를 대신할 수 있다는 점에 주목하였다(1957, p. 77). 또한 어떤 매질환상에서는 분명하게 구분된 아버지나 어머니보다는 오히려 아버지이자 동시에 어머니가 되는 하나로 결합된 대상이 존재한다고 주장될 수도 있다.

그러나 잠시 소년과 소녀의 정신·성 발달에 관한 프로이트의 1919년 이론에 집중해보자. 그때까지 프로이트는 아동 발달을 본질적으로 남성적인 용어로 생각해왔고 남녀 아이들 모두의 경우에 아동 발달에서 아버지에 대한 사랑의 역할을 강조해왔다. 이래서 프로이트의 『아이가 매를 맞고 있어요』에 나오는 소녀한테 매질 환상의 억압을 일으키는 것이 본질적으로 아버지에 대한 욕망이라고 생각되는 이유이다. 프로이트에 따르면 모든 일이 소녀의 '정상적'이거나 '직접적'인 오이디푸스 콤플렉스의 맥락 내에서 벌어지는데, 특히 아버지에 대한 다정한 고착과 어머니에 대한 미움 두 가지가 모두 그렇다.

프로이트의 그 당시 생각으로는 딸이 사랑의 대상으로 어머니를 선택하고 아버지보다 어머니를 더 좋아한다면 그 이유는 딸이 아버지한테 실망해서 멀리 돌아섰기 때문이다. 『아이가 매를 맞고 있어요』에서 프로이트는 이것이 소녀 쪽에서의 퇴행이거나 어머니에 대한 전-오이디푸스적인 고착이 될 다른 가능성에 대해서는 잠시도 생각하지 않았다는 것이다. 오히려 그는 소녀의 어머니에 대한 애착의 어떠한 역할도 배제시키는 데까지 이르게 된다. "매질환상은 어머니와 소녀의 관계에 연결되어 있지 않다"(p. 186). 만일 소녀의 무의식적인 동성애 경향이 강화되고 "어머니에 대한 지나친 애정반응"(p. 186)에 관여되는 일이 벌어진다면 그 이유는—다시금 프로이트에 의해—단지 그녀가 아버지에 대한 오이디푸스적인 사랑에서 실망하고 있기 때문이다. 프로이트는 동일한 시기에 쓴 논문인 『여자의 동성애 사례의 정신증상발달』(1920a)에서 유사한 관점을 옹호하고 있다.

질문 : 프로이트의 여성성 개념은 어떻게 발전되었을까?

일상적인 말로 여성들의 섹슈얼리티 발달에 관한 프로이트의 아이디어는 두 가지 주요 노선을 따르고 있었다. 한 가지는 특히 『남녀 두 성의 해부학적 차이의 몇 가지 정신적 결과들』(1925)이란 논문이 쓰일 당시로부터 그는 음경선망에 핵심적인 중요성을 부여하고 있었다. 또 하나는 훗날 『정신분석에 관한 입문신강』(1933)에서 발전된 것으로 그는 어머니와 맺는 소녀의 전-오이디푸스적인 관계에 대해 차츰 잘 알게 되었고 소녀가 아버지에게로 가기 위해 대상들을 바꾸면서 겪는 어려움을 잘 알게 되었다. 그러나 1923년 도라 사례에 덧붙인 주석에서 그의 생각에 진화가 있음을 볼 수 있는데, 20년이 지난 그때 그는 오직 아버지에 대한 전이를 해석했을 뿐이고 K부인에 대한 도라의 "동성애적 사랑"을 최소화했다는 것을 깨닫게 되었다. 그는 도라의 동성애적 사랑이 "그녀의 정신적인 삶에서 가장 강력한 무의식적 흐름이다"라고 말했다. 그리고 그는 다음과 같이 덧붙였다. "내가 정신신경증 환자들에게서 동성애적 감정 흐름의 중요성을 알기 전에는 내 사례들의 치료에서 흔히 멈춤을 경험했거나 내 스스로 완전한 당혹감 속에 빠져 있게 되었다."

질문 : 프로이트의 둘째 단계인 무의식적 환상에 대해 생각해보면 소녀한테서 일어난 일과 소년한테서 일어난 일 사이에 유사점이 없다고 주장할 수 있다. 그러나 그들의 마지막 단계를 비교해보면 프로이트가 생각했던 것과는 대조적으로 소녀의 남성화와 소년의 여성화 사이에는 유사점이 있다고 주장할 수 있을까?

매질환상의 셋째 단계를 바탕으로 하여 소녀와 소년 사이에 유사점이 있는 것처럼 보이는데, 그 이유는 남녀 두 성에서 그 상황에는 반전된 오이디푸스 콤플렉스의 요소들이 존재하기 때문이다. 그러나 이런 결론을 내려면 프로이트에 의해 증명된 무의식적 환상을 무시할 필요가 있고 그 주장을 다른 요소들에 근거할 필요가 있다.

우리는 분명히 소년의 "피학적인 태도가 여성적인 것과 일치하게 된다"(p. 197)는 프로이트의 생각을 따를 수 있고, 또한 소년의 피학증은 반전된 오이디푸스 콤플렉스에서 유래하여 무의식적 동성애에 상응한다는 생각을 따를 수 있다. 소년의 무의식적 동성애 경향의 강화는 이성애적 경향의 감퇴가 동반되고, 프로이트에 의해 기술된 사례들에서는 과도한 수음과 발기부전 같은 다양한 성적인 문젯거리가 그 모습을 드러낸다.

소녀 쪽에서 프로이트는 다음과 같이 쓰고 있다. 환상의 둘째 단계와 셋째 단계 사이에서 주인공의 성을 바꿔놓고 환상 속에서 그녀 자신을 소년으로 변화시켜 놓음으로써(p. 196) 그녀는 "자신의 생활에서 성애적 측면의 요구로부터 벗어나게 된다"(p. 199). 다시 말해서 그녀는 "자신의 성을 포기해" 버렸다(p. 200). 그러나 만일 우리가 이것을 현대적인 관점으로 바라본다면 소녀의 피학증과 남성화가 전도된 오이디푸스 콤플렉스에서 유래된다고, 다시 말해서 어머니의 남편이 되고 싶고 또한 무의식적 동성애에 상응하는 아버지의 경쟁자가 되고 싶은 그녀의 무의식적 욕망의 지속성에서 유래된다고 말할 수 있다. 따라서 그것은 프로이트가 생각했던 것처럼 소녀의 전도된 오이디푸스 콤플렉스가 되고, 정상적인 오이디푸스 콤플렉스가 아니라서 그녀의 무의식적 동성애 경향을 부추기고 반드시 이성애적 경향의 유사한 감퇴를 수반하게 된다.

내가 지적하길 좋아하는 두 가지 다른 요점들이 있다. 그 당시 프로이트로서는 아버지를 동일시하거나 혹은 부분대상으로서 아버지의 음경을 동일시하는 소녀가 어머니의 소유를 두고서 아버지의 경쟁자가 되리라는 상황은 상상할 수조차 없었다. 참으로 그 까닭은 분석에서 그 자신의 딸을 치료하는 아버지를 그가 정당화할 수 있는 그런 소유에 대해 딸이 아버지와 경쟁하고 있지 않다는 것을 오직 그가 믿었기 때문이다. 다른 한편 소년이 관련된다면 프로이트는 그가 아버지한테 적개심과 질투심을 보여줄 것으로 기대했고, 또한 이런 이유로 그는 아버지들이 아들을 분석으로 데려오지 않도록 권고했다. 예를 들어 프로이트는 바이스한테 다음과 같은 편지를 썼다. "기대에 부푼 당신 아들의 분석에 관해서, 그 일은 분명히 곤란한 문제가 될 겁니다. … 누군가의 딸이라면 내가 성공적으로 해냈던 적이 있어요. 아들과의 작업은 특수한 곤란과 의혹이 존재하게 됩니다"(1935년 11월 1일 자 편지[바이스, 1970]).

두 번째 요점은 이렇다. 동성애 경향이 관여된다면 어떤 소녀가 어머니를 "사랑할" 때 그 소녀가 사랑하는 것은 성기적인 어머니가 아니라 전-성기적인 어머니라는 것을 나는 알려준 적이 있는데, 그 소녀는 그런 어머니를 부러워하고 그 소녀가 위험스런 경쟁자라고 느끼는 아버지—어머니의 남편—를 제거해서 오로지 자기만을 위해 소유하고 싶은 어머니다. 사실상 그런 소녀는 성기적인 어머니와 성기적인 아버지에 대해, 또한 그들이 이루는 부부에 대해 무의식적인 증오를 경험하게 된다(키노도스, 1989).

질문 : 프로이트가 남자들에서 피학증의 특징에 대해 논의할 때 소년의 "여성적인 태도"에 대해 말하고 있다. 따라서 우리는 여자에게서 "여성적인 태도"—즉 그녀의 여성성—도 역시 피학증적인 것으로 추정할 수 있을까?

이 질문은 1920년대에 시작되었지만 아직까지도 완전히 해결되지 않은 논쟁의 중심이 되고 있었다. 『아이가 매를 맞고 있어요』라는 논문에 프로이트는 소년들이 보이는 "여성적인 태도"를 기술하고, 『피학증의 경제적 문제』(1924)에서 그는 남자들의 "여성적인 피학증"에 대해 말하는데, 그것을 유아적 피학증에 연결시킨다. 그러나 후자의 논문에서 프로이트는 특히 "여성 본성의 표현으로서"(p. 161) 피학증에 대해 말하고 있다. 또한 이 구절은 오해를 불러일으켜 왔다. 몇몇의 정신분석가들은 프로이트의 발자국을 따라왔는데, 예를 들어서 보나파르트는 "모든 피학증들이 본질적으로 여성적이다"라는 글을 쓰고 있다(1957, p. 71). 그러나 다른 사람들, 즉 존스(1935)와 클라인(1932)과 호르나이(1932)는 여성 정체성의 특수성을 강조해 왔다.

라플랑쉬와 퐁탈리스가 지적하는 것처럼(1988, p. 245), 프로이트가 남자들에서 "여성적 태도"와 "여성적 피학증"에 대해 말할 때 "피학적 성도착증의 본질을 구성하는 것"을 기술하려고 의도했을지라도 피학증은 여성적인 특징이 된다고 그가 흔히 주장했음을 부정할 수는 없다.

질문 : 프로이트는 매질환상을 모든 방향으로 돌려놓고 있다. 그것을 설명하려는 그의 반복된 시도에서 그가 어느 정도까지는 방향

을 잃어버린 것일까?

간혹 그렇게 보이기도 한다. 한편으로 프로이트가 예리한 임상적 감각으로 환상의 분석을 가장 은밀한 장소로 옮겨갈 때 보여준 그의 총명함과 끈질김은 칭송받을 만하다. 또한 그가 자신의 생각을 발전시키기 시작하고 자신의 결론에 충분히 만족하지 못하는 것도 그의 장점 가운데 하나이다. 그러나 이런 끝없는 재구성 때문에 그를 읽어내기가 어려워진다는 것은 알아두어야 한다. 프로이트가 "결국에 우리는 남녀 모든 개인들한테서 여성적인 본능적 충동들뿐만 아니라 남성적인 본능적 충동들도 찾아보게 되고, 그들 각각은 똑같이 억압을 잘 해낼 수 있으며 그에 따라 무의식으로 되어가는 것을 알아볼 수 있을 뿐이다"(p. 202)라고 선언했을 때 결국에는 그도 역시 패배를 인정하는 것처럼 보였다.

다른 한편으로 그런 환상이 지닌 상징적인 의미의 "압도적인 다수"가 도착증적인 기제들의 특수한 성질로 기술되어 왔다. 정신분석에서 그녀의 환자들 가운데 하나가 환상으로 가져온 무수하게 다양한 채찍질 장면들을 관찰하면서 D. 키노도스(1992)는 그 '악마 같은' 특성을 강조해왔다. "그 환자의 도착증적 증상들 중의 하나가 의미를 얻는 것처럼 보이고 사라질 시점에 놓이자마자 우리는 곧바로 환멸상태에 빠질 수밖에 없는데, 새로운 기제에 의해 유지되어 늘어난 힘으로 다시 출현하게 될 것이고, 또한 그것이 분명해지자마자 또 다른 것이 그 자리를 대신하게 될 것이다"(p. 1693). 그녀는 조각그림 맞추기처럼 이렇게 "여러 조각으로 나뉜 것"을 극도의 압축과 성도착증의 특유한 분열 때문으로 본다. 그 결과로 분석가가 전체를 파악할 수 없게 되면 해석은 매우 어려워진다. 그녀는 그 현상을 스타니슬라 앙드레 스테만의 소설 주제에 비유하는데, 스테만이 1939년에 쓴 소설은 『살인자는 21번지에 산다』로서 앙리 조르주 클루조에 의해 영화로 각색되었다. 이 소설 속에는 일련의 범죄들이 발생하지만, 경찰이 범죄자를 감옥에 넣었다고 생각할 때마다 새로운 범죄가 저질러지고 죄인이라고 생각되었던 사람을 석방할 수밖에 없다. 이런 일이 계속되다가 드디어 경찰은 자기네들이 직면하고 있는 범인이 단독 범인이 아니라 서로서로 바꿔가는 세 명으로 구성된 집단이라서 그들을 모두 한꺼번에 잡아야 한다는 것을 깨닫게 된다.

D. 키노도스에 의하면 그것은 이 환자들과 동일하다. "도착증적 증상들의 특별한 의미작용을 정확히 찾아낼 수도 있지만 그 전체의 본질에 착수하지 않으면 그 환자는 자신의 성도착증을 극복할 가망이 없어 보인다."(p. 1699).

질문 : 프로이트가 기술했던 사례들에서 다소 심각한 피학적 성도착증이 관련되어 있음을 볼 수 있다. 그러나 성도착증의 원인에 관한 그의 설명으로부터 그가 특히 정신적 구조의 관점에서 어떤 근거로 성도착증과 신경증을 명확하게 구별하는지 나로서는 분명치 않다.

『아이가 매를 맞고 있어요』에서 시작된 것처럼 성도착증과 신경증 사이의 구별은 결코 만족스럽지 못하다. 한 가지 예로서 프로이트가 1919년에 기술했던 소년의 "여성적인 태도"에 대해 생각해보자. 거기서 그는 그것을 피학적 성도착증의 명확한 특징으로 생각하고 있다. 오늘날에 우리는 전도된 오이디푸스 콤플렉스와 항문기로의 퇴행을 성도착증과 신경증 둘 모두에서 찾아볼 수 있다고 말하게 될 것이다. 그러나 성도착증에서 그러한 태도는 전능한 느낌, 즉 남녀 두 성을 동시에 소유할 수 있다는 느낌을 암시할 수도 있는데, 엄밀히 말해 정신적 양성(bisexuality)으로부터 구별하기 위해 '양성병존'(ambisexuality) 혹은 '자웅동체적 자기애'(hermaphrodite narcissism)라고 불렀던 것이다(De Saussure, 1929). 정신적 양성이 통합될 때 개인은 그 자신의 성(sex)을 취할 수 있는데, 그 이유는 환상 속에서 그 자신의 측면들을 남성과 여성으로, 아버지와 어머니로 통합하면서 그가 갖지 않은 것을 포기했기 때문이다.

『아이가 매를 맞고 있어요』에서 성도착증과 신경증 사이에 지어놓은 구별의 특수한 문제에 관하여 프로이트는 그 자신의 설명에 대해 명백한 불만을 느꼈다. 동일한 시기에 그는 분석 중인 어떤 환자들이 드러냈던 파괴성을 이해해보려고 노력했다. 여기서 그 파괴성은 그의 첫 번째 본능이론을 구성했던 쾌락원칙에 모순된다. 그의 첫 번째 이론에서 불쾌를 회피하고 쾌락을 획득하는 것이 모든 정신활동의 목표였다. 『쾌락원칙을 넘어서』(1920b)에서 그는 두 가지 본능들의 존재를 가정하는 새로운 가설을 소개하고 있었는데, 하나는 창조적인 '삶의 본능'이고 또 하나는 파괴적인 '죽음의 본능'이다. 그들 둘이 묶여서 삶을 위해 작용한다. 만일 그 둘을 떼어놓으면 파괴적인 성향이 우세해지고 이것은 주체로 하여금 정신적 해체와 죽음까지도 초래할 수 있다. 그때부터 프로이트는 이런 혁신적인 새로운 이론을 근거로 삼아 신경증에서 관찰되는 것으로부터 성도착증과 정신증과 우울상태(소위 멜랑콜리아 상태)에서 관찰되는 것을 구별하였다. 나는 여기서 삶의 본능과 죽음의 본능 사이의 갈등에 관한 프로이트의 견해에 대해 더욱 자세히 말하려는 것은 아니다. 그러나 그가 1924년에 죽음의 본능에 관한 새로운 관념에 비추어 피학증 현상을 생각해보려고 했다는 말은 첨가되어야 할 것이다. 그렇게 해서 『피학증의 경제적 문제』와 『아이가 매를 맞고 있어요』는 서로 상보적이고 따라서 함께 읽어야 할 것이다.

결코 모든 정신분석가들이 본능에 관한 프로이트의 새로운 이론을 받아들이는 것은 아니다. 그의 가설에 대하여 찬성하거나 반대할 수도 있다. 그러나 그것을 참작하지 않는다면 피학증과 같은 도착증적 현상을 마치 신경증적 현상인 것처럼 보기 쉽고 따라서 그런 현상을 다루는데 있어서 동일한 기술적 접근방법을 사용하기가 쉬워진다는 것이다. 결과적으로 도착증적 증상들—신경증적이지 않은 정신기제에 그 뿌리를 두고 있는 것—은 계속적으로 부정되고 분리되며 죽음의 본능을 얽어매려는 삶의 본능의 일을 더욱 어렵게 만들어서 죽음의 본능은 자유로운 상태로 남아있기 쉽다.

질문 : 피학증 환자들은 조금도 대상으로 여기지 않을 만큼 그들을 학대하는 나쁜 대상을 선호한다는 말이 있다. 대상의 상실에 대한 두려움이 피학증과 어떤 관계라도 있는 것일까?

피학증은 분리불안과 대상상실의 두려움에 밀접하게 연결되어 있다. 따라서 병리적 애도에서는 프로이트가 『애도와 멜랑콜리아』(1917)에서 보여주었듯이 중요한 대상상실은 상실된 대상을 동일시한 결과로 변형된 자아와 '비판적인 기관'(초자아) 사이의 도착증적인 가학피학적인 관계를 정신내적 세계에 설정해둘 수 있다. 따라서 멜랑콜리한 우울증에 기술된 피학증과 매질환상에 기술된 피학증 사이에는 수많은 유사점들이 존재하는데, 예를 들어 자기애로의 퇴행, 가학증을 주체 그 사람에게로 돌리기, 무의식적인 죄책감, 그리고 프로이트가 훗날 죽음의 본능이란 개념에 비추어 다듬어냈던 가설들이 있다.

매질환상에서 보게 되는 멜랑콜리한 우울증(1917)에서 상실된 대상의 함입(introjection)과 "대상으로부터 자아로의 퇴행"(1919, p. 194) 두 가지 모두는 피학증 환자들이 보이는 그들을 고문하는 사람에 대한 애착에 의해 또한 고독의 불안에서 스스로를 분리시키고 직면시키는 어려움에 의해 설명되고 있다. 더욱 대상관계적인 것에 대한 주로 자기애적인 관계로부터 분석수행자들이 옮겨갈 수 있기 전에 이런 분석수행자들과 함께 그 대상으로부터의 분화와 분리에 대해 많은 작업이 이뤄져야 한다. 전이 내에서 분리불안과 대상상실에 대한 훈습은 이 과정에서 본질적인 역할을 하게 된다(키노도스, 1991).

질문 : 매질환상에 대하여 프로이트는 다음과 같이 쓰고 있다. "이런 환상들이 신경증 내용의 나머지와 별개로 존재하고 그 구조에서 적당한 자리를 찾지 못한다"(p. 183). 이것은 도착증적 환상들이 신경증적 환상들과는 다른 특성을 가질 수 있다고 상상하는 방식인가?

내 의견으로는 매질환상이 "[신경증의] 구조에서 적당한 자리를 찾지 못한다고 프로이트가 강조할 때 억압과 구별하는 분열(splitting)의 개념을 암암리에 소개하고 있는 것이다. 프로이트가 매질환상에서 억압의 역할에 대해 의구심을 표현했다는 것은 주목해봐야 한다. 다만 1927년의 『페티시즘』이란 논문에서 그는 자아의 분열이란 개념을 발전시킬 수 있었는데, 그것은 성도착증—특히 피학적 성도착증—에서 정신기능의 특징을 보여 신경증과 구별시켜 주는 또 다른 요소이다.

3. 현대의 시각들

『아이가 매를 맞고 있어요』를 현대의 정신분석적인 기고문들에 비춰서 논의하기 위해 나는 두 가지 임상논문을 선택했다. 루스 랙스(1992)의 논문 덕분에 우리는 신경증과 성도착증에서 초자아의 차이를 생각해볼 수 있게 된다. 그 다음 루스 리젠버그 맬콤(1988, 1995)의 논문은 피학적 성도착증에 관련된 복잡한 기제들을 자세히 설명해주고 그 덕분에 분석가는 그런 환자들에 대한 접근방법을 개선시킬 수 있게 된다.

1) 신경증적 초자아와 도착증적 초자아

몇몇의 현대 정신분석가들은 자신의 환자들에게서 "아이가 매를 맞고 있는" 환상을 우연히 만난 일이 전혀 없다고 주장하는데, 다른 분석가들 가운데 특히 랙스는 프로이트의 묘사와 똑같은 환상을 관찰하였다. 『"아이가 매를 맞고 있어요"에서 프로이트의 주제—어머니의 역할—에 대한 변이: 여성에서 초자아 발달에 대한 몇 가지 암시』(1992)라는 논문에서 랙스는 네 명의 여자환자들에게서 매질환상을 보여주고 있는데, 그 환자들에게서 "나는 아버지한테 매를 맞고 있다"는 무의식적인 환상은 프로이트의 둘째 단계에 상응한다. 그러나 프로이트와는 달리 랙스는 어머니에 대한 죄책감이 아버지에 대한 죄책감보다 훨씬 더 중요한 역할을 해낸다는 것을 발견했다. 이 환자들의 느낌으로는 어머니가 소녀의 여성 성 기관의 상실을 위협함으로써 아버지에 대한 근친상간적인 욕망을 금지시키는 냉혹한 심판관이 되는 것 같았다. 특정한 시기에는 이런 "적대적이고 비난하는" 모성의 초자아(p. 460)가 갑자기 분석가한테 투사되기도 하는데, 그때 분석가는 엄격하고 금지시키는 어머니로 경험되었던 것이다. 저자한테 "오이디푸스적인 법"의 매개자인 이 엄한 모성의 초자아는 소년에게 거세로 위협하는 부성의 초자아 역할과 동일한 역할을 소녀에게 해낼 것이다.

매우 선명한 이 논문은 매질환상의 모든 범위에 걸쳐 모성의 초자아를 구성해내는 역할을 보여주지만, 랙스에 따르면 그 모두는 긍정적인 오이디푸스 콤플렉스와 오이디푸스적인 초자아의 맥락에서 해내는 것처럼 보인다. "나의 환자들의 정신분석 과정의 이 단계를 특징지웠던 강렬한 **긍정적** 오이디푸스 감정의 맥락에서 그들이 어머니를 심판관과 벌주는 사람으로 경험하는 것은 분명한 일인데, 그 사람은 근친상간적인 아버지 터부의 위반을 금지시켰던 어머니다"(p. 471).

저자는 치료가 진행되어감에 따라 환자의 피학적 환상과 수음행위는 그 강도가 줄어들지만 그와 동시에 긍정적인 오이디푸스 감정이 더욱 강렬해진다. 랙스는 더욱 퇴행해가는 딸의 어머니에 대한 근친상간적인 욕망, 즉 전도된 오이디푸스 콤플렉스의 일부가 연루될 수 있을지 의심하는 데까지 이르렀다. 그러나 그녀는 자신의 환자들이 그런 논증을 뒷받침할 어떤 자료도 제공하지 않았음을 인정하고 있다.

랙스는 피학증의 사례로서 4명의 환자들에 대해 묘사하고 있지만 내가 보기에 그녀는 초자아에 연루되어 긍정적 오이디푸스 콤플렉스에 기초하는 피학적 측면들을 지닌 신경증적 구성의 사례로 그들을 제시하고 있는데, 그 초자아의 엄격함은 전-성기적인 근원의 도착증적 구성보다는 오히려 "오이디푸스적인 법"의 구성이다. 그러나 나는 순수하게 신경증적인 기반 위에 구성된 성도착증이 있다고는 믿지 않는다. 오히려 모든 성도착증은 원시적인 방어들을 수반하여 신경증에서 작동하는 방어와는 다르다.

이런 관점에서 랙스의 논문(1992)을 바라보면, 그녀가 자신의 사례들을 오로지 피학증에 비추어 생각했다는 것을 알 수 있는데, 그 피학증은 프로이트가 1919년에 『아이가 매를 맞고 있어요』에서 착상했던 것이다. 다시 말해서 그것은 그가 두 번째 본능 이론을 소개하기 이전이다. 성도착증을 충분히 논의하려면 프로이트의 후기 견해들을 참조할 수 있는 능력이 중요한데, 그중에서도 특히 자아의 분열과 죽음의 본능으로서 이 둘은 그로 하여금 파괴성을 더 잘 개념화하게 해주었다. 이 점은 특히 가학·피학증에서 그러한데, 초자아는 프로이트가 "죽음 본능의 순수한 문화"(1923, p. 53)라고 묘사했던 가학증을 보여준다. 랙스가 이 문제에 대해 언급하지 않을지라도 그녀의 환자들은 도착증적 초자아의 특징적인 파괴성을 소유하는 것처럼 보이는데, 그 환자들이 "적대적이고 비난하는" 모성의 초자아를 분석가한테 투사할 때 도착증적 초자아가 폭발하는 것을 볼 수 있다(p. 460). 직접적인 오이디푸스 콤플렉스에 연결된 모성 초자아의 투사(랙스의 견해)에 덧붙여서 자아의 분열된 부분에 위치하는 가학·피학적 갈등의 전이 속에 재출현하는 것처럼 보이는데, 환자를 공격하는 것처럼 경험되고 있는 분석가한데 가학증이 투사되고 있다. 환자는 스스로 희생자의 역할을 무의식적으로 해내게 된다.

피학증의 유사한 사례들을 경험하면서 나는 오이디푸스형의 엄격한 초자아의 전이-투사와 도착증적인 정신내적 가학·피학적 요소들에 연결된 조숙한 초자아의 전이-투사를 구별하게 된다. 내 분석수행자들 가운데 한 명은 흔히 나한테 엄격하고 금지시키는 초자아의 이미지를 투사하게 되고 어떤 기제가 작동 중인지 결정하는 일이 항상 쉬운 것은 아니었다. 전이의 어느 순간에 이 환자는 그의 아들을 거세하겠다고 위협하면서도 여전히 그 아들을 보호하고 사랑하는 아버지의 초자아 느낌과 비슷한 그런 엄격한 초자아의 느낌을 투사할지도 모른다. 또 다른 순간에 이 환자는 나를 조기의 초자아로 경험했는데, 다시 말해 부분대상으로서 또한 사랑이 전혀 없는 몹시 가학적인 아버지로서 느꼈던 것이다. 그런 경우에 미움은 사랑으로부터 분리되었다. 예를 들어 후자의 상황에서 그는 내 해석이 더 이상 그를 이해하는 가설이 아니고 그보다 강한 내 힘을 보여주기 위해 그를 욕보이고 짓밟는 방법들이었다고 느낄 것이다. 나는 이런 이미지가 금지시키는 오이디푸스적인 초자아(부성적이든 모성적이든)의 이미지와는 아무런 관계도 없지만 파괴적인 가학·피학적 관계의 전이-투사라는 맥락에서 벌을 받으려는 무의식적인 욕구를 보여준다고 생각했다. 환상에서 갑자기 터져 나왔던 가학적이고 자아–압도적인 초자아는 신경증적 전이와는 아무런 관련이 없었고 오히려 분열된 자아의 일부에 속하는 무의식적인 가학·피학증의 갑작스러운 출현에 해당했던 것이다.

2) 성도착증, 투사적 동일시, 관음증

끝으로 나는 리젠버그 맬콤이 『거울 : 어떤 여성에서 정신병적 발병에 대한 방어로 보이는 도착증적 성적인 환상』(1988)이란 제목으로 출간했던 심각한 피학적 성도착증을 앓는 환자에 대해서 논의하고 싶다. 이 환자가 보여주는 임상적 그림은 매질환상을 보고하는 환자들에서 봤던 것과 약간 다르긴 하지만, 수많은 유사점들을 보여주고 있다. 매질환상의 특징을 이루는 병리적 측면들 가운데에는 특히 투사적 동일시의 중심적인 역할과 관음증에 의한 역할을 찾아볼 수 있는데, 주체가 그 장면에 참여하면서 동시에 그 장면을 바라보는 형태의 환상이다. 이 환자의 내부세계에 관한 감탄할 만큼 세밀한 분석과 이런 형태의 성도착증에 관련된 복잡한 기제들에 대한 성실한 연구는 매질환상을 보이는 환자들의 분석에 모델이 되고 있다. 이 환자는 오랜 분석을 통하여 순조롭게 발전해 갔고, 따라서 우리는 최종적인 질문으로서 변화를 가져오는 데에 관련된 요인들을 검토할 수 있게 된다.

(1) 또 다른 투사적 동일시와 전능함에 대한 동일시의 환상

이 사례에서 환자의 성생활은 20살 때부터 도착증적인 가학·피학적 환상과 간혹은 몇 시간동안 지속되는 강박적인 수음, 그리고 새로운 남성 파트너들에 대한 끊임없는 욕구가 지배해오고 있었다. 그녀는 정신병적인 발병 때문에 병원에 자주 입원되었다가 드디어 장기간의 분석을 시작하게 되었다.

분석에서 그 환자는 수년 동안 자신의 도착증적 환상이나 수음행위에 대해 언급하지 않았다. 역전이를 통해서 이런 요소들을 발견한 사람은 바로 분석가였다. 그 환자는 자주 일상생활의 모습들을 묘사하려고 하는데, 분석가를 매혹시키는 방법이면서 또한 그녀가 참여하고 싶다는 것을 스스로 알게 될 지점까지 자신의 호기심을 자극하는 방법으로 묘사했다. 그녀를 사로잡는 강렬한 호기심에 대해 천천히 알게 되면서 분석가는 어느 날 그러한 호기심을 자극하려는 그 환자의 욕망의 결과라고 그것을 해석했다. 이런 해석은 환자로 하여금 그녀 자신의 호기심에 대해 생각해보도록 만들어 주었고 그런 호기심은 분석가와 분리되는 주말 동안에 특히 더욱 선명해졌다. 그런 다음 그녀는 분석가에 의해 재현되는 부모라는 부부로부터 제외되는 느낌을 받으면서 상당한 시간 동안 수음했다는 수치심을 인정하고 나서 처음으로 그녀는 분석가한테 그녀의 거울 환상에 대해 이야기했다.

이런 환상 속에서 환자는 몹시 가학적이고 수치스런 성적인 장면이 벌어지고 있는 거울을 보게 된다. 참여자들은 근친상간적인 동성애와 이성애의 부부들이고 그들은 몇 시간 동안에 걸쳐 판을 벌린다. 그 환자는 이런 잔인한 장면에서 차례차례 이런저런 파트너들이 된다고 상상한다. 거울 환상이 진행되는 동안에 그 장면을 바라보는 구경꾼들이 존재하는데, 그들 자신의 흥분과 싸우게 되는 이유는 만일 그들이 굴복하게 되면 거울 속으로 빠져들기 때문이다.

분석가가 호기심에 대해 해석한 것은 그 상황을 유효하게 움직이고 변형시켜 전이에서 무의식적으로 행동화하는 대신에 말로 표현할 수 있는 결과를 가져왔다. 분석과정에 걸쳐 환자의 정신생활이 두 가지 주요 수준에서 수행된다고 알려졌다. 한 가지 수준에서 그녀는 거울 속에 벌어지는 도착증적인 활동들에 강하게 연루되어 그녀가 부모 앞에서 느꼈던 절망감과 증오심에 의해 제외되거나 압도되는 느낌을 회피할 수 있게 되었다. 더욱 발달된 또 다른 수준에서 그 환자는 거울 밖의 구경꾼들과 똑같이 동일시하게 되었다. 이 사람들은 거울 속의 사람들보다 퇴행이 덜 되어 있었지만, 그런데도 그들은 바라만 볼 뿐 빠져들지 않으려고 애쓸 수 있다. 전이관계에서 이런 장면을 재현하면서 그 환자는 자신의 구경꾼 역할을 분석가한테 투사하게 되었는데, 그녀 자신은 전이적인 호기심을 자극할 목적으로 그 장면을 상연하게 되었다.

분석 기간 동안에 거울 환상이 그녀가 오이디푸스 상황을 통과하는 데까지 진척되는 일을 막아주고 동시에 분석 이전의 상태처럼 더욱더 퇴행하여 정신병으로 발병하는 일을 예방해 준다고 알게 되었다.

리젠버그 맬콤은 거울 환자의 정신구조에서 두 가지 뚜렷한 요소들을 묘사하고 있는데, 첫째 수많은 분열의 결과로 초래된 정신적 파편화의 중요성이고 둘째 강렬한 투사적 동일시 속에서 전능함에 의한 역할이다. 이런 환자는 모든 도착증적 구성들에서 볼 수 있는 최초의 방어기제를 대단히 과장된 형태로 내보인다. 환자는 전능하게도 남자와 여자, 구경꾼과 여배우, 피학적이고 가학적인 사람들 모두를 거울 속으로 투사하면서 동시에 거울 밖으로 투사하는 느낌을 받는데, 이런 다양한 기제들은 서로 결합하여 끝없는 변주들과 함께 다양한 시나리오들을 만들어낸다.

프로이트는 다른 사람과 이뤄지는 환상된 동일시의 이런 과정들이 특히 도착증적 구성에서 명백해진다는 사실에 이미 주목하고 있었다. 그는 투사적 동일시라는 현행의 용어를 사용한 일은 없지만 1915년까지 되돌아가 보면 『본능과 그 변천』에서 "피학증 환자는 그 자신에 대한 공격의 즐거움을 공유하고 있다"(p. 127)고 썼다. 가학증 환자에 관해서는 "이런 고통들이 다른 사람들한테 가해지고 있지만 고통스러운 대상들과 그 자신과의 동일시를 통해 주체가 그 고통을 피학적으로 즐기고 있다"(p. 129). 『아이가 매를 맞고 있어요』에서 프로이트는 이 점을 다시 거론하여 "동성애적인 대상-선택에서 벗어나려 했고 또한 자신의 성을 바꾸려 하지 않았던 소년은 의식적인 환상 속에서 여자처럼 느껴지고 자신에게 매를 때리는 여자한테는 남성적 속성과 특징을 부여해준다"(p. 200)고 말한다. 그와 비슷하게 소녀는 "자신의 성까지 포기했고…. 또한 그녀는 스스로 소년이 되었기 때문에 그녀가 매를 맞도록 만드는 사람들은 주로 소년들이다"(p. 200). 그러나 이 단계에서 프로이트는 전능함과 분열, 투사에 의한 대상과의 자기애적인 동일시, 그리고 "결합된 부모"의 환상을 기초로 하는 '자웅동체'의 양성이라는 이런 원시적인 형태(클라인, 1932)를 정신적 양성의 통합된 형태로부터 구별하지 않았는데, 그것은 그가 직접적인 오이디푸스 콤플렉스와 전도된 오이디푸스 콤플렉스의 개념을 소년들과 소녀들에게 적용 가능한 것으로 소개할 때 나타나는 요소들이다(프로이트, 1923).

(2) **관음증으로부터 알고 싶은 욕망으로.**

한나 시걸(1995)은 최근에 리젠버그 맬콤의 거울 환자가 순조롭게 발달하도록 도와주는 요인들에 대해 논의했다. 그녀의 논평은 그 사례에 대해 밝혀줄 뿐만 아니라 프로이트가 『아이가 매를 맞고 있어요』에서 다뤘던 많은 측면들도 밝혀주고 있다.

시걸이 제기한 첫 번째 요점은 병리적인 투사적 동일시의 과정을 반전시키기 쉽고 그 때문에 함입과 동일시의 과정을 촉진하기 쉬운 요인들에 관련되어 있다. 시걸한테 구성적인 함입은 환자가 투사하고 있는 것이 그의 투사를 받아들이고 포함시키는 대상으로부터 분리되고 달라진다는 것을 어느 정도까지는 인정될 수 있기를 요구한다. "나는 분화와 분화할 수 있는 능력이 틀림없이 처음부터 존재한다고 생각하는데, 그렇지 않았으면 투사가 악순환으로 이어질 것이다. 또한 당연히 이런 분화를 위한 결정적인 전쟁터가 우울 위치이다"(p. 4).

시걸의 논평이 매질 장면의 '구경꾼' 혹은 '관찰자'로 프로이트가 묘사했던 환자들에게 똑같이 적용되는 두 번째 요점에서 그녀는 매질 장면의 '구경꾼들'이 '관음증 환자들'임을 지적하고 있다. 그녀는 그러한 시나리오가 "일상적인 호기심이 아니다"라고 말하면서 "그것은 고전적인 관음증적 시나리오인데" 그 까닭은 "관음증 환자가 알고 싶은 소망에 의해 움직여지는 것은 아니기" 때문이다 (p. 2). 그것은 마치 실제로 그 장면을 보지 않고서도 관음증 환자가 투사에 대한 지지가 되고 동시에 호기심에 대한 방해물이 되는 스크린 위에 펼쳐진 그것을 바라보고 있는 것 같다. 이런 상황 덕분에 나는 나체 생활촌에 설정된 규칙들을 떠올리게 되는데, 거기서는 누구나 벌거벗어야 되지만 바라보는 것은 엄격히 금지되어 있다.

시걸은 분석가가 환자를 도와서 그의 도착증적 관음증을 정상적인 유아적 호기심으로 변하게 하는 일이 필수적인 것이라고 덧붙인다. 분석가가 그 자신의 역전이적인 관음증을 환자에 대한 호기심으로 변하게 하자마자 이런 변화는 그 거울 환자한테 가능해졌다. 따라서 그 환자는 자기 환자에 대해 호기심을 보이는 분석가를 함입할 수 있고 더 잘 통합된 정신적인 양성애의 기초를 형성해주는 동일시 과정을 촉진시킬 수 있다.

매질환상에 강박적인 수음이 동반되는 젊은 여자에 관련된 피학증의 유사한 사례에서 나는 병리적인 투사적 동일시의 역할에 주목할 수 있었다. 내 환자는 특히 그녀의 정신생활 수준에서 혼란되어 있었는데, 그녀의 생활은 그녀 자신으로 남아있기보다는 오히려 다른 사람들에게 끊임없이 자신을 투사하는 경향에 지배되고 있었다. 심지어 생각하고 있는 사람이 그녀인지 그녀의 자리를 대신하는 다른 사람인지 더 이상 알지 못하는 지점까지 이르러 있었다. 이런 결과로 거의 영구적인 혼란 상태를 가져왔다.

이런 내부적인 상황을 마음에 그려낼 수 있는 기회를 그녀에게 준 것은 다름 아닌 꿈이었다. 그녀는 극장에 있는 꿈을 꾸었는데, 그녀는 무대 위에 서서 배우들과 함께 어떤 역할을 맡고 있으면서 그와 동시에 연극을 바라보는 좌석에 앉아 있었다. 그러니까 꿈에서 내 환자는 배우이자 관객이다. 그것은 리젠버그 맬콤의 환자와 비슷한데, 그는 거울에서 벌어지는 잔치판의 참여자이자 동시에 구경꾼이었다. 내가 이 꿈을 분석하면서 그녀가 그녀의 혼란상태의 원인을 이해하는데 도움이 되었고 그녀가 배우이자 관객이 됨으로써 사실상 이도 저도 아님을 알게 되었으며, 또한 이런 상황이 그녀가 자신의 자리를 선택할 때까지 지속될 수도 있다는 것을 알게 해 주었다. 그녀는 배우가 되어 그녀의 역할에서 자신을 심각하게 노출시키는 위험을 떠안게 되든가 혹은 관객의 편이 되어 연극을 이해하기 위해 신중히 노력하고 있어야 한다. 어떤 사람도 자신의 정체성을 상실하지 않고서는 무대 위에 있으면서 동시에 객석에 있을 수는 없다.

비록 내 환자가 자신의 혼란으로부터 빠져나왔을지라도 투사적 동일시를 대규모로 사용하는 것을 포기하는 데까지 오랜 시간이 걸렸는데, 그 이유는 그것이 그녀의 전능한 느낌의 포기를 의미하기 때문일 것이다. 그녀가 자신의 자리에 편안히 앉아 있으려고 하면서 그와 동시에 무대 위에 서려는 몸짓을 보일 때마다 그녀는 슬픈 느낌과 견딜 수 없는 고독감과 불안에 사로잡히는 느낌에 부딪치게 될 것이다. 그러나 시걸이 강조했던 것처럼 함입과정을 위하여 병리적인 투사적 동일시를 포기하는 유일한 방법인 우울 위치를 그녀가 차츰 끝까지 작업해 가면서 자신의 관음증을 호기심으로 전환하는 데에 성공하게 되었다.

4. 결론

『아이가 매를 맞고 있어요』에 대한 연구는 1919년 프로이트에 의해 기술된 병리적인 상태가 오늘날에도 최근의 두 논문들에 의해 증명된 것과 똑같은 정도로 의미가 있음을 보여주었다. 더구나 이런 작업들은 우리의 분석수행자들에게서 이런 형태의 무의식적인 피학적 환상에 의한 역할에 더 많은 관심을 두어야 하는 것도 보여주고 있다. 왜냐하면 그들은 흔히 그것을 인정하지 않게 되고 증상들을 찾아내는 것도 어려운 채로 남아있기 때문이다. 그러나 분석가가 특별히 경청하고 분석수행자로 하여금 자신의 수치심을 극복해서 비밀을 드러낼 기회를 부여한다면 분석수행자는 분명히 안심하게 되고 자신의 환상에 의미를 부여하기 시작할 수 있다.

참고문헌

Bonaparte, M. 1957. *La sexualité féminine.* Paris: Presse Universitaire de France.

Deutsch, H. 1944. *The psychology of women: Psychoanalytic interpretation.* New York: Grune and Stratton.

Freud, A. 1923. The relation of beating-phantasies to a day-dream. *Int. J. Psycho-Anal.* 4: 89-92.

Freud, S. 1905[1901]. Fragment of an analysis of a case of hysteria. *S.E.* 7.

——. 1915. Instincts and their vicissitudes. *S.E.* 14.

——. 1917. Mourning and melancholia. *S.E.* 14.

——. 1919. A child is being beaten. *S.E.* 17.

——. 1920a. The psychogenesis of a case homosexuality in a woman. *S.E.* 18.

——. 1920b. Beyond the pleasure principle. *S.E.* 18.

——. 1923. The ego and the id. *S.E.* 19.

——. 1924. The economic problem of masohism. *S.E.* 19.

——. 1925a. Negation. *S.E.* 19.

——. 1925b. Some psychical consequences of the anatomical distinction between the sexes. *S.E.* 19.

——. 1927. Fetishism. *S.E.* 21.

——. 1933[1932]. New introductory lectures on psycho-analysis. *S.E.* 22.

——. 1940[1938]. Splitting of the ego in the process of defence. *S.E.* 23.

Horney, K. 1932. The flight from womanhood. In *Feminine Psychology*, ed. K. Horney. London: Routledge & Kegan Paul (1967).

Jones, E. 1935. The early development of female sexuality. *Int. J. Psycho-Anal.* 8: 459-72.

Klein, M. 1932. The effect of the early anxiety-situations on the sexual development of the girl. In M. Klein. *The psycho-analysis of children*. London: Horgath (1980).

Laplanche, J. and Pontalis, J.-B. 1988. *The language of psychoanalysis.* London: Karnac Books and the Institute of Pycho-Analysis.

Lax, R. 1992. A variation on Freud's theme in "A child is being beaten"—Mother's role: Some implications for superego development in women. *J. Amer. Psychoanal. Assn.* 40: 455-73.

Pragier, G. and Faure-Pragier, S. 1993. Une fille est analysée: Anna Freud. *Revue Franç. Psychanal.* 447-57.

Quinodoz, D. 1992. Les alibis de la perversion, ou "L'assassin habite au 21." *Rev. Franç. Psychanal.* 56: 1693-1701.

Quinodoz, J. M. 1989. Female homosexual patients in psychoanalysis. *Int. J. Psycho-Anal.* 70: 57-63.

——. 1991. *La solitude apprivoisée: L'angoisse de séparation en psychanalyse.* Paris: Presse Universitaires de Frence. (*The Taming of Solitude: Separation Anxiety in Psychoanalysis.* 1993. London: Routledge.)

Riesenberg Malcolm, R. 1988. The mirror: A perverse sexual phantasy in a woman seen as a defence against a psychotic breakdown. In *Melanie Klein Today.* ed. E. Bott Spilius. London: Routledge.

——. 1995. Introjection: The undoing of projective identification. University College London Conference on Projective Identification. London, October 1995 (unpublished).

Saussure, R. de. 1929. Les fixations homosexuelles chez les femmes névrosées. *Rev. Franç. Psychanal.* 3: 50-61.

Schafer, R. 1968. *Aspects of internalization.* New York: International Universities Press.

Segal H. 1995. Comments on Ruth Riesenberg Malcolm's paper. University College London Conference on Projective Identification. London, October 1995 (unpublished).

Steeman, S. A. 1939. *L'assassin habite au 21.* Paris: Librairie des Champs Elysées.

Young-Bruehl, E. 1988. *Anna Freud: A biography.* New York: Summit.

Weiss, E. 1970. *Sigmund Freud as a consultant.* New York: Intercontinental Medical Book Corporation.

『아이가 매를 맞고 있어요』와 매맞는 아이

이시도로 베렌스테인

이 논문은 다음과 같이 구성되어 있다:

제1부. 1919년 : 프로이트의 개인적인 형편과 정신분석에 관한 그의 입장

제2부. 프로이트의 본래 기고문에 대한 단락별 해설

제3부. 피학증과 그 임상 양상에 관한 논의의 기초로서 임상 비네트

제4부. 시나리오가 매를 맞고 있는 아이의 환상—아버지에게 때로는 어머니에게 학대당하고 있는 매맞는 아이의 환상—과 유사해지는 점차 불안해지는 현실-세계의 상황

제5부. 환상 구조와 현실 구조: 유사점과 차이점

프로이트와 1919년의 정신분석

1919년에 프로이트는 63세였다. 제1차 세계대전이 1년 전에 종식되었고, 1919년 베르사유 평화 협정이 시작되었다. 동맹국들은 독일과 오스트리아에 혹독한 조건들을 부과했다. 전쟁의 종식은 유럽의 정치적, 사회적, 경제적 문제들의 신속한 해결책으로서의 폭력에 대한 믿음이 끝났다는 것을 알려주지 못했다. 비엔나는 경제 및 재정의 위기, 베르사유 조약에 대한 실망감 및 분노의 증가, 인구의 대부분을 뿌리째 뽑기, 민족주의의 급부상, 그리고 사회 변화에 대한 반발을 겪고 있었다. 그것은 커다란 정치적 격동의 시기로서 그런 격동은 1930년대 가혹한 유럽 독재국가들의 내부에 축적되어가고 있었다(킨더 및 힐게만, 1973).

프로이트는 1938년까지 비엔나에서 살았지만 비엔나에 대해 무척이나 양가적이었다. 오스트리아-헝가리 제국은 무너지기 일보직전이었고, 그 결과로 오스트리아와 독일은 황폐화되었으며, 일반시민들은 사회적 모멸감으로 가득 차게 되었다. 이러한 상황은 1920년대에 일어나기 시작하여 1930년대에 계속 발전했던 국가 사회주의를 기르는 비옥한 온상으로 드러났다.

프로이트와 그의 가족은 이 시기에 관한 진술이나 편지들의 증언에 의하면 사실상 최저 생활수준에서 살아가고 있었다(게이, 1988). 사회적 상황의 악화에도 불구하고 프로이트에겐 많은 환자들이 있었지만 수입은 여전히 빈약했다(존스, 1957).

자신의 위치에 대한 불안정성이 프로이트의 유일한 관심사는 아니었다. 그의 전생애를 통하여 프로이트는 정신분석 이론에 불만스러워 했다. 기초가 되는 개념들은 혁신적이고 독창적이었으나 그 가운데 일부는 새로운 임상 문제들에 적용될 때 단점이 드러나고야 말았다. 그 결과로 프로이트는 그 이론이 불완전하다는 것을 깨닫게 되었다. 그와 같은 자연스러운 상황이 어떤 위대한 이론의 발달 가운데 나타날 수 있는데—프로이트는 이미 정신분석이 그러리라고 알고 있었다—그는 안절부절못하는 상태를 보였다. 무의식의 이론은 『꿈의 해석』의 시기인 1899년으로 거슬러 올라가서 자아와 자아이상과 함께 지형학설로 대체되었는데, 다시 말해 다른 정신 구조로 바뀌었다. 1919년에 정신분석적 개념들은 정신병과 성도착증의 도발적인 현상에 적용 가능한지 시험대 위에 올라 있었다. 성도착증 현상은 프로이트가 1905년의 『성 이론에 관한 세 가지 논문』에서 처음으로 설명해 주었다. 『유아 신경증의 병력에서』(1918[1914])가 그때 출간되었다. (그 논문에 보고되었던 치료는 몇 년 전에 시작되었다가 1914년에 끝났다.) 1915년의 초심리학 논문에 이어 『꿈 이론에 대한 초심리학적 보충』(1917b[1915])과 『애도와 멜랑콜리』(1917c[1915])가 출판되었다. 『기괴함』(1919b) 이후에 프로이트의 욕동과 정신 구조에 대한 새로운 개념과 함께 『쾌락원칙을 넘어서』(1920b)가 나왔다.

프로이트는 『아이가 매를 맞고 있어요』의 구성을 페렌치에게 1919년 1월 24일자 편지를 통해 언급하였다. 그 논문은 여름에 출판되었다. (베르사유 평화협정이 1월 18일에 시작되었다.) 동일한 시기(1919년 3월)에, 프로이트는 『쾌락원칙을 넘어서』의 원고를 쓰기 시작하였다. 그는 페렌치에게 1919년 5월 12일자로 보낸 서신에서 『기괴함』의 저술을 알려주었고 가을에 출판하였다.

『아이가 매를 맞고 있어요』에는 몇 가지 상호 관련된 주제들이 언급되고 있다. 피학증은 초심리학적 작업에서 가학증의 이차적인 과정으로 다뤄져 왔다. 즉 피학증은 주체에게로 되돌아오는 가학증의 결과로 여겨진다. 가학증이 그 반대편으로 변환되는 것, 즉 억압과 승화보다 더욱 원시적인 방어로 여겨지는 기제이다. 프로이트는 이러한 1915년 테마의 변형을 가지고 이 주제로 되돌아왔다. 『아이가 매를 맞고 있어요』는 사실 1924년에 피학증의 재공식화를 예기해주는데, 욕동의 이원성과 새로운 정신적 지형학설의 공식화와 어깨를 나란히 할 만큼 그 중요성을 예기하고 있다.

프로이트의 논문은 여성의 섹슈얼리티에 대한 그의 견해를 제시하고 있다. 그는 단계별로 구체화되는 소녀들의 매 맞는 아이에 대한 환상에 대해서 그리고 소녀와 소년에게서 어떻게 다르게 나타나는지 기술하고 있다. 1920년 1월에 완성된 『여성 동성애 사례의 정신증상 발달』(1920a)은 3월에 출판되어 대략 같은 시기에 시작되었다. 『아이가 매를 맞고 있어요』에 있는 또 다른 테마는 특히 여성의 섹슈얼리티의 복잡하고 논란이 많은 영역의 맥락에서 여성의 오이디푸스 콤플렉스에 관한 것이다.

1919년 논문에서 제기된 또 하나의 주제는 정신분석의 기원으로부터 시작되고 있다. 아버지의 역할은 프로이트의 아버지인 야곱의 사망 이후에 꾼 꿈의 정교화와 연관되어 발전하였다. 그 주제는 그의 모든 사례에 스며 있고(꼬마 한스는 아버지를 통해 치료됨) 『토템과 터부』에서 깊이 다루어지고 있다. 그것은 이 논의의 주제도 되는 이 작업에서 두드러지게 그려내고 있다.

구성적인 욕동들에 관련된 정신활동—환상—의 변천이 이

작업에서 중심적인 토픽이 되고 있다. 환상은—참으로 현실적인 외상적 사건들보다 더욱—중요한 본질적 실체로 여겨지고, '정신적 현실'의 근간에 놓여있는 것으로 보였다. 환상은 무의식적 소망이 충족되는 대체로 시각적인 내용을 지니고서 주체에 따라 매우 특수한 장면의 특성을 가지고 있다. 그러나 그 형태는 서로 다른 주체에게도 커다란 유사성을 보이고 이것은 프로이트로 하여금 '최초 환상'이란 생각을 갖게 하였는데, 그 사건의 현실성은 비록 선사시대로 옮겨갈지라도 다시 새겨지고 있었다.

현실원칙은 환상의 끊임없는 거절을 수반한다. 정신분석의 한 세기 동안 내부현실의 복잡성은 풀려왔지만 아직도 탐구되어야 할 부분이 많이 남아있었다. 현실 세계는 동일한 관심을 받아오지 못했고 또한 일반적으로 분석에 대한 장애나 방해로 여겨져 왔다. "아이가 매를 맞고 있는" 환상에 관하여, 포맷이 유사한 매 맞는 아이의 실제 상황은 우리에게 이론적인 도전을 보여주고 있다.

프로이트는 『아이가 매를 맞고 있어요』에 수많은 기본적인 테마들을 포함시켜서 그 구성 시기에 있어 1919-20년 사이에 시작된 뒤로 수년 동안이나 지속되었던 정신분석 개념들을 한창 재구성하고 있었다는 것을 보여준다.

『아이가 매를 맞고 있어요』에 관한 단락별 설명

논문의 여섯 부분이 비슷하긴 하지만 그 어떤 필사도 불가피하게 원본에 새로운 순서를 부여하게 되고 필사자의 흔적을 지니는 방식으로 그것을 변형시키게 된다는 것을 명심해야 할 것이다.

제1단락에서 프로이트는 자신의 '환상-재현'을 보여주고 있다. 환상은 빈번하고 유쾌해 보인다. 하지만 그 고백은 저항의 징조로서 수치심과 죄책감에 연결되어 있다. 환상의 정점은 수음(자가성애적)이다. 맨 처음의 시작은 기억하지 못한다. 학교에서의 체벌은 환상을 떠오르게 하고 강화시켜 주지만 그 근원에 닿지는 못한다. 환상은 초기의 경험을 훗날로 옮겨가는 전치로 여겨질 수도 있다. 프로이트에게 '초기'란 2세에서 5~6세로 학령전기를 의미한다. 훗날은 잠복기나 그 이후로서 그 시기에 환상은 다른 아이들한테 가해진 매질이 아니라면 아이들이 불량행동 때문에 벌을 받는 이야기책에 연결된다. (여기서 우리는 이미 억압된 수음에 유쾌한 연결을 유지시켜주는 의식적인 리비도 부착을 보고 있다.) 프로이트는 이러한 환상과 실제적인 체벌과의 관련을 거부하고 있는데, 그 어떠한 경우에도 그는 자신의 환자들의 설명에서 관찰해본 일이 없었기 때문이다. 이것이 합리적인 이유는 외부현실과는 다른 환상의 구조, 그 무의식적인 기능, 그 특수한 현실 및 그 작동을 지배하는 법칙에 대한 묘사가 중요했기 때문이다. 여기서 "아이가 매를 맞고 있다"는 환상은 쾌락과 연결되는 반면에 매질의 실제적인 경험은 참을 수 없는 감정을 수반한다. 프로이트는 틀림없이 이런 구별에 상당한 관심을 두고 있었다. 그는 자신의 논문을 통해 여러 번 자세히 설명하려고 시도하였다. 아이가 겪는 실제적인 처벌의 외부현실과 정신적 현실 간의 차이는 환상의 정신적 현실에 부착된 강력한 감정과 더불어 잘 알려져 있다. 따라서 환상-재현의 위치와 그 속에서 드러날 특성들은 특별히 관련되어 있다.

프로이트는 매질이 '벌거벗은 궁둥이'에 가해지는 것이라고 덧붙였다. 비록 그는 구체적으로 그렇게 말하지 않지만 이것이 항문직장 부위를 의미하는 것이 아니라 엉덩이를 의미한다고 생각되며, 피부 성감조성 발생 및 쾌락과 고통이 교대되는 영역이라는 면에서 자율적이 된다. 엉덩이는 배출과 통제와 합일화의 기능을 가지는 항문직장 영역과는 구분되고 대변과 그 의미와도 구분된다.

제2단락에서 프로이트는 성도착증의 유아적 특성과 성인기 생활로까지 그 지속성 사이의 관련성에 대해 논의하고 있다. 여기서 '성도착증'은 훗날에 분리된 자율적인 경향으로 발달하는 성기성(genitality)의 지배적이고 통일된 목표에 종속되지 않은 구성적인 욕동과 등가물이다. 구성적인 욕동들은 몇 가지 가능한 운명을 따른다. 그것들은 억압되어 의식적 삶에서 사라지거나, 혹은 강박 신경증이나 승화에서처럼 반동형성에 합일된다. 성인기 생활에서 성도착증은 억압이나 승화가 이루어지지 않았을 때 생겨난다. 그러한 경우에 고착과 같은 것이 아마도 발생했을 것이다. 만약 억압이 이뤄진다면 가학증 사례에서처럼 강박 신경증으로 되어갈 소질이 생겨날 것이다. 처벌을 목격하는 우연한 에피소드가 성적인 경향과 결합될 때 선천적인 체질이 관련될 수도 있다. 이런 선천적 체질이란 무엇인가? 그것은 우리가 아직까지 이해하지 못하는 것에 단지 일시적인 명칭을 붙여줄 뿐 거의 아무것도 설명하지 못하는 애매한 개념이다.

제3단락에서 프로이트는 이론적 지식과 치료적 성공에서 자신의 위치를 드러내 보이고 있다. 정신분석은 유아적 기억상실을 들추어내는 방법이 된다고 주장하며, 처음 시작부터 성인으로 하여금 자신의 유아기의 삶을 알 수 있게끔 해주는데, 이때에 프로이트는 그 시기를 두 살에서 네댓 살 사이에 두고 있다. 아마도 그가 두 살을 선택한 이유는 바로 그때 아이가 단지 타자들이 언급하는 주체이기를 그만두고 스스로가 말하는 사람이 되기 시작하기 때문이다. 다시 말해서, 무의식으로부터 분리되어 가는 전의식의 영역을 갖기 때문이다. 아이가 항문 괄약근에 대한 통제와 조절을 습득하고, 자신의 두 발로 굳게 서서 걸으려고 시도함과 동시에 외부와 내부의 지지 기반이란 개념을 얻게 된다. 그러나 유아기의 삶에 대한 이런 지식은 성인의 정신을 지배하는 억압의 위치에서 기인하듯이, 치료적 성공이 증상들의 사라짐으로 간주된다면 그 지식은 이론적인 것으로 기록되는데, 오로지 성인기 삶의 관점에서 중요하고 명백한 기준이 된다. 이후의 사건들에 대해 이야기하는 사람은 환자인 반면에 환자에게 해석을 통해 어린 시절의 문제들에 대해 이야기 하는 사람은 분석가이다. 환자에게 있어서 무의식은 분석가로부터 나온다. 무의식은 진정으로 그 자신의 것에 확고히 기초하는 경험을 그에게 제공해줄지라도 마치 외부에서 기인한 것처럼 이질적인 것으로 경험된다.

프로이트는 이제 소녀들에게서 매질환상의 단계들에 대해 기술하고 있으며 그 각각은 한 마디로 표현될 수 있다.

첫째 단계와 첫 번째 구절은 **"나의 아버지가 (내가 싫어하는)** [지정된 성별이 아직 없는] **그 아이를 매질하고 있다"**(p. 185; 원문의 강조임). 이 문구는 다음과 같이 설명될 수 있다. "아버지가 그 아이를 사랑하지 않고, 오직 나만 사랑한다, 왜냐하면 아버지는 그 아이를 매질하고 있기 때문이다." 연관된 것은 다양한 환경들이나 환상에서 기인한 기억, 즉 소망들이다. 그것은 가학적인 특성을 가지고, 소녀에 의해 아버지에게로 투사된다.

둘째 단계와 두 번째 구절은 **"나는 나의 아버지한테 매를 맞고 있다"**(p. 186; 원문의 강조임). 이것은 결코 현실적인 존재물을 갖지 않았고, 결코 기억되거나 의식화되지 않을 것이다. 이것은 억압의 구성 이전에 만들어진 것일 수 있다. 즉 그것은 분석의 구성물이고 아마도 주체의 구성물일 것이다. 분명히 피학적인 단계처럼 억압 과정을 겪지 않았음이 틀림없다. 그러나 이러한 단계-구절은 무엇인가? 유아적인 것—또한 아마도 그것은 무의식적인 것—을 알 수 있고 이해하기 쉽게 만들어주는 것은 기억의 회복이나 경험의 추론일 뿐만 아니라 정서적 경험의 이러한 유형에 부과된 의미의 구성이기도 하다. 그러한 경험은 자아의 구조가 아무리 발달초기라 할지라도 그 뒤에 다른 것으로 옮겨갈 수 있기 위해서는 자아를 거쳐야만 한다. 따라서 피학증과 자기애는 초기부터 자아의 구성과 밀접한 연관이 있다.

셋째 단계는 다시 한 번 의식적이다. 매질을 가하고 있는 사람은 아버지로부터 선생님과 같은 치환인으로 바뀌어 있었다. 환상을 갖는 소녀는 그 장면에는 나타나지 않고 이제 그 장면을 바라보고 있다. 이 구절은 아마도 "어떤 어른(선생님)이 아이들을 매질하고 있다"가 될 것이다. 이것은 마치 꿈같은 상황이며 꿈꾸는 사람은 비록 꿈에 나타나는 모든 등장인물들에 재현된다고 하지만 흔히 액션에는 포함되지 않는다. 환상에서 매를 맞고 있는 아이들은 소년들이다. 셋째 단계는 강렬한 성적인 흥분을 일으켜서 자위하게 만든다.

나중에 『두 성들 간의 해부학적 차이의 몇 가지 정신적 결과들』(1925)이란 논문에서 프로이트는 『아이가 매를 맞고 있어요』에 제시된 논쟁으로 돌아와 분명히 매를 맞고 있는 아이는 음핵의 의인화된 변형이고, 매질은 소녀의 유아기적 자위와 관련된 애무의 변형이라고 하였다. 프로이트는 이미 『유아 신경증의 병력에서』(1918[1914])라는 논문에다 피학적인 반전이 체벌과 매질의 형태를 취한다고 말하며 또한 소년들에게서 "특히 음경에 매를 맞는 것"은 이런 방식으로 수음의 만족에 결부된 죄책감을 누그러뜨린다고 지적했다. 이때까지 프로이트는 여전히 피학증을 주체 자신에게로 향한 가학증으로 보았다.

환상은 상호교환이 가능한 위치들과 등장인물들로 구성된 정신적 장면들의 형태를 취한다. 두 번째이면서 아마도 가장 심오한 구절은 소녀의 자아를 '매질하다'는 동사의 피동적 행동 주체(나는 매을 맞고 있다)로 만들고 이러한 체벌을 가하는 아버지라는 행위자(나는 아버지에게 매를 맞고 있다)로 만들기도 한다. 그 기본은 아버지에게 매를 맞고 있다고 퇴행적으로 표현되고 욕망되는 소망이다. 이것은 가학증으로 변형된 위치인데, 왜냐하면 매질행동의 주체로서의 아버지에게 자아가 자리를 양보하고 그 매질로 아이를 간접 목적어로 취하면서 주체가 변하기 때문이다. 매질하는 사람은 더욱 최근의 환경, 이를테면 학교나 어른들과 함께하는 다른 경험들에 적응할 목적으로 아버지로부터 치환인으로 바뀐다. 이것이 세 번째 구절이다.

두 번째이면서 가장 무의식적인 구절에는 근본적인 중요성이 들어있다. 여기 주체(나)는 처음부터 소망(매를 맞는)이 위치한 정신적 공간에 제시되지만 언제나 타자(아버지)에 의해 지시되는 것과 같다. 타자에 의한 이런 지시기능은 처음부터 피학증적인 성적 경향의 기초가 된다. 피학증과 자기애는 전에 진술되었듯이 겹쳐지게 되고 따라서 주체(소망이 시작되는 장소와 매개자)와 (동사의 특수 행위를 수행하는)행위자가 존재한다. 이런 사람들은 수동태의 확립이 매 맞기를 바라는 소망(소녀가 되는 주체)과 매질을 가하는 대상(아버지)과의 사이를 구분하게 될 때까지 동일한 것일 수도 있고 또 그렇게 보인다.

이러한 무의식적 작용은 『본능과 그 변천들』(1915)로 거슬러 올라가는데, 그 논문에서 프로이트는 억압과 승화 이전에 욕동의 변천에 관련하여 피학증의 문제로 되돌아간다. 여기서 그는 그 반대로의 반전을 불러일으켜 주체 그 자신의 자기에게로 되돌아가고 있다. 그 반전은 능동성으로부터 수동성으로의 변화와 관련된다. 제일 먼저 찾아오는 것은 굴욕이나 예속과 같은 다양성을 갖고서 이런 고문의 힘이 향하는 대상에 대한 아이의 근육운동과 관련된 활동이다. 이때 피학증은 자아 그 자신에게 되돌아가는 가학증으로 보인다. 그 행동이 향하게 되는 대상은 타자에서 자아에게로 변하고, 그 활동은 수동성으로 바뀐다. 만약 자아가 수동적인 행동을 받아들인다면, 또 다른 주체는 반드시 그 수행을 떠맡게 된다.

피학적 위치는 자아에게 행동해주는 사람으로서 타자의 존재를 필요로 한다. 아마도 특수 행동에 대한 모델은 자아의 욕구가 최우선이고 그 다음이 소망이라서 타자의 지배적인 위치를 표시해주고 있다. 결과적으로 동일시에 의해 자아는 타자의 위치를 채택하고 또한 지금은 그 자신과 같은 실체로 변형되었지만 그에게 말을 걸고 있다. 여기서 타자는 자아가 가학적 행위를 수행하는 대상이 된다. 이러한 이유로 피학증은 항상 자아의 소망을 충족시키기 위해 타자를 필요로 하고, 가학증은 필연적으로 또 다른 사람에게 위치하는 자아의 대상과 함께 실행된다.

자아가 주체로서 그 스스로를 중심화하고 탈중심화하는 것은 자아와 대상 사이의 상호적인 움직임 안에서이다. 자아가 주체로서든 대상으로서든 타자를 취하게 된다. 전자의 경우에 그것은 아버지이거나 성적으로 분화되기 전의 부모들이다. 후자의 경우에 엄마는 특히 소년들에 의해 대상으로 선택된다(프로이트, 1921). 이러한 방법으로 주체는 오이디푸스 콤플렉스를 통과하기 시작한다. 동일시를 통해 주체가 타자에게 하듯이 그 자신에게 리비도를 부착하고 이런 작용이 사실상 우리가 주체라고 부르는 것을 생겨나게 한다는 것은 정신 작용의 법칙이 되는 것처럼 보인다. 이러한 움직임은 피학증에서 가학증으로 확장되는 중심화의 과정과 탈중심화의 과정에 관련되어 있다. 일단 죽음 욕동의 개념적 도구로 무장했다면 프로이트가 궁극적으로 피학증에 우선권을 두었다는 것은 놀라운 일이 아니다.

그는 제4단락에서 유아적 질투심과 아이의 자기중심적인 관심에 의존하는 첫 번째 구절로 돌아가고 있다. 그는 연결의 고리에 대한 원숙한 묘사를 제공하고 있다(베렌스테인, 1995). 즉 소녀는 아버지한테 다정하게 붙어 있는데, 그 아버지는 딸의 사랑을 얻기 위해 가능한 모든 것을 해주고 따라서 엄마와 경쟁하고 엄마를 미워하는 일에 공모할 수도 있다. 각자는 서로에게 의존하고 있다. 아버지의 사랑이 소녀의 소망을 따라 만들어지듯이 소녀의 자아는 아버지의 사랑을 본떠서 만들어진다. 둘 가운데 어느 누구도 혼자서는 연결고리를 만들어낼 수 없다. 그 연결이 마음에 새겨진다면, 이것은 무의식적 환상의 변천에 따르는 내부 대상으로서 아버지의 재현 장소와는 다른 장소에서 일어나게 된다. 이 경우에 아버지는 거의 전적으로 자아의 창조물이 되겠지만 이것은 연결에서의 아버지에게는 합당치 않은데, 그 아버지는 "딸의 사랑을 얻기 위해 가능한 모든 것을 해주는" 사람이다. 그는 중요한 행위들을 수행하고 딸한테서 생겨나는 의미들을 단지 수용하는 것은 아니다.

『본능과 그 변천들』에는 사랑보다 더 오래된 미움에 관한 생각에 대한 단서가 제시되어 있다. 이것은 어린 동생들의 존재를 포함하여 원치 않는 자극들을 제공하는 외부 세계에 대한 자기애적인 자아의 거절에 기인한다. 소망은 엄마에게로 뻗어 나가서 소년에게는 엄마와 함께 아기를 갖고 싶은 소망으로 나타나며, 소녀에게는 아버지로부터 아기를 받아내고 싶은 소망으로 나타난다. 이런 사랑은 억압을 겪거나 매장되기 마련이다. 매장은 억압과 같지 않으며 해체와 관련된다. 즉 사랑은 다시는 표현을 찾아내지도 못하고 다시는 기억되지도 못할 것이다. 아마도 그 상황은 오이디푸스 콤플렉스의 매장을 닮고 있는데, 그 의미는 지속되지만 상속의 형태가 될 것이다. 따라서 묻힌 오이디푸스 콤플렉스의 상속인은 초자아가 된다. 사랑의 유아적인 유대의 상속인은 정신적인 두 왕국들이나 세계들의 구성이 되고, 둘 중의 하나는 연결의 정신적인 삶을 전개하기 위해 다른 것의 존재를 필요로 하는데, 그 반면에 다른 왕국은 다른 것의 부재를 요구해서 환상의 세계가 발전될 수 있다. 전자는 '타자와의 연결'이라 부를 수 있고, 후자는 '대상관계'라고 부를 수 있다(베렌스테인 및 푸헤트, 1995). 틀림없이 이런 구분은 그 기원에 가까이 접근할수록 더욱 애매해진다.

이와는 대조적으로, 근친상간적인 소망의 지속은 죄의식의 결과로 억압을 일으키게 된다. 처벌로서 그것의 충족은 환상의 둘째 단계로 이끌어준다. "그가 너를 사랑하지 않는 이유는 그가 너를 때리기 때문이다." 그러나 사랑의 의미를 변화시키고 사랑을 공격성으로 바꾸는 것은 오직 억압만은 아니다. 여기서 우리는 1919년의 프로이트한테서 '피학증의 본질'을 보게 된다. 이제 욕동의 목표의 더욱 진행된 변화—퇴행—가 첨가되는데, 그 만족은 아버지에게 매 맞는 형태로 얻어진다. 이것은 의식화하기에는 너무 어렵기 때문에 그 기입은 아마도 언어의 습득, 전의식과 무의식의 분리, 그리고 그 구성을 앞서게 될 것이다.

환상은 등장인물들이 그들의 위치와 의상들을 바꿀 수 있는 공간이 되기 때문에 소년들의 경우에는 처벌을 가하고 있는 사람은 엄마이고, 이것은 다른 여자들에게로 옮겨갈 수 있는 피학적 구조를 초래한다. 프로이트의 여성 환자들 사례에서 매질의 희생자들은 어린 동생들이다. 그 형식이 가학적인 세 번째 구절로 돌아가보면 그 목표는 죄책감과 연관된 피학적 만족이 된다. 막연한 아이들은 동일인의 대리인이다.

제5단락은 성도착증의 발생과 남녀 두 성 간의 차이점의 역할을 다루고 있다. 성도착증의 기원은 정상적인 섹슈얼리티의 구성요소들에 밀접하게 관련되어 있는데, 그 구성요소들은 오이디푸스 콤플렉스를 따라 만들어지거나 혹은 그 콤플렉스의 특수한 변천을 본떠 만들어진다. 또는 어떤 모호한 체질상의 요소의 지지를 받거나 가라앉지 않도록 해서 유별난 요소가 지속되고 있다. 이것은 성도착증을 섹슈얼리티의 논리적 사슬 내에 놓아두는데, 그것을 그로부터 분리시키지 않는다. 매를 맞는 환상과 다른 도착증적 고착은 오이디푸스 콤플렉스가 끝나가는 그 과정 뒤에 남겨진 프로이트가 '상흔'이라 부르는 것에서 생겨난다. 상흔들은 오이디푸스 콤플렉스가 잘못 드러나보이기 이전과 그 기간 동안 지속되는 상처의 침전물인데, 예를 들어 동생의 출생이나 죽음 혹은 아버지의 죽음과 같은 가정 내 다른 사건들의 결과도 되고 또는 그 사건들의 결과이거나 다른 상실들의 결과로서 어머니의 우울증(그린, 1980), 부모들의 숨겨진 부정과 불행, 혹은 특히 아버지와 관련해서 일어난 외가식구들에 대한 집안내 사기사건의 은폐(베렌스테인 1989) 같은 것들이다.

어린 소년과 소녀에게서 외상적인 경험의 상흔들은 지속되어 가고 환상 안에서 변형되며 재정리된 형태로 리비도가 다시금 부착된다.

피학증의 발생에 관하여 수동성은 그 불쾌한 특성과 구분된다. 후자는 죄의식(대상에 대한 학대에서 자아의 가학증과 대상에 대한 근친상간적인 선택 둘 모두에 관련하여)에 연결되는 것으로 증명되는데, 그 결과로서 자아는 곧이어 양심과 자기관찰을 포함하는 초자아라고 부를 기관에 의해 비난을 받는다. 피학증은 "나는 아버지한테 매를 맞고 있다"는 두 번째 무의식적 구절에 의해 표현되는 것이다. 그것은 아마 억압도 되기 전에 너무 빨리 일어나서 의식되지 못할 수도 있다. 그것은 아버지로 재현되는 사람들과의 문제로 나타난다.

프로이트는 제6단락에서 남녀 간의 차이점에 비추어 피학증에 관련된 환상의 변천으로 돌아가고 있다. 그는 소년들과 소녀들의 매질환상을 비교하면서 후자의 경우에 환상은 남자들이 여성적인 태도를 취하는 피학증과 더욱 관련되어 있음에 주목하고 있다. 의식과의 타협 때문에 처벌받는 대상은 어린 소년들이고 매질의 집행자는 항상 여자가 된다.

소년들에서 첫 번째 구절은 "나는 아버지한테 매를 맞고 있다"가 된다. 이것은 무의식적이고 소녀들에게서의 둘째 단계와 등가적이다. 후자에서 근원적인 의미는 "나는 아버지한테 사랑을 받는다"로서 수동적이고 여성적인 위치가 된다. 이것은 나중에 "나는 어머니한테 매를 맞고 있다"로 전환된다. 소녀들과 소년들은 서로 비슷하게 아버지한테 성애적이고 근친상간적인 애착을 보인다. 그러나 오이디푸스적인 위치에서 그녀는 자신의 아버지를 사랑의 대상으로 삼아 이성애적인 선택을 하는데, 소년은 비록 체벌이 아버지로부터 엄마에게로 옮겨지더라도 그의 선택은 동성애적인 것이 된다. 이것은 동성애적인 선택에 굴복하지 않는다는 점에서 반드시 중요하게 되지만 그 상황은 매질하는 역할을 맡는 여자들이 떠안았던 남성적 특성에 의해 무심코 드러나게 된다. 소녀들에게서 매질의 집행자는 아버지이고, 따라서 이성애적 관계의 형태가 유지되는 반면에 관찰자의 위치를 차지하는 소녀는 다른 아이들을 매질하는 아버지와의 접촉으로 재현되는 성애적인 삶의 경험을 회피하게 된다.

만약 조작적 기제가 억압이라면, 내용물은 의식으로부터 축출되지만 무의식적 구조는 보존된다. 만약 퇴행이 지배한다면 무의식적 구조 자체는 변해서 그 결과로 유지되는 것은 아버지한테 매를 맞는 피학적인 환상이 된다. 무의식은 안정적이지만 불변의 것은 아니고 그 내용물은 변할 수 있다.

임상적 비네트

피학증, 성도착증과 맺는 피학증의 관계, 아버지의 역할, 유아적인 장면, 오늘날 드라마의 시각적 상연 및 죽음에 얽혀있는 소망들과 관련해서 매 맞고 있는 아이에 대한 이런 생각을 계속해 보면, 나는 이제 피학적인 무의식적 기반 위에 올려진 도착증적이고 동성애적인 병리를 지닌 환자의 몇 가지 임상자료들을 제시하게 될 것이다. 그의 피학적 구조는 명백한 부주의에서 그 절정을 보이는데 그로 인해 그는 HIV에 걸려서 결국엔 극심한 고통을 겪은 이후 죽음에 이르게 되었다. 이것은 의심할 여지 없이 바이러스 감염으로 생긴 면역억제 때문에 활성화되는 소위 기회병원균에 의한 것이다. 비록 의학적인 관점으로 이것은 대부분의 AIDS 환자들에게 유효한 원인이 되지만 A씨의 경우에는 소아기의 병력과 내부세계의 구조에 결부된 무의식적인 환상들이 그의 신체적 고통에 특별한 의미를 더해주었다.[1] 가학증은 자신에 대한 학대와 자신의 고통에서 쾌락을 찾는 여러 사람들한테 구체화된 것 같은 그런 '삶'으로 옮겨

1) 이것은 현재 말기로 보여지는 HIV 임상 발현이 있는 환자를 정신분석 치료를 받도록 하는 타당한 이유이다. 질병은 의미 부여가 어렵기 때문에 정신세계에서 "우연한 사고"나 "재앙"으로 포함된다는 사실은 자아에게는 외부적인 현실적 사실로서 반복적으로 경험되기 때문에 병식의 어떤 가능성도 차단된다. 초자아는 그 자신에 대한 비난을 승인하고 자아로 하여금 불가능성을 막아내지 못한 죄책감을 갖게 한다. 그것이 미래이다. 소위 부주의는 미래가 예방될 수 있다는 사고방식이다. 이것은 자아한테 처벌해주는 피학적 결정과 동일한 것이 아니다. 그러나 감염에 대해서 이 주체의 삶은 여기서 보고된 것과는 다른 경로를 밟았을 것이다. HIV 감염자에게 분석치료를 해주느냐 마느냐의 결정은 앞에서 말한 수많은 다른 윤리적인 고려들과 관련되어 있다. 그러나 나의 견해로는 우리에게 최우선시 되는 기준은 다른 사람의 고통을 경감시켜주는 것이다.

가게 되었다. 이런 사람들은 유아기의 어머니, 유아기의 아버지, 그리고 '빵집 주인'에 의해 재현된 아버지의 변이를 포함한 한 시리즈를 형성하게 되었는데, 우리가 나중에 보게 될 것처럼 그 빵집 주인은 그를 동성애적으로 입문시켰다. 불가피하게 "그의 생각을 훔친" 일련의 동료들이 있었고, 그가 바이러스에 의해 임상적으로 병에 걸렸을 때 그는 피동적으로 겪어냈던 수많은 고통스러운 검사들과 시술들을 따라하게 했던 '의사들'에게로 인도되었다. 그의 명백한 피동성은 이런 사람들을 찾아내는 일에 어울리지 않는 활동을 은폐시켰다. 불가피하게 분석가는 그가 이런 '치료적인' 학대를 당하고 있기 때문에 이런 시리즈에 포함되지만 다른 시기에는 그 위치가 역전되어 분석가 자신이 환자에 의해 학대되고 있음을 알게 되었다. 피학적인 기본에 아주 근접하여 이런 상황을 이겨내려고 시도하면서 그는 죽기 몇 주 전에 분석을 중단하고 싶어 했다.

A씨(그에 관한 더 많은 임상적 병력은 베렌스테인의 1995년 논문에서 찾아볼 수 있음)는 40세에 자신이 HIV 양성이라는 것을 알게 되었을 때 나에게 와서 치료를 시작하였다. 이전에 두 번 결혼한 일이 있는 그는 15살 더 적은 어린 사람과 재혼하였다. 청소년기와 성인 초기에 그는 처음으로 동성애에 빠졌고, 그 후에는 이성애자로 마지막에는 양성애적인 행위도 하였다. 그는 최근에 그 어떤 유형의 성관계에서도 발기부전을 보였다. 독자인 그는 아버지에 대한 행동에서 어머니의 실행하는 팔이 되었던 유아기의 기억을 갖고 있었다. 예를 들어 어머니는 그(환자–역자)한테 그(아버지–역자)가 모르게 그(아버지)의 금전등록기에서 돈을 가져오라고 시켰다. 그의 표현대로 그는 "그가 모르게(behind his back) 그로부터 돈을 가

져" 와야 했다. 이 구절은 그의 유년기와 더욱 최근의 상황이란 둘의 구조를 압축시킨 것인데, 아버지한테 항문으로(anally) 들어가는 것과 관련되었다. 우리가 보게 될 것처럼 이것은 아버지의 대리인에 의해 (성적으로) 홀리는 것으로 변형되었다. 이것은 어머니의 손-남근이 되는 환상에 대한 방어이거나 혹은 동등하게 그 환상에 대한 연상이 되었을지 모른다. 또한 그가 HIV에 감염되었을 때 가장 중요하고 고통스러운 신체 증상이 되었던 것. 즉 설사와 공명하고 있었는지 모른다.

유년기 이야기의 특징이 되는 절도는 훗날 그의 어머니의 병적 도벽과 관련된 자료에 나타나는데, 그 어머니는 은밀하게—'그의 등 뒤에서'—아들의 집에서 돈이나 물건들을 옮겨놓아 그를 심히 짜증 나게 만들곤 했다. 그의 어머니는 그보다 몇년 일찍 돌아가셨는데 분석시간에 이와 관련된 이야기가 나올 때에는 여전히 그는 매우 속상해 했다. 전이에서 보듯이 이 환상은 분석 상황에서 내가 그의 뒤에 앉는 것으로도 촉발되었고, 환자에게 불신과 오래 지속된 경계 상태를 야기시켰다. 동일한 증상이 뒤이어 그 자신의 아들에게도 일어났는데, 그의 아들은 집이나 어머니의 핸드백에서 돈을 가져갔을 것이다. 따라서 그는 자신의 유아기의 상황을 아들이 반복하는 것과 마주치게 되었다.

질병의 급성기 동안 병원에 입원해 있을 때, 그가 필요로 했던 치료 중 하나는 운동요법이었다. 처음에는 남자 안마사에게 치료를 받고 그 다음엔 여자 안마사에게 치료를 받고 나서 그는 여자한테 계속 치료받기로 결정하였다. 이런 선택은 여자 안마사가 그의 몸을 주무르면 그에게 쾌락을 주고 그를 안정시켜준다는 사실에 기초하고 있었다. 스페인어로 amasar(주무르다)는 그에게 수동적인 동성애 행위의 시작을 포함하여 6살에서 10살에 이르는 기간에 걸친 소아기 기억들의 한 묶음을 불러일으켰다. 기억에 떠오른 장면은 빵을 반죽하는(amasaba) 빵집에 설정되어 있고 거기서 아이였던 그가 밀가루와 물이 섞여서 다양한 형태로 만들어지는 반죽의 형성을 보는 일에 매료되어 있었다. 나중에 그는 이 반죽을 반죽덩어리(스페인어로 masa)라 부르고 그런 행위를 주무르는 것(amasar)이라 부른다는 것을 알게 되었다. 이 장면에서 그는 커다란 하얀 앞치마 안에 아무것도 입지 않은 제빵사들 가운데 한 명한테 성적으로 홀려 있었다. 그는 스스로를 부추겨서 여러 번 이런 상황을 반복했던 사실에 대해 달리 설명하지 못했지만 자신이 그것을 좋아했음에 틀림없다고 생각했다.

그의 배설물에 대한 매혹과 그 형성에 대한 유아적 호기심은 항문의 활동과 연결되어 있었는데, 그는 항문에서 나온 배설물과 궁둥이에서 나온 배설물을 구분할 수 있었고 그런 다양한 고려사항들을 불러내고 있었다. 첫째는 신체적인 산물과 훗날의 정신적인 산물의 형성이나 잉태와 관련되어야 했는데, 신체 내부에서 형성된 것—밀가루와 물 혹은 자신의 항문과 아버지의 음경으로 표상되는 두 요소들 간에 관계를 맺은 결과라고 직감적으로 알게 되는 배설물과 아기—에 관한 첫 번째 질문들을 의미하게 되었다. 둘째는 통제가 무너졌을 때 (대변의) 출구와 (음경의) 입구의 통로를 구성하는 괄약근의 통제와 배출에 관련되었다. 셋째는 침입으로서가 아니라 애무나 혹은—퇴행 이후 그의 등가물인—체벌과 학대라고 상상되어 아버지와의 접촉을 수용하는 장소로서 항문을 의미한다.

그는 현재의 병력 가운데 이 단계에서 "자신의 발로 굳건히 설 수 있도록 도와주기 위해"—점점 허약해졌기 때문에 그가 어렵다고 알게 된 어떤 것—또한 엄청난 양의 계속되는 설사 때문에 문제가 있던 "항문 괄약근 조절을 회복하기 위해" 그의 몸을 치료하고 있던 여자한테 물리요법을 받고 있었다.

이런 여자들은 아동기 상태에서 그의 항문에 '작업했던' 남자들의 오늘날의 표상이었고, ama(sa)r의 특수형(amar는 '사랑하다'는 의미임)으로서 주무르기(amasar)와 관련되었어야 한다는 생각인데, 그것의 수동형으로서 사랑 받음(amado)—애무 받음(amasado)—은 어머니의 명령에 따라 그가 해왔던 것처럼 "그의 등 뒤에서" 작업하는 아버지의 치환인에 의한 것이다. "그의 등 뒤에서"는 항문 영역이고 그 주변은 최초의 피학적 고착의 장소이고 그 이후에 전개되는 장소이다. 아버지의 마음에 '사로잡히고'(possessed) 싶은 소망은 아버지의 금전 등록기에서, 즉 그의 등 뒤에서 그를 소유하는(possessing) 유아적 형태를 취하고 있었는데, 거기에는 대변의 의미로서 뿐만 아니라 유아기의 어머니를 만족시키기 위해 음경을 소유하려는 목적으로도 돈이 존재했다.

설사는 그의 상태가 악화되면서 가장 고통스러운 증상이 되었다. 그 의미는 다음과 같은 꿈으로 암시되고 있다.

그의 분석에서 첫해의 월요일이었다. 꿈속에서 그는 화장실—아마도 공중 화장실—에 들어가는 자신을 보았다. 그는 어떤 '사내'가 크고 발기된 음경으로 소변을 보고는 떠나는 모습을 보았다. 한 소녀가 화장실에 들어오더니 마치 무언가를 찾으려는 듯이 바닥을 내려다보고 있었다. 그녀는 다시 나갔다. 그는 구두끈을 묶기 위해 몸을 구부렸고 문구멍으로 다른 좁은 공간을 들여다보았다. '안에 있던 사람'이 거칠고 공격적으로 쳐다보며 밖으로 나갔다. 꿈꾸는 사람은 비켜서서 숨었다. 그는 화장실을 나가서 어깨에 소녀를 태우고 가는 거친 사내를 봤는데, 그 후에 그들은 모두 떠났다. 그들은 경찰에 관한 이야기를 했는데, 그들이 경찰관이었다거나 혹은 경찰을 부르려 했다고 말했다. 만약 그들이 물어봤다면 그는 설사 때문에 화장실에 있었다고 말하리라 생각했다. 그는 설사를 변명으로 사용할 것이다.

꿈꾸기 며칠 전부터 그는 계속되는 설사로 힘들어 했다. 공중 화장실에서 이런 등장인물들의 오고감은 그가 주무르기(애무하기-사랑하기) 과정을 바라보는 동안 그를 깊이 감동시켰던 유아기 시절 제빵사였던 아버지의 장소인 직장과 항문을 모델로 삼는 공간에서의 움직임을 나타냈다. 여기서 그는 바라보고서 몸을 숨겼는데, 박해 당하는 느낌이 들기 시작하면서 그는 이렇게 거짓말을 하게 될 것이다. 즉 그가 깨어 있을 때부터 정확히 고통을 받고 있던 것—설사—때문에 여기에 있었다고 말한다. 그는 박해당하는 느낌이 더욱 커지는 것을 피하기 위한 변명이었다고 말할 것이다. 그는 사실상 진실이었던 것을 거짓말이라고 말하게 된다.

꿈에서 하나의 활동은 타자들이 하고 있는 것을 어떻게 하는지 지켜보는 일이었다. 그는 이전에 수년 동안 자신의 파트너였고 이후에는 고환암 수술을 받았던 W로부터 받은 편지에 박해를 결부시켰다. W는 범죄를 저질러서 지금 감옥에 있는데, A씨는 자신이 끊임없이 강간당하고 그게 아니라면 학대당하고 있는 것으로 상상했다.

그는 발기된 음경을 공격의 도구(거친 사내로 전치됨)나 과시의 도구로 보았다. 문구멍을 통해 관찰하는 눈의 시선이 꿰뚫어 봤다. 공격적인 음경은 소유하지 않은 어떤 것을 찾고 있는 소녀에게 연결되었다. 그는 화장실에서 자신의 정체성의 일부를 찾고 있었다. 그러나 그는 그 주말에 느낌이 더욱 좋았고 그것은 꿈이 생겨날 맥락이었다. 그의 상태가 더 좋고 더욱 활기차게 느꼈다는 사실은 그의 도착증적 기능을 강화시켜주는 것 같았다. 그는 최초 장면과 직면하는 외로운 싸움을 벌이기 위해 음경들을 관찰하였다. 박해를 완화시키기 위한 그의 변명은 설사였다. 이 시점에서 소망은 구체화되었다. 오직 설사가 변명이 될 뿐이고 죽음에 대한 협박이 아니라면 얼마나 좋았을까! 그러나 동시에 그는 어떤 것이 가장 박해적인 것일까 의아해하고 있었다. 신체질환, 설사, 혹은 그의 내부 상황. 설사는 그에게 배설의 체험을 직면하게끔 만들었다. 그러나 그것은 더 많은 두려움을 불러일으켰던 내부 상황에 직면하여 하나의 구실로서 발생했다. 파괴적인 것에 연결된 소망은 그 자체로 절도와 약탈을 통하여 아버지의 소유와 음경의 소유에 대한 처벌과 관련되어야 했던 피학적인 형성물이었다. 화장실은 범죄의 대상이 아버지였던 그런 범죄 행위가 일어난 '배후'를 의미한다.

분석의 이 시점에서 환상 시나리오는 그 자신과 그날의 그의 파트너인 청소년 둘 모두를 흥분시킬 목적으로 사용했던 포르노 비디오카세트에 의해 재현되었다. 청소년은 그에게 전화를 걸어 우연하게도 "저는 앞쪽에서는 아무것도 할 수 없어요." 하지만 "뒤쪽을 이용하는 것은 OK죠"라고 말했다. 이것은 그가 스스로 자제할 수 없는 일련의 환상들과 행위들을 풀어놓는 암호로서 작용할 부호화된 메시지였다. 절제하고 자제할 수 없는 이런 불가능성은 그의 동성애가 갖고 있는 중독 성분과 연결된다. 그들이 실제로 만났을 때 젊은이는 그 자신을 그에게 제공하였고, 발기 부전 때문에 그가 할 수 있는 모든 것은 그의 등 뒤에 엎드려 있는 것이었다. 그는 성기를 삽입하지 못하기 때문에 그 대신에 손으로 하였다. 이러한 항문 수음은 그로 하여금 그의 유아적인 부분을 설치해둔 젊은이에게 독점적으로 개입할 수 있었고 또한 아버지와 공격적으로 동일시할 수 있게 해주었다. 이런 공격적인 동일시는 그의 성적인 무능함에 근원을 두고 있었다. 자신을 젊은 파트너에게 밀어넣음으로써 그는 자신의 피학적 구조의 구체화처럼 자신을 수동적으로 만들어서 무능하고 거세된 아버지로 변환시켰을 수도 있다. 즉 그는 벌을 받아 거세되고 또한 여자로 변하는 방법처럼 수동적으로 될 수 있다는 것이다. 파트너를 만족시키지 못한다고 느끼면서 그는 다른 젊은이한테 전화를 걸어 그에게 성적인 장면을 보다 진전시켜 보기 위해 집에 들러줄 것을 요구했다. 목적은 표면상으로 그의 파트너를 만족시켜주기 위함이지만 실제로는 비디오 안의 배우 대신 연기의 감독이 되어 공연될 연기와 각자가 맡게 될 역할들을 결정하고 주로 바라봄으로써 그 자신을 만족시키는 일이었다. 여기가 젊은이들이 봤던 비디오들이 시작되는 곳일 뿐만 아니라 비디오를 보고 있는 젊은이들을 그 자신이 바라보는 곳이다. 영상들은 억압의 실패와 억압에 의지하는 것 및 도착증적 변환에 의해 변형될 수 있는 유아기의 상황을 포함하고 있었다. 한 비디오는 젊은 남자들이 참석한 신학교에 관한 것이었다. 단계와 구절과 환상에 등가를 이루는 어느 한 장면에서 어떤 청소년이 정육점을 털고 있었고 주인은 현장에서 그를 붙잡아 벌로서 강간을 하였다. 젊은이의 얼굴에서 분명히 고통스러운 표정이 보였다. 처벌은 사랑의 가학·피학적 형태였고 절도를 통한 주인-아버지의 음경을 소유하려는 소망에 대한 가학·피학적 형태였다. 다른 장면은 성적인 게임과 성교에 관련된 젊은 남자를 보여주었는데 이 경우에는 상냥하고 사랑하는 장면이었다.

이 시점에서 좌절감을 느낄 수 있었던 환자의 젊은 파트너는 비디오와 텔레비전 생방송 프로그램 사이에서 어떤 불가능한 장면을 찾으려고 교대로 채널을 '획획 바꾸기' 시작했다. 비디오를 마구잡이로 앞뒤로 돌리면서 그는 정신적 붕괴로 고통스러워했고 환각을 경험했으며 벽에서 소음을 들었다. 그의 행동은 통제가 불가능해졌다. 이 시점에서 A씨는 그를 내보내고 싶었지만 나가라고 말할 수가 없었다. 아파트에 그 젊은이를 남겨두고 그가 스스로 자리를 떴다. 며칠 뒤에 돌아와서 그는 모든 것이 '손상되고' 또한 '재난'(파괴적인 행동의 증거를 묘사하기 위해 분석에서 나온 용어)의 상태가 되었음을 알았다. 즉 텔레비전과 비디오 리코더는 부서졌고 가구들은 파손되었으며 향수병은 깨져 있었고, 깨진 병들과 담배꽁초들이 어질러져 있었다. 그것이 그의 도착증적 부분과 접하여 이렇게 이용당한 이후에 보여준 그의 세상의 상황이었고 뒤이어 그의 상태는 정신병적인 것으로 판명되었다.

소멸에 대한 소망은 "생명이 없는 것을 죽이는" 형태로 생겨났다. 그것은 그가 극도로 낙심하였을 때 마음의 상태에 붙인 그의 용어였다. 그의 생각은 반복적인 이미지와 구절들로 이루어졌고, 시공간에서 움직이지 않게 되었으며, 끝없이 동일한 질병 상태로 침식당하였고, 거기엔 벗어날 방법도 없었다. 그는 내부적 지지의 상실로 자신을 가장 무방비하게 느끼도록 만들었던 장소에 있었고, 또한 그곳은 다음과 같은 꿈에서 보여준 것처럼 분석이 자리 잡게 된 곳이었다(베렌스테인, 1995).

그는 슈퍼마켓에서 어떤 것을 쇼핑해야 하는데 거기에 도착하려고 진입로에 들어섰지만 잘못된 길(de contramano)이라는 꿈을 꾸었다. 그는 이 사실을 깨닫고 그곳에 차를 세워두었다. 돌아와서 그는 메르세데스 자동차를 도난당했음을 알게 되었다. 보험 사정인이 도착해서 서류를 작성했다. 그는 A씨에게 "차종이 무엇이냐?"고 물었다. A씨는 "메르세데스"라고 대답했다. 그는 보험회사가 그 차를 비슷한 차로 대신해 주려는 것이라고 추정했다. 보험 사정인이 "아, 지프차로군요"라고 말했다. 환자는 놀랍고 짜증스러워서 이렇게 말했다. "지프차라니 무슨 말이요?" 그 사정인은 "네, 지프차요"라고 주장했는데, 그는 불쾌하고 공격적인 사람이었다. 환자는 이 말을 받아들이지 않고서 "메르세데스 차라는데 어찌 지프차가 될 수 있나요?"라고 말했다. 사정인은 대답하지 않고서 서류만 작성해가고 있었다.

환자의 연상으로 메르세데스는 그가 갖고 싶은 자동차였고 자신의 위치를 공고히 하려고 항상 열망해왔던 자동차라는 것을 보여주었다. 또한 그는 자신의 일과 경쟁에 연결시킨 "생각의 또 다른 절도"라고 부른 것에 대해 연상을 했다. 그는 자신의 동성애(스페인어로는 contramano[잘못된 길]는 일방통행로와 정반대의 성적 지향 모두를 의미할 수 있음)와 관련된 일련의 사건들에 대해 언급했고, 자신의 정신적 가능성에 대한 공격적인 약탈로서의 절도에 대해,

크게 욕망하는 어떤 것의 상실에 대해, 여성 이름으로서의 메르세데스, 등등에 대해 언급하였다. 거기에는 동성애적인 관계의 근원에 대한 연상이 있었고 그런 관계들의 특징이 되는 공격성에 대한 연상도 있었다. 이번 분석시간에서 꿈에 대한 분석 작업을 하고 있었고 환자는 자신의 작업과 내 작업에 대해 만족하는 것처럼 보였는데도 나는 여전히 탐색해가며 불만스러웠다. 아마도 통상적인 해석으로 나는 '메르세데스'를 말했고 나의 놀라움에 대해서 A씨는 내가 '휘둘리는 것'(a merced de)이라 말했던 것으로 생각된다고 대답했다.

이것은 사실상 현재 순간의 재현과 유아기 상황의 재현에 대한 중요한 열쇠였다. A씨가 지금은 "바이러스"라고 부르며 어디에든 있고 통제가 불가능한 박해자에 관하여 그의 위치를 '휘둘리는' 것이라고 묘사했는데, 때로는 그를 깎아내리고 다른 때에는 거의 완벽하게 그의 마음을 사로잡으면서 그의 삶의 특징을 다른 방식으로 묘사했다. 또한 그는 분석에 휘둘리고 파괴성의 경험에 접하는 것을 느꼈고, 신체적인 손상과 정신적인 손상이 자신의 미치고 도착증적이며 중독적인 부분에 연결되었다. 그의 인생에서 다른 시기에는 표면상 자기평가와 자족감을 그에게 제공해주는 신분확인 소지품의 한 형태로서 사회적 지위의 표상에 휘둘려 왔다. 그러나 상징적인 요소로서 그것은 자아의 견고함과 지지를 제공해줄 것 같은 매우 사사롭고 개인적인 이 같은 감정경험보다 훨씬 못한 것이었다. 아마도 분석가는 이 소지품에 대해 질문했던 꿈속의 보험 사정인일 것이다. 그래도 어쨌든 그가 꿈을 꿨다는 사실은 그에게 정신적인 세계와 표상의 세계가 있다는 것을 보여주었다.

화장실에 관한 꿈처럼 이 꿈은 입구로 시작되었는데 이 경우에는 슈퍼마켓에 들어가는 입구였다. 차량 절도는 아버지의 등 뒤에서 훔치는 유아기 상황의 재현이었다. 그는 이런 '뒤에서'를 확인하였고, 그것에 의해 그는 그의 삶의 절도에게 스스로를 개방해 두었는데, 그가 무척이나 열망했지만 잃어버린 그 메르세데스에 휘둘리는 상태를 재현하는 다른 방법이 되었다. 피학적인 쾌락은 열망했지만 상실한 이런 자질을 나타내고 있어서 반복을 통해 발견되기 마련이다.

유아기 상황은 피학증을 명백히 강화시켰는데, 그는 그 피학증을 성도착증의 토대 위에서 처음에는 동성애를 통해 그 다음에는 양성애를 통해 해결하려고 노력하였다. 그러나 그는 HIV의 최절정에서 각각의 새로운 약탈들이 피학적 구조를 강화시키는 소용돌이 속에 빠진 자신을 발견하였다.

매 맞는 아이

"한 아이가 매를 맞고 있다"는 환상이 아이를 매질하는 아버지의 환상에서의 충족과 어떻게 일치하는지 주목해보는 것은 호기심을 끄는 일이다. 이 상황은 매 맞는 아이의 임상 증후군으로 체계화되어 왔다. 그것은 교육자, 변호사, 심리학자 및 어린이 권리에 종사하는 사람들에게 중요한 관심사가 되었다. 골드버그(1995, p. 20-21)는 다음과 같이 학대에 대한 가공할 만한 통계자료를 제시하였다. "1983년과 1984년에 미국에서 보고된 사례는 그 숫자가 1,007,658건이었다. 1985년에는 학대받은 사례가 1,700,000건이었다. 사례의 92%에서 가해자는 부모 중 한 명이었고, 학대의 유형은 58%에서 발탈과 방치였으며, 25~40%는 신체적 학대였다(1983년도에서). 사례의 약 2%는 성적 학대였으며…. 교육부 통계자료에 따르면, 체벌은 유치원에서부터 중등학교 수준의 학교에서 백만 번 넘게 가해졌다."

프로이트의 논문은 환상의 내부 공간에 있는 피험자들을 우리에게 보여주고 있는 반면에, 매질하는 어른—대개 아버지나 어머니 혹은 다른 중요한 사람—을 통한 외부 세계의 침입은 또 다른 세계와 접촉하게 해준다. 매질하는 행위는 겉보기엔 환상의 장면과 닮았지만, 그것은 환상의 등장인물들에 연결된 사람들과 함께 할지라도 실제로는 또 다른 장면에서 시행되고 있다. 왜냐하면 그것은 흔히 아버지 같은 인물과 관련되기 때문인데, 그 인물은 실제적인 누군가로서 조우하게 된다. 환상하는 아이가 되기는커녕 그 아이는 희생자가 되고, 아버지는 더 이상 내부 장면에서 욕망되는 인물이 아니며 이젠 희생자에게 체벌을 가하는 사람이 된다. 체벌을 가하는 사람은 과도하게 흥분해서 그렇게 한다. 지속된 폭력은 그 일에 의미를 부여할만한 아이의 능력을 넘어서거나 못 미치게 된다. 그것은 아이의 정신세계에 갑작스럽게 난입하여 그 어떤 의미도 부여할 수 없고 쉽게 변형될 수도 없는 본래의 어떤 것으로 자리를 굳힌다. 아이는 그것을 묶어내지 못하고 따라서 의미 있는 사건으로 구성하기보다는 오히려 한 행동의 형태로 기억하게 된다. 그 결과로 아이는 다른 아이들에게 폭력을 행사하는 가해자가 되거나 드디어 그 자신의 아이를 갖게 되어 무한히 과도한 폭력을 반복하게 된다. 자신의 아이들을 때리는 많은 아버지들은 그 자신들이 매 맞는 아이들이었다. 해결책은 변한다. 이 책의 주제인 환상은 그 주체의 피학적인 소망과 관련되어 있는 반면에, 아이가 매를 맞고 있는 실제 상황은 자극이 없길 바라는 아버지의 소망과 관련되고 동시에 이 장면을 지켜보지 않고도 보게 되는 어머니와의 관계에도 관련된다. 이 방법으로 아버지는 자신의 아버지에 의해 또한 폭력의 시니피앙이 전달되는 문화에 의해 고통이 가해지는 그러한 가족들이나 사람들한테 특유한 그런 학대를 아들에게 전수한다.

어른에게 매 맞는 것은 피학증에 이차적으로 리비도가 부착될 때 어떤 표상을 구성하게 되는데 거기서 그 소망은 생존의 근본적인 표현으로서 아버지를 향하게 된다. 즉 이것은 반드시 억압의 실패를 수반하게 된다. 실제적인 매질은 대개는 아버지이기 쉬운 부모에 의해 자행되는 운동성 행위인데, 그가 대개 그 자신을 매질했던 그의 아버지와 맺은 특정한 관계의 전달자라는 사실을 모르고 있다. 여기서 우리는 아버지의 마음속에서 아이한테 해롭게 작용하는 명령이 생겨나는 동일시의 초세대적 모델을 볼 수 있다. 이것은 어느 정도까지는 매 맞는 아이에게서 확인된 아버지의 유년기 부분으로 여겨질 수도 있을 것이다.

"아이가 매를 맞고 있어요"라는 환상의 구조와 매 맞는 아이의 현실의 구조

모든 관계는 외부성의 특성을 지닌 나-타자 관계의 기초 위에 성립되어 있는데, 그 관계는 닮지 않은 것이고 이질적인 것이며 또한 주체 자신의 자아 혹은 타자와 동등한 것으로 볼 수 있는 자아와 같을 수 없는 것이다. 쌍방에 의해 의미는 이것에 부여되어야 한다(베렌스테인, 1995). 마치 아버지가 자신의 아버지와 비슷해지는 것과 똑같이 매질은 매질하는 바로 그 사람과 비슷한 어떤 것으로 아이를 변화시키려는 시도로서 발생한다. 이런 경우에 그 관계는 퇴행하게 된다. 아이는 타자로서 수용되지 못하고, 아버지는 그를 내적인 대상관계의 연장으로 변형시키고자 한다. 아이가 울거나 아버지의 소망대로 행동하지 않으면, 그는 아이를 침묵시키든가 견딜 수 없는 자극, 즉 견딜 수 없는 타자로 보고 아이를 억제시키려는 목적으로 그 아이를 때리게 된다. 그러나 그것은 정확히 우리가 대상이라 부르는 것의 속성이라서 우리는 타자와의 관계가 아닌 환상의 세계 안에 다시 한 번 존재하게 된다. 그런데도 아이는 타자로서의 아버지를 계속해서 찾고 있다.

다음의 가정은 옳아 보인다. 관계는 어떤 어려움이 있어도, 어떠한 대가를 치르더라도, 즉 자아 그 자체를 대가로 치르더라도 보존되어야만 한다. 이 상황에서 타자와의 관계는 공허의 경험과 죽음의 너머에 있기 때문에 그 관계로부터 나온 처벌과 병변에도 불구하고 포기될 수 없다. 그것은 아마도 그 관계를 유지하는 일에 관련된 엄청난 불행과 고통에도 불구하고 그 관계를 포기하기 어려운 이유가 될 것이다. 쾌락 원칙—또는 쾌락 원칙을 넘어서 혹은 반복—이 내부 세계에서 영향력을 행사하는 반면, 관계들의 세계를 지배하는 것은 그의 닮지 않음 속에 타자를 놓아두는 역설이고 동시에 주체가 타자와의 관계에 관여하게 된다면 그 강요를 받아들이지 않을 수 없고, 따라서 폭력의 가능성이 있다는 것이다. 이것은 구멍을 통해 타자의 신체로 들어가는 행위와 관련되며, 퇴행의 정도에 따라 두 가지 형태를 취한다. 첫째는 자연적인 구멍을 통한 형태로서 젖꼭지가 입 안으로 들어오는 것이거나 혹은 어머니나 아버지의 이미지가 눈으로 들어오는 것으로부터 성기가 질이나 항문으로 들어오는 것까지 확장된 현상들의 범위 내에 있다. 여기서 강요는 여전히 환상에서는 한계를, 현실에서는 상관관계를 소중히 여긴다. 다른 형태는 폭력에 연결되는데 부자연스러운 구멍을 통한 침투이다. 여기에는 두 가지 아형이 있다. 침투 행위에 의해 돌파되는 폐쇄된 문으로 구성될 운명인 구멍, 혹은 상처를 입히거나 극단적인 경우인 살인으로 구멍이 열리게 될 표면이다. 여기서 자아는 대상관계를 포함하지 못했고 따라서 소멸되고 있는 타자와의 관계를 참아낼 수 없었다. 주체와 닮은 존재 때문에 혼란스러워하는 어른과 아이의 경우에 그 결과는 우리가 성적인 학대라고 부르는 것이 된다. 그것은 존재하지 않는 장소인 항문이나 질이나 피부에 구멍을 만들어내는 것과 동등한 것이고, 그것은 아이가 원하지도 않고 요청하지도 않은 운동성 행위의 강요처럼 처벌이나 매질이나 구타의 흔적을 남기는 아이의 피부가 되는데, 왜냐하면 처벌은 결코 자아와 동일하지 않기 때문이다. 그런 상황은 성인의 쾌락이 배출되는 한 가지 방식이고 그것이 아이에게 도입되는 것이라고 기술될 수 있지만 이것은 처벌의 이차적인 성애화에 더욱 근접하게 될 것이다. 이러한 부모에 대한 아이의 추구는 우리를 혼란스럽게 만들 수 있는데 결국 그 아이의 생존은 그들에게 달려 있기 때문에 아이는 그 추구를 계속하게 된다. 이러한 추구에는 "나는 매 맞는 것을 참고 견뎌야 한다"는 명령의 형태로 통합되어 있는 것 같다. 그러나 이것은 리비도 부착의 방향으로부터 멀어지고 오히려 죽음의 방향을 향해가고 있다. 매질은 내부 공간에서 성애화될 수 있고 최초의 피학증에서 도출된 쾌락과 연합되어, 지금은 처벌과 구타에 리비도를 부착하기 위해 변형되어 있다. 소망을 표현하는 구절은 "그는 나를 사랑하기 때문에 나를 매로 때린다"가 된다. 여기서 자아는 판단 오류를 범하고 있으며 특히 그 귀인에 관하여 그렇다. 즉 "그가 나를 처벌할 때 그는 나를 사랑한다." 그리고 "나는 나쁜 것이 좋은 것이라고 믿기 때문에 그를 함입한다." 자아는 나쁜 것을 (주체에게 이질적인 것으로 보지 않고) 그 자체로 잘못 보고 있으며, 나쁜 것을 (바깥에 있는 것이 아닌) 내부적인 것으로 잘못 보고 있다. 이는 존재의 판단에 있어 오류를 초래한다. 이런 좋은 아버지는 소망되거나 필요하게 되는 표상으로서 실제적인 외부 세계에서는 찾아지지 않고 따라서 회피되지 않는다. 가학적인 아버지는 내적인 환상일 뿐 아니라 그 뒤에 '좋은' 외부의 아버지에 의해 수정된다. 이것은 내부와 외부의 경계를 모호하게 만들고 명확한 현실-자아가 그 시작부터 실패하게 되는 결과를 가져온다.

아버지에게 처벌은 아들의 타자다움(otherness)을 견뎌내지 못한 결과이며, 철저한 불관용은 아버지로 하여금 아들을 유아기적 수준에서 자신과는 다른 어떤 것으로부터 자신과 닮은 어떤 것으로 변형시키도록 만든다. 이러한 리비도 부착은 강한 소유욕의 형태를 취한다. "그는 내 아들이고 나는 내가 하고 싶은 그 무엇이든 혹은 아들과 관련된 것이라고 생각한 그 무엇이든 모두 할 수 있다," 혹은 "그는 내 것이고 따라서 나의 소망은 권력이다." 그는 그 없이는 견딜 수 없고 어떤 것을 해야 하기 때문에, 그는 타자로서 그를 지우거나 억누르기로 결심한다. 아이는 울거나 요구하거나 어떤 것을 부탁하거나, 혹은 순종치 않을 때—즉 아이가 자신을 타자라고 선언할 때—처벌을 받는다. 매질하는 이런 아버지는 자신이 매질을 하고 있다는 것을 알고 있는가? 그는 "하지 말라"(thou shalt not)는 문화적인 금지를 위반하고 있는가? 아니면 반대로 그는 명확한 현실-자아를 변경시킨 결과로서 문화적인 시니피앙들을 폭력으로 변형시키고 있는가? 아마도 다른 영역에서처럼 문화는 서로 모순되는 두 가지 명령을 전달하고 있다. 한편으로 그것은 법을 정하지만 다른 한편으론 법의 위반을 재촉한다. 어떤 사람들은 그 메시지가 아이를 기르거나 가르치기 위해 "그것이 효과 있는 방법"이라고 느낀다. 두 가지 모순되는 명령이 여기서 작용중이다. "하지 말라"와 동시에 "모두가 그렇게 한다."

마치 무의식적 행위가 내부로부터 강제된 것처럼 그 행위를 수행하지 못하게 막을 수 없는 자리에 자아를 놓아두는 행위에다가 문화적인 명령의 중첩에 책임을 지우는 일은 무의식적인 오해이다. 이러한 행동들을 수행하지 못하게 하는 것은 불가능하고 자아는 이 '명령'에 대해 아무것도 모른다. 자아에게 그것은 단지 현재 상태일 뿐이다. 또한 매질하는 아버지도 그 자신의 외부적인 환경에 의해 학대받을 때 불균형적인 상황을 넘겨주고 있으며 그것은 범행이 되기 때문에 동일한 것으로 반응할 수 없다.

매질하는 아버지는 많은 단계들과 구절들로 구성된 일련의 장면들에 노출된 것으로 생각될 수도 있다. 첫째로 "어떻게 (외부 세계에서 이루어지는 것으로 그가 말한 것 같은) '그 상황'이 나를 닮은 타자들을 학대하는지 나는 알고 있다." 그 다음에 변형시킨 구절은 다음과 같다. "이러한 학대는 나를 마치 어른 앞에 마주

선 아이처럼 무능하고 무기력한 상태로 남겨두게 된다." "내 아버지는 나를 종종 때리면서 그것이 나를 양육하는 방식이라고 말했다. 그가 나를 사랑한다고 말하기 때문에 나는 그것을 참고 견뎌야 한다." 그 다음으로 "나는 나의 사회적인 환경에 의존하는 것과 똑같이 아버지에게 의존하고 있다." 이제 가장 의식적인 단계가 나온다. "아버지는 아이의 몸을 때린다." 왜냐하면 아이는 순종치 않거나 저 자신을 위해 뭔가를 요구하면서 아버지의 요구를 무시하고 있기 때문이다. 이런 일련의 단계들은 타자들과의 관계가 대상관계로 퇴행하고 있음을 보여주는데, 여기로부터 이런 유형의 관계를 형성하기 위해 필요로 하는 구성 성분들이 도출된다. '다르다'에서 '닮다'로의 변형이 있으며, 주체에게 소속된 것은 타자에게 알려진다. 학대의 사회적 형태와 다른 형태들에 대한 감정과 목격—또한 이런 형태들을 보고 느끼지 않을 수 없다—은 타자에게 등을 돌림으로써 어떤 주체들에게서 통합되고 변형되며 아이를 매질하는 행위로서 재현된다. 사회적 학대는 강요의 기제에 의해 자아에게로 통합된다. 그것이 받아들이거나 거부되어야 하는 이유는 자아가 그것을 다룰 다른 방법을 갖고 있지 않기 때문이다. 어떤 관계에 속한다는 사실로부터 유래된 기제처럼 그것은 자아한테 다른 사람과 맺는 관계의 한 형태가 되는데, 그 사람은 자아와 동일하거나 변형되거나 동일시될 수 없고 자아도 그 사람과 동일시할 수 없다. 그런데도 그 관계는 기어코 보존되어야만 한다. 강요된 것은 정신기구 내에 '소여'로서 새겨지는데, 그것은 더 이상 의문시되지 않는다.

어째서 타자의 강요는 수용되는가? 그 이유는 자아의 구성이 그것에 의지하고 있기 때문인데, 존재하길 그만두겠다는 협박과 주체를 풀어놓겠다는 협박 그리고 자아 붕괴의 위협 때문에 결코 포기될 수 없는 소속감을 위해 그것에 의존하는 것이다. 유아기의 성적인 세계에서 거세의 위협에 직면한 소년은 어머니와의 성애적인 관계를 포기하고, 어머니를 내적인 대상으로 변화시키고 그럼으로써 위협받고 있던 자신의 음경을 구하게 된다. 외부 세계에서 소년은 자신의 자아의 일부를 단념하는데, 그 관계에 들어가는 결과로 타자의 강요를 수용함으로써 그 나머지를 소멸로부터 구해내게 된다.

오이디푸스 콤플렉스는 마음의 한 구역이 대상관계에 의해 작동되는 결과를 보이는 시작의 순간이고, 내부적인 과정과 환상 구성의 논리를 보이는 시작의 순간인 반면에, 다른 한 구역은 외부 세계에 놓아두는 타자들과의 관계에 의해 작동한다. 이후로 이 구역에서 저 구역으로의 이동이 가능해질 것이다.

참고문헌

Berenstein, I. 1989. New ideas about the unconscious family structure. *Brit. J. Psychother.* 5(3).

——. 1991. Reconsideración del concepto de vínculo. *Psicoanálisis XII* 2: 219-35.

——. 1995. Psychic reality and clinical technique. *Int. J. Psycho-Anal.* 76: 3-7.

Berenstein, I. and Puget, J. 1995. *Estar con uno y estar con otro: Psicoanálisis de lo vincular.* Buenos Aires: Editorial Paidos.

Freud, S. 1905. *Three essays on the thoery of sexuality. S.E.* 7.

——. 1909. Notes upon a case of obsessional neurosis. *S.E.* 10.

——. 1912-13. *Totem and taboo. S.E.* 13.

——. 1914. On narcissism: An introduction. *S.E.* 14.

——. 1915. Instincts and their vicissitudes. *S.E.* 14.

——. 1917a. On transformations of instinct as exemplified in anal erotism. *S.E.* 17.

——. 1917b[1915]. A metapsychological supplement to the theory of dreams. *S.E.* 14.

——. 1917c[1915]. Mourning and melancholia. *S.E.* 14.

——. 1918[1914]. From the history of an infantile neurosis. *S.E.* 17.

——. 1919a. A child is being beaten. *S.E.* 17.

——. 1919b. The "uncanny." S.E. 17.

——. 1920a. The psychogenesis of a case of female homosexuality. *S.E.* 18.

——. 1920b. *Beyond pleasure principle. S.E.* 18.

——. 1921. *Group psychology and the analysis of the ego. S.E.* 18.

——. 1924. The economic problem of masochism. *S.E.* 19.

——. 1925a. Negation. *S.E.* 19.

——. 1925b. Some psychical consequences of the anatomical distinction between the sexes. *S.E.* 19.

Gay, P. 1988. *Freud: A life for our time.* London: Dent.

Green, A. 1980. La mère morte. In Green, *Narcissisme de vie, narcissisme de mort.* Paris: Editions de Minuit, 1983.

Goldberg, D. 1995. *Maltrato infantil. Una deuda con la niñez.* Argentina: Editor Urbano.

Jones, E. 1957. *Sigmund Freud: Life and work.* Vol. 3. London: Hogarth.

Kinder, H., and Hilgemann, W. 1973. *Atlas histórico-mundial.* Madrid: Ediciones Istmo.

Puget, J. 1995. Vínculo—relación objetal en su significado instrumental y epistemológico. *Psicoanálisis* XVII 2: 415-27.

프로이트의 학습과 교육에서 『아이가 매를 맞고 있어요』의 예외적인 위치

리브카 아이퍼만[1]

지금부터 나는 프로이트의 논문에 관한 세미나를 준비하면서 결국엔 특수한 시각, 아마도 특유한 시각에서 그 논문을 바라보는 쪽으로 어떻게 선회하게 되었는지 보여주려고 한다. 이런 시각에서 나는 프로이트의 1919년 논문과 그에 관련된 안나 프로이트의 1922년 논문 사이의 관계를 검토하게 되는데, 두 논문 모두 동일한 테마를 다뤘고 안나 프로이트가 아버지와 분석을 경험하던 몇 년간에 걸쳐 쓰였던 것이다. 나는 이런 관계 속에 표현되고 그 관계를 통해 표현되는 것일 뿐만 아니라 이 관계가 프로이트의 저술 전체에서 그의 논문을 예외적인 위치에 놓아둔다고 주장한다. 끝으로 나는 우리의 정신분석연구소에서 교육 세미나에 관련된 어떤 복잡

1) 이 논문은 특별한 친구인 Regine Haesler, M.D.를 추모하기 위해 헌정된 것임.

한 과정들에 대해 간단히—앞에서 언급된 검토를 참조하여—말할 텐데, 더구나 연구소에서는 분석수행자-훈련생들이 분석가-선생님들과 상호작용을 이룬다.

준비단계

상황과 세팅 및 참여자들

이 책에 참여하는 분석가들은 "마치 그들이 문제의 그 작업에 관한 교육 세미나를 제공하고 있는 것처럼 [프로이트의 『아이가 매를 맞고 있어요』에 관하여] 글을 써달라고" 요청되었다. 이 요청에 대한 다음과 같은 반응으로 나는 그 제안서에 암시된 입장에서 이 논문의 첫 부분을 쓰려고 하는데, 나의 연구소에 제안된 세미나를 해달라고 요청되었다는 관점에서 시작되고 있다.[2] 그렇게 함으로써 나는 생소하지 않은, 아마도 매우 평범한 그런 상황을 묘사할 것으로 추정하고 있다.

내가 여러 가지로 뒤섞인 느낌과 함께 요청서를 받았는데, 왜냐하면 비록 내가 가르치는 걸 좋아하고 요청받는 걸 즐거워할지라도 이런 특별한 과업에 관련되는 것에 대해서는 의구심을 갖게 된다. 사실상 안나 프로이트의 『매질환상과 백일몽』이란 논문에 관하여 글을 쓰면서[3] 나는 지그문트 프로이트의 논문에 대해 잘 알고

2) 사실상 그것은 다소 부자연스러운 일인데, 특별한 교육과정에 요구된 독해로서 특별한 논문들을 책정하는 일이 우리 연구소의 전통은 아니다(예를 들어 프로이트의 임상논문들에 관한 강의가 아니라면 그렇다).

3) 아이퍼만, 1996a 및 아이퍼만과 블라스, 1992 참조 : 안나 프로이트는 자신의 논문을 프로이트의 1919년 논문에 대한 "작은 기여"로 생각하고 있다.

있어야 하는데 아직도 그 논문의 세부사항들을 기억하지 못한다고 생각한다. 나는 그 논문을 다시 읽고서도 독창적인 생각이 떠오르지 않는다. 내게 더욱 흥미로운 다른 문제들은 내 마음에 관한 것이고, 나는 내 주의를 요구하는 다른 책무들이 있다. 뿐만 아니라 나한테 강의를 요청하고 내 강의실에 들어올 사람들에 대해 나는 알지 못한다. 그런데도 여러 가지 이유들 때문에 나는 즉각 거부하지 못하고서 상당한(그리고 우호적인) 압력 하에 받아들이게 된다. 받아들이고 나서 나는 또 다른 책임 때문에 무거운 부담을 느낀다. 나는 다시 한 번 그 논문을 읽고서 이젠 부가된 임무 때문에 상당히 곤란해진다. 시작할 마음이 내키지 않는다.

그런데도 나는 시도하려고 한다. 주의 깊게 읽어보면 그 논문을 쫓아가기가 쉽지 않다는 불편한 느낌도 받게 된다. 나는 프로이트의 이론적인 논증의 노선에서(예를 들어, 도착증의 형성에서 체질의 역할에 관하여) 또한 자신의 개념들을 규정하려는 몸부림에서(예를 들어, 가학증과 피학증) 모순들과 논지의 순환성을 만나게 된다. 그가 자신의 공표한 계획(예를 들어, 그의 검토를 여성 사례에 제한하는 것. 그런데도 나중에 남성 사례도 논의함)을 따라가지 못할 때 내 자신은 새로운 방향으로 가야 할 필요를 느끼고, 또한 나는 그 논문을 몇 페이지 더 읽어갈 때까지 내 기억에 유지되리라고 기대되는 세부사항들 때문에 부담을 느끼는데, 거기서 프로이트는 마침내 그것들(예를 들어, 매질환상의 세 단계들의 순서와 내용)을 '이해하게' 된다. 나는 그 논문을 상당히 손질해야 할 필요가 있다고 느끼는데, 괴테상의 수상작품이 되긴 어려울 것 같다.

내가 그 논문에 대해 작업하면 할수록 정신분석의 훈련생들한테 그걸 읽힐 필요성에 대해 심지어 그 적절성에 대해서도 더욱 의심하게 된다. 확실히 프로이트의 그 어떤 독서목록에도 『아이가 매를 맞고 있어요』는 높은 우선순위를 배정받지 못한다. 더구나 우리 연구소의 동료들과 연구생들 모두한테 그 논문에 대해 얼마나 친숙한지 알아본 조사결과는 또 다른 시각에서 이런 견해를 강화시켜준다. 나의 연구소에 있는 사람들한테 프로이트의 지배력이 유별나게 결여되어 있다는 것을 내가 드러내 보인 것 같은데, 그때 비록 그 논문의 제목은 모두한테 알려져 있었을지라도 그 내용을 기억할 수 있는 사람은 소수에 불과하다는 것을 폭로하게 된 셈이다. 우리 연구소에서 공부 스케줄이 불가피하게 빡빡한 것이라든가 더 많은 관심이 요구되는 "필독서들"을 생각해보면 연구생들이 귀중한 시간을 들여 원저를 읽기보다는 더욱 광범위한 맥락에서 프로이트 논문의 적절한 요약본을 읽는 것으로 만족하는 일이 더 잘 이해되는 것처럼 보인다.

그 동안—다가오는 세미나의 날짜 때문에 괴로운 동안—에 나는 그 논문을 읽고 또 읽으면서 (『표준영역본』 색인의 도움을 받아서) 그 논문에 관련되거나 내 마음속에 환기되는 다양한 테마들을 따라 프로이트의 이전의 저술들과 이후의 저술들을 탐구하게 된다. 여기에 덧붙여 나는 프로이트가 『아이가 매를 맞고 있어요』의 직전과 직후에 썼던 논문들을 읽어보았다. 나는 그의 당면한 중대관심사와 현재의 갈등을 확인하고 내 스스로 프로이트가 이 논문을 썼을 때 여러 문제들에 대한 그의 입장과 생각을 분명히 밝혀보려고 한다. 또한 나는 다른 논문들에서 유사한 문제에 대해 그 주제와 이론을 통해 확인해보고 싶다. 나는 프로이트 이후로 피학증, 가학증과 가학피학증, 도착증, 억압, 어린 시절의 기억상실, 형제자매 사이의 관계, 무의식적인 환상에 대해, 그리고 당연하게도 매질환상에 대해 써왔던 많은 논문들을 읽고 또 읽었다. 이런 모든 활동들은 이론과 실제라는 다양한 문제들에 대한 재고를 자극해주는데, 그중에서도 내 자신의 과거와 현재의 환자들에 관하여 또한 내 자신의 분석과 자기분석에 대해서 다시 생각하게 된다.

항상 그렇듯이 나는 교육의 목표가 집중적이고 생산적인 작업에 대한 뛰어난 원동력이 되게 하는 것을 학습으로 알고 있다. 참으로 나는 처음부터 그런 이유 때문에 이런 교육적인 과제를 받아들이게 되는 부분적인 동기가 형성되는 것으로 알고 있다. 또한 다른 이유로도 역시 그러한데, 대체로 나는 강의를 엄청나게 즐기고, 분석가로서 우리 경험의 어떤 면이 교육상황에 적용될 수 있으며 이 경험이 어떻게 적용될지 그에 관한 의문을 탐구하는 데에도 흥미를 느끼고 있다(아이퍼만, 1993). 세미나에 참석해달라는 초청장이 "교훈적인 것이 되는 발표"의 정신으로 그 세미나가 이뤄져야 한다는 것을 강조했다는 사실은 그런 방향으로 격려되면서 대단히 희귀한 관심의 표현이 된다.

나는 수업에 대해 알지 못한다고 앞에서 말했다. 그 세미나를 준비하면서 마음속에 품을 수 있는 모든 생각은 지원자로서의 내 자신을 제외하지 않고서 내가 알고 있었던 것처럼 정신분석 훈련생들의 '전형적인' 수업이라는 것이다. 나는 참석자들이 다가오는 세미나에서 좋은 의도로 가득차지만 굉장히 부담스럽게 배당된 논문을 읽을지라도 심도 깊게 공부하는 것은 아니라고 가정한다. 세미나에서 어떤 참석자들은 그 논문에 느낌이 많아질 수도 있다. 그것은 개인적으로 관련된 문제이거나 그들의 환자와 관련되어 있는 문제에 연결될 수도 있다. 아니면 역사적인 시각에서 프로이트 사유의 발달에 매력을 느낄 수도 있는데, 예를 들어 이 논문에서 알아볼 수 있는 것으로서 나중에 형성되는 "초자아"의 개념화에 대한 조기의 신호가 있다.

개시

그러나 대부분의 참석자들이 그 논문의 막연한 지배력만을 느끼고 논문에 대해 지나치게 열광적이지 않을 것 같다고 마음에 새기면서 나는 임상가인 그들 자신의 경험에 관련해서 일반적인 참여를 부탁할지, 다시 말해 그들 자신의 임상작업에서 매질환상을 만나봤는지 그런 질문으로 세미나를 시작할 수도 있다. 프로이트는 "히스테리나 강박신경증 때문에 분석치료를 받으려고 찾아오는 사람들이 얼마나 자주 환상 속에 빠졌다고 고백하는지"(p. 179)—그 절정에서 수음의 만족으로 이끌어가는 환상—를 알고서 깜짝 놀랐는데, 세미나에 참석한 사람들이 유사한 경향을 보고할 수 있게 된다면 그건 놀라운 일이 될 것이다. 내가 조사했던 동료들의 경험뿐만 아니라 내 자신의 경험과 문헌에 나온 보고들 덕분에 나는 그 세미나에 참석한 대부분의 사람들이 다만 그들의 환자들한테서 그러한 환상을 드물게 만났을 뿐이라고 예상할 수 있다. 내 질문 때문에 어떤 참석자들은 우리의 관심을 프로이트의 논문으로 돌리고 또한 임상적 정교화와는 다르게 첫 번째 부분에 제시된 것처럼 **의식적인** 매질환상의 경험에 관한 프로이트의 전반적인 **관찰**로 향하게 된다. 그는 이것들을 나중 부분에서 제시하고 그가 분석에서 발견했던 매질환상의 단계들을 구체화하고 있는데, 특히 둘째 단계—'분석의 구성'—는 프로이트의 이론화에서 가장 중요하다.

따라서 회의는 매질환상에 관한 사실들의 검토로부터 시작되고 또한 그것은 프로이트의 경험적인 입장을 따라간다는 점에서 정신분석 이론이 "관찰에 기초하는 이론"(p. 203)이라 말하는 것이다. 나는 이런 관점에서 참석자들에게 최신의 소식을 전하기 위해 매질환상에 관한 프로이트 이후의 문헌에서 정보를 제공함으로써 그 논의에 기여할 수도 있다. 나는 햄프스티드 클리닉에서 치료받고 정신분석 인덱스에 기록되었던 **소아들**의 매질환상에 관해 첫 번째로 연구한 노빅 부부의 논문(1972)에 관심을 기울임으로써 시작하는 것이 특히 유익하리라고 생각된다.

> 우리는 매질환상이 소아의 분석 자료에서 중요한 역할을 해내는 일이 드물다고 알고 있었다. 예를 들어, 색인에 포함된 111명의 사례들 가운데 단지 6명만이 매질환상을 갖는다고 말했다. 이 말은 그것이 보편적이라는 것을 배제하지 못하지만 매질환상이 오직 소수의 사례들에서 중요하거나 가시적인 역할을 해낸다는 것을 가리켜준다. 매질현상은 잠복기 이전의 아이들한테서 보고된 일이 없었고 그 이후의 발생빈도는 대략 사춘기 이전의 아이들과 이후의 아이들 사이에 골고루 나뉘어 있었다(p. 238). 더욱 나아가서 그들은 이렇게 말했다. "오이디푸스 콤플렉스의 어떤 해결책과 초자아의 형성으로 이 아이들은 잠복기로 넘어갔고 또한 오로지 이 시점에서 우리가 진정한 매질환상이라 부를 수 있는 일이 몇몇 소녀들한테서 나타났으며…. 점차로 성적인 흥분과 수음이 그 환상에서 분리되고 소

망들이 점점 더욱 멀어지는 형태로 나타났다."(p. 239)

나는 더욱이 노빅 부부가 환상의 정의를 의식적인 백일몽에 국한시키고 있다는 것을 이런 관계에서 지적하게 되겠지만 그들의 소견이 오이디푸스단계 이후에 "오이디푸스적인 소망을 대신하여 매 맞고 싶은 소망이 **의식화되거나 될 수 있다**"(p. 239, 강조는 필자의 것임)는 것을 보여주고 있으며 그때가 바로 매질환상이 본래 발생하는 시기라서 훨씬 더 빠른 시기를 주장하는 프로이트와 대조된다고 논의하게 될 것이다. 소아와 성인의 임상소견들뿐만 아니라 소아의 관찰을 통해 얻은 현재 이용 가능한 데이터를 내가 더욱 강조할수록 그 상황은 더욱 복잡해질 것이다. 그렇다면 그런 역사적 가치를 지닌 프로이트의 논문을 세미나의 중점적인 독해자료로서 추천하게끔 만드는 것이 무엇이냐고 물어볼 수도 있을 것이다.

"숨겨진" 자국을 찾기

전환점

현시점에서 나는 나의 상상적 세미나를 그만두려고 한다. 나는 그런 계획이 실제로는 나에게 작동되지 않으리라는 것을 알고 있다. 참석자들의 말에 귀를 열고 깜짝 놀라며 그들이 하는 말은 무엇이나 모두 고려하려고 하는 것이 내가 선호하는 교육방식의 본질이며, 그에 따라 여기서 상상적 세미나를 자세히 오래 끌고 가려는 어떠한 시도도 실패하게 되어 있는데, 내가 실제로 가르쳐 주려는 것처럼 그 세미나를 제시하는 일에 실패하게 된다. 나중에 나는 이런 교육적 측면으로 다시 되돌아갈 것이다.

그러나 내가 시작했던 일을 중단하게 만든 이유와 관련되긴 하지만 더욱 직접적인 이유는 놀랄 것 없이 나의 상상적 세미나에서 원점으로 되돌아왔음을 알게 되었기 때문인데, 대체로 나도 모르게 오늘날 이 논문에 대한 연구의 중요성 여부 문제로 되돌아오게 되었다는 것이다. 또한 그 이유는 노빅 부부의 글을 인용하면서 내가 사실상 이미 그 질문에 대한 내 자신의 특이한 대답을 털어놓기 시작했던 것인데, 자세한 독해가 요구될 때 그 논문의 주요한 매력이 나한테 남아있기 때문이다.[4] 노빅 부부의 논문 덕분에 나는 안나 프로이트의 첫 번째 논문인 1922년의 후보자격 논문에 관한 내 생각으로 되돌아가게 된다. 비록 프로이트의 매질환상에 관한 1919년 논문이 성도착증 혹은 가학피학증에 대한 그의 생각에 랜드 마크로 간주될 수 있을지라도 나에게 특별히 상세한 관심을 끄는 것은 근본적으로 안나 프로이트의 첫 번째 논문과의 관계에 놓여 있다. 이 두 논문들과 그 안에 표현되고 그를 통해 표현되는 것과의 복잡한 관계, 일반적인 분석치료에 대한 가능한 결과, 그리고 우리 연구소에서 이뤄진 교육의 파생효과, 이런 것들이 관련된 문제들이다. 나는 지금 나의 특별한 관심을 '부적절한' 것으로서 더 이상 떨쳐버리지 않길 바라며, 관련된 문제점들이 나에게 '감춰진 질문들'(가드너, 1994)로 더 이상 남아있지 않길 바라고 있다. 또한 내가 수행해왔던 임무로부터 회피하게 될 위험을 무릅쓰고서

4) 정신분석 훈련생들이 읽었던 것에 의욕적인 흥미를 추구하기 위해 그들이 소유한다고 느끼며 실제로 주어져 있는 자유의 문제는 선생님이 그들 자신에게 허용할 수 있는 자유의 문제와 관련되어 있다.

나는 지금 그 문제들을 탐구하기 위한 중앙무대를 제공하길 원하고 있다. 이다음 글에서 나는 단지 이런 문제들에 관한 예비적이고 예증적인 논의를 시도할 뿐이다.

빠진 참고문헌

나는 노빅 부부의 1972년 논문 가운데 앞에서 멈췄던 곳으로부터 시작하려고 한다. 이 논문은 안나 프로이트의 햄스테드 클리닉에서 이용되고 인덱스에 들어있는 모든 임상자료에 관한 연구에 기본을 두고 있다(프로이트의 1919년 논문이 그 자신의 진료실에서 이용할 수 있었던 모든 데이터에 기본을 두었던 것과 똑같다). 또한 여기에 덧붙여 이 논문은 그 영역에서 시행된 다른 연구들도 참조하고 있다. 따라서 안나 프로이트의 1922년 논문에 대한 참조가 이 논문에 나타나지 않는 것은 주목할 만한 일로 보이는데, 매질환상과 백일몽에 대한 가장 상세한 연구는 안나 프로이트의 논문에 제시된 '그 소녀'의 분석에서 중점적인 테마가 된다. 이런 누락이 두드러지는 까닭은 안나 프로이트가 노빅 부부의 논문 형성에 적극적으로 관여되었기 때문인데, 저자들은 "그녀의 유용한 많은 제안들 덕분에"(p. 241)라고 그녀에 대한 감사의 말씀으로 사의를 표명하고 있다. 노빅 부부가 제시하는 데이터는 그 논문의 중심이 되는 문제에 관하여 안나 프로이트의 논문에 제시되었던 것들로부터 일탈되어 있다는 사실과 관련된 것으로 그 누락은 이해될 수 있다. 노빅 부부는 오이디푸스적인 환상을 통하여 명백한 끈이 매질환상과 훗날의 백일몽 사이에서 유지되어 있다고 주장하는데, 백일몽은 매질환상보다 훨씬 더 희미하긴 하지만 성적인 특징을 보인다. 다른 한편 안나 프로이트는 (1922년의 논문에서) 그러한 끈의 존재를 무시하면서 백일몽(혹은 훌륭한 이야기)에는 '승화적인' 기능을 부여하는데, 그 기능은 "부드럽고 다정한 여러 가지 감동들의 표상"이라서 "끝이 없는 관능적인 사랑 표상의 변장된 표상"이 되는 매질환상과 대조를 이룬다(p. 152 각주).

프로이트의 1919년 논문에 제시된 견해는 노빅 부부에 의해 제시된 견해와 일치한다. 그는 4명의 여자 환자들 가운데 둘한테 나타났던 백일몽을 다음과 같이 간주하고 있다. "정교한 **상부구조**"로서 그 기능은 "비록 수음행위가 금지되어 있을지라도 만족되는 흥분의 느낌을 가능하게 만들어주는 것"(p. 190 강조는 필자의 것임)이었다. 부녀간의 이러한 논쟁에서 안나 프로이트는 결국 아버지의 견해가 그녀의 햄스테드 클리닉에서 나온 데이터로 입증되었듯이 그 당시에 이겼음을 알았던 것처럼 보인다.

안나 프로이트는 자신의 1922년 논문이 프로이트의 논문에 대하여 논쟁의 여지가 있다고 분명하게 생각한 것은 아니었다. 그와는 거의 반대로 그녀는 아버지의 1919년 논문에 대한 "작은 기여"로 자신의 논문을 소개하고 있다. 더구나 원래의 독일어판 논문은 서문으로 시작하고 있는데(1923년과 1974년의 영역본에는 사라져 있음), 그 서문에서 그녀는 계속 침묵을 지키고 있는 편이 더 나았을 뻔했다고 고백한다. 또한 그녀는 비엔나 정신분석학회의 "엄격한 규칙"에 대해 침묵을 깨는 일에 기여하고 있는데, 학회에서는 그녀의 "소극적인 방관"(p. 317)을 계속하도록 허용치 않았을 것이다. 왜냐하면 안나 프로이트는 비엔나학회의 회원이 되길 바라고 있었으며 이것이 그녀의 후보자격 논문이었기 때문이다.

프로이트의 논문을 바라보는 예외적인 위치

안나 프로이트가 침묵을 지키지 못했다는 사실은 오늘날 우리가 『아이가 매를 맞고 있어요』라는 논문에 대해 생각할 수 있도록 만들어주는데, 대체로 우리한테 유용치 않은 시각에서 안나 프로이트의 논문은 그 논문에 대한 반응이 되었다. 몇년간에 걸쳐 이 논문들이 쓰이고 있었던 동안에 안나 프로이트는 아버지와 분석 중에 있었다.[5] 다음에 더 자세히 말하겠지만 이 분석의 핵심에는 안나 프로이트의 매질환상이 있었는데, 특히 그녀의 백일몽 속에 나타나 있었다. 이런 사실은 영-브루엘(1988)이 썼던 안나 프로이트의 전기에 나타나 있고, 안나 프로이트의 논문에 대해 최근 노련한 블라스(1993)의 분석에 더욱 납득이 가도록 설명되어 있다.

따라서 프로이트와 안나 사이의 "논쟁"은 예사롭지 않은 이런 분석의 일부로 간주될 수도 있는데, 그 첫 번째 단계는 곧 끝나든가 끝내려 하고 있었다. 블라스(1993)가 아버지와 이뤄진 안나 프로이트의 "대화"로 묘사하고 분석했던 것, 즉 그녀의 논문 속에 나오고 논문을 통해 나타난 그녀의 "창조성의 몸부림"은 더욱이 프로이트와의 분석 속에서 의식적이고 무의식적인 그녀의 다양한 경

---

5) 그녀의 전기 작가인 영-브루엘(1988)에 의하면 프로이트한테 받은 그녀의 분석은 두 단계로 나뉜다. 첫 번째 단계는 1918년에 시작되었다. "그 가을에 그는 딸을 위해 일주일에 6일간 규칙적인 시간을 갖고 있었다. 하지만 나중에는(그의 진료가 전시상황으로부터 회복되었을 때) 그는 자신의 모든 스케줄이 끝난 다음인 밤 10시에 그녀를 봤고"(p. 115), "1922년 봄쯤에" 끝냈다. 거의 4년간에 걸친 이 단계의 뒤를 이어 1924년부터 1925년까지 약 2년간의 두 번째 단계가 있었다.

험들의 **공연**으로 보일 수도 있다. 그들의 숨겨진 섹슈얼리티로 인한 죄책감 때문에 흐려지게 된 백일몽에 대한 아버지-분석가의 해석—프로이트 자신의 환자들이 보인 백일몽에 관하여 그의 논문에 표현된 견해—에 대하여 그녀의 글 속에서 그녀가 보이는 거부는 그러니까 "창조적인 저항"의 일부로 간주될 수도 있다는 것이다(아이퍼만, 1997).

프로이트는 자신의 논문에 제시한 견해를 주로 4명의 여성 사례들과 2명의 남성 사례들의 분석에서 끌어오고 있으며, 여기에 덧붙여 "더욱 철저히 연구하지 못했던 훨씬 더 많은 수효의 사례들"(p. 191)에서도 끌어온 것이다. 영-브루엘(1988)은 "다섯 번째 환자가 안나 프로이트와 무척 닮은 것처럼 들리는데… 그러나 여섯 번째 환자는 직접 묘사된 일이 전혀 없어서 이것은 프로이트가 딸의 프라이버시를 침묵으로 보호했다는 것을 알려줄 수도 있다"(p. 104)고 암시해준다. 그러나 그는 데이터 전체를 자기 마음대로 처리했던 것처럼 묘사했는데 안나 프로이트의 사례는 확실히 그의 마음속에 존재했다. 더구나 그는 그녀가 그의 논문을 읽게 되리라는 것도 잘 알고 있었다. 이런 사실들이 그의 생각과 글쓰기에 영향을 주었다고 가정하는 것은 억지스러운 일이 아닐 것이다. 또한 그의 딸이 그의 사례들 속에 포함되어 있다는 사실이 그에게 틀림없이 유별난 영향을 주었다는 것에 대해 그가 잘 알고 있었다고 가정하는 것도 터무니없어 보이지 않는다. 이미 이십여 년 전에 그는 그와 가까운 사람들에 관한 그의 소견들과 이론화가 그들에 관하여 암시해줄 수 있다는 사실에 대해 민감성을 내보였다. 따라서 그가 소위 그의 유혹 가설을 계속 주장하고 있었다면 그 자신의 아버지도 고발될 수 있는 가능성의 무분별함에 대해서는 이 '가설'의 거부를 고려하는 중에 언급되고 있다. 플리스에게 보낸 1897년 9월 21일자의 편지에(메이슨, 1985) 그는 그 친구에게 다음과 같이 밝히고 있다. "나는 더 이상 내 신경증 이론(neurotica)을 믿지 않아요.… 모든 사례들에서 내 아버지도 제외되지 않은 **아버지**라는 사람이 도착증의 원인이라고 비난받아야 했다는 놀라운 일은 도무지 이해되지 않았어요"(p. 264). 그런 맥락에서 그가 이미 스스로 아버지가 되었을지라도 오로지 그 자신의 아버지에 대해서만 언급하고 있다는 것은 주목할 만한 일이다.

편견과 경시와 주목 : 예증들

논문 작성의 특수한 상황 때문에 그 작성에 관련된 복잡함을 프로이트가 아무리 예리하게 알고 있었을지라도 그 영향력을 온전하게 피할 수는 없었고, 또한 프로이트는 모든 사례들에서 이런 결과를 꼭 피하고 싶은 것만은 아니었다. 다음은 그의 논문에 나온 예증들인데, 잘못된 가정으로도 보이고 논의된 문제에 관련된 내용의 제외나 생략, 다른 문제를 중요시하지 않는 경시, 그리고 또 다른 문제에 대한 과도한 강조도 보일 수 있다. 나는 이런 편견들이 어떻게 그 특별한 논문의 작성을 둘러싼 상황에 관련되었는지 보여주려고 한다.

가장 나이 어린 아이한테 특권 있는 지위를 부여하기. 프로이트는 자신의 막내딸한테 흔히 인정되는 깊은 애착에 대해 잘 알고 있으며 관심을 갖고 있었다. 또한 그는 그들 사이의 관계와 관련된 복잡함에 눈멀지 않았다. 안나 프로이트의 가장 최근의 전기 작가인 영-브루엘은 루 안드레아스-살로메한테 1922년 3월 13에 보낸 그의 편지에서 다음과 같이 인용하고 있다. "나 역시 딸-안나[6]가 몹시 보고 싶어요. 그 애가 3월 2일에 베를린과 함부르크로 떠났거든요. 나는 오랫동안 그 애한테 미안한 느낌을 갖고 있어요. 그 애가 아직도 우리 늙은이들과 함께 집에 있기 때문이고[…], 하지만 다른 한편으론 그 애가 정말로 훌쩍 떠나가 버린다면 내 자신은 지금처럼 박탈된 느낌을 받게 되겠죠. 또 그것은 내가 마치 담배를 끊어야 할 때 드는 느낌일 거요! 우리 모두가 함께 있는 동안에는 누구도 그걸 분명하게 알지 못해요. 아니면 어쨌든 우리는 알지 못할 거요. 그러니까 해결할 수 없는 이런 모든 갈등을 생각하면 인생이 언젠가 끝나는 것도 좋은 일이죠"(영-브루엘, 1988, p. 117).

프로이트는 『아이가 매를 맞고 있어요』에서 부모들이 "항상" 막내 아이한테 주는 특별한 애정에 대하여 일반 규칙이라 주장하기 어려운 견해를 제시하고 있다. 이런 아이는 "맹목적인 부모들이 항상 가장 어린 아이한테 줄 것 같은 애정의 공유를 아이는 그 자신한테로 끌어들이고, 또한 이것은 놀라운 모습이고 피할 수 없는 광경이다"(p. 187). 프로이트 쪽에서는 맹점처럼 보이는 이런 부적당한 주장은 부모·자식으로서 그 자신의 경험과 일치했다(그의 남동생인 율리우스가 영아 때 죽었기 때문에 그 자신은 그의 어머니가 매우 좋아하는 막내 아이가 되었던 경험이다). 그의 딸의 오이디푸스적인 소망과 관련된 분석적인 자세를 유지하면서 또한 그녀

---

6) 이것은 그들의 편지에 사용하는 안나 프로이트의 이름이다.

자신의 상황에 대한 그녀의 해석에 반대하면서 그는 특히 그 자신과 그의 독자들(안나 프로이트를 포함하여)에게 딸에 대한 자신의 사랑이 누구한테나 분명한 일이라는 것을 일깨워주는 데에 마음이 끌렸던 것처럼 보인다. 이 특별한 논문에서 이런 욕구는 완전히 의식적으로 작용해본 일이 없었고 그에 따라 일어난 실수나 편견도 반드시 프로이트의 생각으로 국한되지 않았다. 이 논문을 쓸 당시의 주변 상황을 고려해보면 그것이 발생하게 된 원인의 역동에 초점을 맞추고 있다.

다음에 나는 다양한 종류의 편견들을 실증하기 위해 세 가지 부가적인 실례를 제시해 보려고 한다. 그 실례들을 제시한 다음에는 프로이트의 논문이 쓰인 특별한 상황이 어떻게—진행 중인 부녀간 분석의 기초가 되는 상호작용과 상호간의 연기에 뒤얽힌 특별한 역동이 어떻게—프로이트가 그 당시에 사용하면서 옹호하고 있었던 '적극적인' 테크닉의 발달에 기여하게 되었는지 그 방법을 정교하게 다듬어 보려고 한다. 이 테크닉은 당연히 오직 한 가지 분석에만 사용된 것은 아니다. 프로이트는 이것을 다른 환자들의 분석에서도 사용하였다. 그러나 고려 중인 분석에서 지금 검토되고 있는 두 논문들의 유용성은 관련되어 있던 역동을 더욱 자세히 들여다볼 수 있게 해준다. 차츰 보여주겠지만 이런 연구는 역동이 테크닉에 어떤 영향을 주는지 밝혀준다. 이런 영향들을 확인하는 일은 부녀간의 역동이 가장 특별한 이 분석에서 오직 전이와 역전이를 통해 표현되었던 분석에서보다 더욱 직접적이고 더욱 유효하다는 사실에 의해 훨씬 더 쉬워진다. 먼저 세 가지 부가적인 실증들은 다음과 같다.

최초 장면의 노출에 대한 참조의 부재. 프로이트의 논문에서 최초 장면에의 노출이 아이에게 주는 가능한 결과들에 대한 어떠한 참조도 부재하다는 것은 주목할 만한 일이다.[7] 특별히 그 이유는 매질환상의 주제를 다루는 훗날의 많은 필자들(예를 들어, 조셉의 책에 나오는 크리스, 1965; 노빅과 노빅, 1972; 마이어스, 1981; 샤스게-스미르젤, 1991)이 이런 측면을 과정의 문제로 소개하고 있으며, 그렇게 함으로써 그들은 매질환상의 논문보다 10년 이상이나 앞서 1908년에 출간된 프로이트의 『소아의 성 이론에 관하여』라는 논문에 의지하고 있다. 가장 최근에는 샤스게-스미르젤이 『도착증에서의 가학피학증』(1991)이란 논문에서, "나는 『아이가 매를 맞고 있어요』에서 프로이트(1919)의 주체 발달 속으로 가학피학적인 최초 장면의 환상을 개입시킬 필요가 있을 것으로 생각한다"(p. 412)고 논평하고 있다. 마이어스(1981)가 프로이트를 따라 매질환상의 세 단계들을 묘사하면서 이런 전후 참조를 프로이트의 기여로 돌리는 것은 그의 1919년 조사연구 맥락에서 1908년 논문에 제시된 생각들과 연결해왔던 그의 사유에 매우 잘 어울려 보였을 것이다. 그는 프로이트의 환상의 둘째 단계를 묘사하면서 이렇게 말하고 있다. "프로이트는 매 맞는 피학적 소망을 아버지와의 성교에 대한 소녀의 성기적인 소망의 퇴행적인 표현으로 보고 있다. 그런 소망의 형태는 성교를 아버지에 의한 가학적 공격으로 보는 그녀의 개념화에 의해 결정된다"(p. 623).

노빅과 노빅(1972)은 내가 이미 인용했던 논문에서 햄스테

7) 프로이트는 이 문제를 나중의 논문(1925년, pp. 250-251)에서 제기하고 있다. 프로이트에게 후기 발달의 문제는 현재의 논문에서 언급된 논제에 직접 속하지 않는다.

드 클리닉으로부터 나온 소견을 옹호하기 위해 프로이트의 1908년 논문을 참조하면서 연결하고 있다. "아이들이 성교의 가학적 이론을 형성하는 것은 일반적으로 인정되고 있다[여기서 프로이트의 논문이 참조되고 있다]. … 매 맞고 싶은 소망이 성적인 특성을 갖는 것은 성교의 가학적 이론을 통해서 이뤄진다"(p. 238). 사실상 프로이트 자신은 1908년의 논문에서 노빅 부부가 암시한 것보다 더욱 특유하고 더욱 조심스러워 한다. 그는 아이들이 가질 수 있는 다른 수많은 성 이론들에 대해 논의하고 있는데, 그중의 하나는 "만일 아이들이 집안의 어떤 우연한 사건을 통해 부모들 간의 성교를 목격하게 된다면 아이들한테서 생겨나게 된다." 그러한 경우에 "그들은 **성교의 가학적 견해**라고 부를 수 있는 것을 채택하게 된다(1908, p. 220; 원본에 있는 강조임). 매질환상에 관한 프로이트의 논문이 나왔던 같은 해인 1919년에 출간된 늑대인간의 사례(그가 이 사례를 4년 전에 쓰긴 했지만)도 역시 그러한 내력을 보여주고 있다. 그런데도 『아이가 매를 맞고 있어요』에서는 성교의 가학적 이론의 이런 근거에 대해 아무런 언급도 없다.

섹슈얼리티의 경시와 어머니의 배제. 프로이트가 초기 단계에서 매질환상들의 성적인 측면에 대한 경시와 환상 형성의 어떤 역할에서 어머니를 배제시킨 것은 이런 부재와 관련된다. 프로이트는 논문의 1부에서 실제로 매를 맞았거나 혹은 타자들의 매 맞는 광경에 노출되었던 것이 매질환상을 일으킬 수 있는 결과에 대해 탐구하고 있다. 여기서 프로이트는 오로지 **아이**들의 매 맞는 광경에의 노출에만 초점을 맞추고 있다. 제한된 이런 시각은 이 논문의 4부에서 두 배로 강화된다. 거기서 프로이트는 매질환상이 아이들의 방(부모의 침실에서가 아님)에서의 경험으로부터 만들어진다고 하며 그 환상이 오로지 형제간의 경쟁에만 연결된다고 암시해준다. 부모와 얼굴을 마주 보는 막내 아이한테 부여된 특별한 우선권의 지위가 나타나는 곳도 바로 여기다. 더욱이 그는 "매질환상이 어머니와 소녀의 관계에 연결되어 있지 않다"(p. 186)고 주장한다. 또한 아버지한테 매 맞는 것이 굴욕과 사랑의 박탈을 의미하고 따라서 만일 미운 형제가 매를 맞으면 이것이 의미하는 것은 "나의 아버지는 이런 다른 아이를 사랑하지 않고 오직 나만을 사랑한다"(p. 187)라는 결론을 내린다.[8] 다시 한 번 늑대인간의 유아기 병력에서 보여줬던 경우처럼 프로이트가 성교의 가학적 이론을 오이디푸스 단계보다 앞서 성교에 노출된 결과라고 묘사하는 것(1908, p. 221)은 주목되어야 한다.

따라서 프로이트는 아버지의 사랑에 대한 경쟁을 오로지 어린이방의 환경, 즉 어머니의 배제 탓으로 돌리면서 어릴 때의 매질환상의 성적인 측면을 중요시하지 않는다. "환상은 분명히 아이의 질투심을 만족시켜주고 아이의 인생에서 성애적인 측면에 의존하고 있지만, 아이의 이기적인 관심에 의해 강력하게 강화된다. 따라서 환상이 순수하게 '성적인' 것으로 묘사되어야 할지 혹은 '가학적인' 것이라고 과감히 부를 수는 없는지 그런 의구심은 남는다[왜냐하면 앞에서 설명된 것처럼 환상 속에서의 매질이 아이 그 자신에 의해 행해지지 않기 때문이다. p. 185]"(p. 187). 그와는 대조적으로 뒷날의 필자들(노빅 부부에 의해 안나 프로이트를 포함하여)

8) 그는 매우 모순되게끔 두 쪽에 걸쳐 이런 첫째 단계의 환상을 "근친상간적인 사랑의 시기에 보이는 환상"(p. 189)이라고 부른다.

은 프로이트의 초기 생각들을 다시 소개하고 입증하면서 이러한 경시를 고쳐가고 있다.

둘째 단계에서 매질환상의 무의식적인 특성을 강조하기. 프로이트는 매질환상의 둘째 단계인 무의식 단계를 "모든 단계들 가운데 가장 중요하고 가장 중대한"(p. 185) 것으로 간주한다. 그는 "우리는 어떤 의미에서 실재했던 일이 전혀 없었다고 말할 수도 있다. 그것은 기억되지 못하고, 의식화되는 데에 성공한 일이 결코 없었다. 그것은 분석의 구성물이지만 그런데도 그런 이유 때문에 필연적이다"(p. 185).[9] 그럼에도 불구하고 이 무의식 단계에 대해서는 훗날의 필자들이 세 단계들을 프로이트한테서 인용할 때에도 무시될 정도로 대단찮게 생각하고 있다.

안나 프로이트는 프로이트에 의해 묘사된 단계들을 제시하고 있는데, 그때 그녀가 제시한 "그 소녀"의 분석을 묘사하면서도 그와 같은 무의식 단계를 드러내는 것에 대해서는 언급하지 않고 있다. 그녀는 다만 "역시 우리 아이"(독일어판에서)의 경우에 그 자신을 훗날의 의식적인 환상에 즉각적으로 부착시킨 죄책감이 "다음과 같은 방법으로 **프로이트에 의해 설명되고** 있다 : **그는** 매질환상의 이런 버전이 원래의 것이 아니고 초기의 무의식 단계를 대신하는 의식에서의 치환물이라 말한다"(1974, p. 139, 강조는 필자의 것임)고 이야기할 뿐이다.

요컨대 그녀는 다음과 같이 말한다. "분석하는 동안에 그 소녀는 매질환상에 대해 가장 엉성한 설명만을 해줄 뿐인데, 대개

---

9) 프로이트는 몇 페이지 뒤에 이것을 "대체로 무의식 상태로 남아있는"(p. 189) 것으로 변경하고 있다.

수치와 저항을 나타내는 모든 표시로 만들어졌고 또한 분석가가 진정한 모습을 공들여 재구성해야 했던 것을 기초로 하여 간결하고 모호한 인유들의 형태로 만들어진 것이다"(1974, p. 143). 그 소녀가 만들어낸 "모호한 인유들"이 그녀가 알지 못한 것을 환상화한 것인지 그 여부는 분명치 않은 채로 남아 있다. 그러나 마치 그것들이 분석수행자한테는 알려져 있지만 분석가에겐 숨겨져 있기 때문에 그것들이 "재구성해야" 하는 것처럼 생각되기도 한다. 노빅 부부(1972)는 앞에서 인용했던 햄스테드 클리닉의 자료를 근거로 삼아서 오이디푸스 단계 이후에 "오이디푸스적인 소망을 대신하여 매 맞고 싶은 소망이 **의식화되거나 될 수 있다**"(p. 239, 강조는 필자의 것임)는 결론을 내리고, 또한 그것이 바로 매질환상 그 자체가 일어나는 시기라서 훨씬 더 빠른 프로이트의 시기와 대조된다는 결론을 내리고 있다. 마이어스(1981)에 의해 자세히 기술된 사례에서 아버지한테 매를 맞는 환상은 소아기로부터 성인기에 이르기까지 수음하는 동안 환자에 의해 의식적으로 환기되었다. 이런 의식적인 환상의 이면에는 어머니한테 매를 맞는 환상이 분석 중에 명백해지고 있었다. 갤런슨(1981)은 소아들의 관찰을 근거로 삼아 "정신·성 발달의 항문기 동안 소녀들에게서 공통되고 아마 보편적일 수도 있는 발달"(pp. 651-52)을 기술하는데, 다시 말해 "어머니와 관련되는 매질환상의 전(前)오이디푸스적인 형태"(p. 651)를 묘사하고 있다. 프로이트한테 "가장 중요하고 가장 중대했던" 것, 즉 매질환상의 **무의식적인** 단계는 훗날의 조사연구자들의 작업에서 별로 주목을 받지 못했던 것처럼 보인다.

근원적인 역동과 '적극적인' 테크닉의 촉진

테크닉

프로이트가 임상적 증거에 도달하게 되는 방식에 대한 참조를 1919년의 논문에서는 찾아보기 어려울지라도, 프로이트는 매질환상의 셋째 단계의 측면들을 묘사할 때 "**집요하게 물어대는 질문**에 대한 답으로 환자들은 이렇게 선언할 뿐이다. '나는 아마 바라보고 있을 거예요'"(p. 186, 강조는 필자의 것임)라고 말하게 된다. 그 자신이 1918년 여름에 썼던 『정신분석 치료에서 전진의 노선』(1919b)이란 상세한 논문에서 묘사한 것처럼 이런 적극적인 자세가 그의 테크닉이다. 거기서 그는 의사로서 자신의 분석 작업을 공식화한다. 즉 "환자의 내부에 존재하는 무의식적인 억압된 충동들을 환자에게 알려주고 또한 그 목적을 위해 그 자신에 관한 그의 지식의 이러한 확장에 대항하는 저항을 발견해내는 것"(p. 159)이다. 분석가가 하고 있는 것은 "그를 가르치는 것," 즉 "그를 보여주는 것"이다(p. 160).

분석가의 편에서 동일한 적극적인 자세는 안나 프로이트의 논문의 1923년 영문판에서 명백해지는데, 자신의 매질환상에 대해 이야기하도록 "권유되는" "그 소녀"의 경험은 거기서 명백해진다(안나 프로이트 자신이 1974년에 수정한 논문에서 동일한 단락의 인용과는 다르다[p. 143]). 앞선 영문판에서는 이렇게 말하고 있다. "그 소녀는 개인적인 매질 장면에 대해서 자세히 설명해본 일이 결코 없었다. 그녀의 수치감과 저항 때문에 그녀가 설명하도록 **권유될** 수 있었던 모든 것은 은밀한 인유들이 되는데, 원래의 상황에 대한 그림을 완성하고 재구성하는 작업이 분석가한테 남겨져 있었다."(p. 93, 강조는 필자의 것임).

근본적인 부녀 역동

프로이트가 훗날의 분석가들이 해내려던 경향보다 훨씬 더 광범위하게 그에 의해 "완성되거나" 혹은 "구성된" 분석 자료를 환자들이 제공하도록 "권유했다"는 견해, 또는 그의 환자들(가운데 몇몇)이 이런 특성의 상호작용을 야기하는 데에 "권유되거나" 참여되는 느낌을 받았다는 견해는 안나 프로이트가 그녀 자신의 분석을 묘사했던 것을 우리가 참작하게 되면 더 큰 의미를 얻게 된다. 다시 말해 안나 프로이트에 의해 묘사된 그 사례에서 분석가가 다름 아닌 프로이트 자신이었고 그 분석에서 "그 소녀"가 바로 프로이트의 딸이었음을 참작하게 되는 경우였다. 이것은 최근에 영-브루엘(1988)에게서 구체화되었다. 안나 프로이트에 대해 썼던 초기의 전기 작가들(다이어, 1983; 피터스, 1985)과는 대조적으로 영-브루엘은 "거의 확실한"(p. 104) 것으로 간주하는 이런 가능성의 도움으로 수긍이 가는 역사적 데이터를 제공하고 있다. 예를 들어 그녀는 안나 프로이트의 논문이 실제로 안나가 첫 환자를 보기 6개월 전에 쓰인 것임을 지적하고 있다. 블라스(1993)는 그 논문을 자세히 연구하고 오직 그 텍스트에 의존하여 안나 프로이트가 묘사하고 있었던 그 분석의 소녀가 참으로 그녀 자신이라고 결정적으로 확인시켜주고 있다. 예를 들어 안나 프로이트는 자신의 논문에서 그녀 자신이 분석 중인 환자일 때에만 알 수 있던 세부사항들을 우리에게 알려주고 있다.

여기서 우리는 매질환상과 백일몽의 분석에 나온 사실들에 대한 프로이트의 인식과 이해뿐만 아니라 그의 환자인 안나 프로이트에 대한 유사한 경험과 이해까지도 우리의 마음대로 이용하려고 한다. 안나 프로이트는 "그 소녀"로 하여금 그녀의 매질환상에 대해 "모호한 인유"를 만들어내게끔 하는 일에 관련되어 있던 어려움들과 그녀의 "멋진" 백일몽을 이야기하려는 마음의 준비를 대조해 보고 있다. "이러한 과묵함과 대조되어 일단 처음의 어려움들이 극복되고 나면 그녀는 자신의 멋진 이야기들[백일몽들]의 다양한 환상적 삽화들에 대해 생생하게 **너무나 간절히** 말하고 싶어 했다. 사실상 그녀는 결코 지치지 않고서 말하고 있었다는 인상을 얻고 또한 **그렇게 함으로써 백일몽에서보다 더 크거나 그와 비슷한 쾌락을 경험하게** 된다는 인상을 얻게 되었다"(1974, p. 144, 강조는 필자의 것임). 그 소녀가 자신의 "멋진 이야기들"을 분석가한테 "너무나 간절히" 말하고 있었다는 말에서 안나 프로이트는 자신의 백일몽을 분석가와 공유하는 일에 관하여 (지나치게?) 무제한적인 열광이나 열정의 의미를 전달하고 있는 것 같다. 이렇게 비판(후회?)하는 기미는 그녀의 1923년 판에 부재하는데, 거기서 그녀는 단지 백일몽에 대해 이야기하려는 그 소녀의 "간절함"(p. 93)에 대하여 쓰고 있을 뿐이다.

그 환자는 자신의 백일몽을 열심히 이야기함으로써, 다시 말해 그것들의 환상화에서 얻은 쾌락을 반복함으로써, 분석 상황에서 그녀가 말하며 만들어내는 분위기뿐만 아니라 이야기하며 전달하는 그 내용에 의해 그것을 상연하고 있었다. 예를 들어 그 대부분의 백일몽(혹은 '멋진 이야기들') 속에서는 기사와 젊은이가 두 명의 주인공이 되는데, 기사의 포로인 젊은이는 감금에서 도망치려는 진정한 시도를 해본 일이 전혀 없었다. 이 "멋진 이야기들" 속에 나오는 젊은이는 끊임없이 처벌의 위협을 받고 있는데, 그 이유는 기사가 그로 하여금 털어놓도록 강요하는 그의 (집안) 비밀의 노출을 그가 거부하기 때문이다. "멋진 이야기들"은 점차 가중되는 두려움과 긴장의 기간을 매질환상과 함께 공유하지만 그 둘 사이의 차이점은 그 해결책에 있다. "환상 속에서는 매질에 의해 해결되고 백일몽에서는 용서와 화해에 의해 해결된다"(1974, p. 149).

이 모든 백일몽들이 일어나는 것은 "생생하고 활기차며 극적으로 감동시키는 장면들이다. 백일몽을 꾸는 사람들은 각자 위협을 당하는 젊은이한테서 그의 불안과 용기로 가득한 흥분상태를 경험하게 된다. 고문자의 분노와 격노가 동정심과 자비심—다시 말해 각각의 장면의 클라이맥스에서—으로 바뀔 때 그 흥분은 행복감으로 변하게 된다"(p. 147).

블럼(1995)은 우리한테 이렇게 상기시켜준다. "치료에서 백일몽은 항상 전이의 차원을 갖고 있으며, 백일몽에 대한 환자의 태도와 백일몽을 이야기하기 그리고 백일몽을 꾸는 스타일은 의미로 충만해 있다"(p. 43). 분석가인 프로이트는 분석에서 이런 백일몽을 이야기하는 중에 또한 이야기하기를 통해 표현되는 딸-분석수행자에 대한 아버지-분석가의 복잡한 관계에 대해서 틀림없이 잘 알고 있었다. 백일몽에서 그 "멋들어짐"을 떼어내면서 적극적으로—아마도 간혹은 간절히 혹은 효과적으로—"보여주고" "가르치고" 또한 해석하려고 시도하지만 프로이트는 환자의 이야기 속에서 기사의 역할을 연기해내지 않을 수 없었다. 참으로 이것은 1924년 1월 25일 루 안드레아스-살로메한테 보낸 편지 속에서 안나 프로이트가 자신의 경험과 기대에 어긋난 치유결과를 묘사하는 방식이 된다. "저는 그런 백일몽이 얼마나 불변적이고 격렬하며 유혹적인지 그 때문에 감동을 받고 있어요. 그것이 저의 초라한 백일몽처럼 따로따로 분리되고 분석되고 발표되고 또 온갖 방법으로 잘못 다뤄지고 구박당했을 때에도 말예요. 저는 그것이 진정으로 창피하다는 것을 알고 있는데… 하지만 그건 매우 아름답고 저에게 커다란 쾌락을 가져다주었어요"(영-브루엘, p. 121에서 인용).

"그 소녀"가 자신의 곤경—자신의 백일몽에 지나치게 마음을 빼앗기고 있는 것—에 대한 해결책을 자신의 "멋진 이야기들" 가운데 하나를 기록하는 행위에서, 다시 말해 자신의 분석가-아버지 이외의 다른 사람한테 전달하려는 시도에서 찾아냈다는 것은 이상할 것도 없는 일이다. 시도된 이런 해결책은 실패할 수밖에 없는데, 그 해결책은 블라스(1993)에 의해 밝혀진 것으로 안나의 기록된 한 가지 이야기가 그녀의 백일몽에서 벗어났다는 중대한 일탈을 지적해주고 있다.

프로이트는 분석관계가 그들의 생활 속으로 들여오게 될 수많은 곤란함과 어려움에 대해 틀림없이 알고 있었다. 이것은 테크닉에 관한 1919년의 논문에서 보면 분명해지는데, 그 논문에서 그는 반드시 분석 테크닉의 새로운 영역을 다시 만들어내기 위해 전개되는 "절차에 대한 매우 명확한 규칙들"(p. 162) 가운데 하나에 대해 특별히 이렇게 설명하고 싶어 했다. "이런 영역에서 우리의 작업을 지배하게 될 근본적인 원칙은… 다음처럼 전개된다. **분석치료**

는 가능한 한 박탈 하에서—절제 상태에서—이행되어야 한다”(p. 162, 강조는 원본의 것임). 따라서 그의 환자인 안나의 저항을 다소 효과적으로 다루는 일에 덧붙여 적어도 분석 세팅의 맥락에서 프로이트는 그녀의 분석가가 되는 부가적인 역할을 그 자신이 떠맡기 전에 그들의 관계에서 습관이 되어온 것보다 더 큰 절제에 대해 잘 알고 있었으며 또한 더 큰 절제를 실행했어야 한다. 이것은 확실히 그의 환자한테 뿐만 아니라 그한테도 박탈이 되었다. 어떤 의미로는 분석이 일단 시작되면 그 아버지가 보통의 아버지와 다름없는 까닭은 그가 분석가도 되기 때문이었다. 그와 똑같이 그는 아버지로서 그의 역할을 버릴 수 없었기 때문에 그는 결코 완전한 분석가가 되지 못했다. 프로이트가 『아이가 매를 맞고 있어요』에서 분석 작업에 관하여 “현재에는 이론적인 지식이 우리 모두에게 치료적인 성공보다 훨씬 더 중요하고 [어린 시절의 기억상실을 제거하여] 소아기의 분석을 소홀히 하는 사람이라면 그 누구든 가장 큰 [이론적인] 잘못에 빠지게 되어 있다”(p. 183)고 선언할 때, 그는 딸에 대한 관심으로부터 스스로 멀어지고 있을 뿐만 아니라 치료와 연구 사이에 일어날 수 있는 상반된 목표를 표현하기도 한다.

안나 프로이트의 분석과 다른 환자들의 분석

따라서 분석뿐만 아니라 연구도 역시 불가피한 선입견들의 영향을 받고 있었다. 막내 아이에게 특권적인 위치의 부여, 최초 장면에의 노출에 대한 참조의 부재, 섹슈얼리티의 경시와 어머니의 배제, 끝으로 매질환상의 둘째 단계가 갖는 무의식적인 특성의 부각, 이 모든 것은 테크닉에 영향을 주고 그 진료를 촉진시킨 부녀간의 분석에서 진행되는 상호간의 실행에 연결되어 있다. 이런 편견들과 그 편견들이 일어나는 방법을 확인하는 일은 두 논문들의 검토와 그 논문들 속에 제시된 테마와 상황의 검토를 통해 가능해졌다. 아버지와 딸이 관련되어 있기 때문에 근원적인 역동은 그 당시 다른 분석들의 전이와 역전이에서보다 더욱 직접적으로 또한 더욱 강렬하게 표현되어 나왔다. 그런데도 유사한 편견들은 반드시 중재 되어야 했다. 다시 말해서, 비록 프로이트와 그의 딸 둘 모두는 그 딸이 그의 자식들 가운데 그와 분석 중인 유일한 아이가 됨으로써 그녀와 아버지와의 관계에서 특권적인 위치을 유지하고 있었을지라도 눈에는 덜 띄지만 유사한 '특권적인' 위치가 그의 다른 많은 환자들에 의해 유지되고(혹은 지지되고) 있었고 친구들과 지인들의 집단에서도 나왔다. 더구나 프로이트의 적극적인 테크닉이 그 목표를 달성하였는데, 안나 프로이트 쪽에서는 (아버지한테서?) 매를 맞는 환상들이 그녀의 경험의 일부가 되었다고 확인된다. 그 테크닉은 억압(예를 들어, 전오이디푸스 단계에서 어머니의 역할에 관한)과 저항을 증진시키는 일에 작용하고 그와 동시에 양가적일지라도 적극적으로 비밀들을 보호하려는, 즉 그 비밀들을 '만들어 내려는' 욕망을 증진시키는 일에도 작용했을 수 있다. 동일한 테크닉이 다른 환자들한테 적용되었을 때 조금 더 가볍지만 그래도 유사한 효과를 보여주었을 것이다. 환자와 분석가 둘 모두에 의한 특정한 테마들(최초장면, 어머니의 역할)의 배제나 경시는 여기서 적극적인 "보여주기"와 "가르치기"에 의해 인도된 분석에서 일어났던 것으로 보이는데, 더구나 그런 분석의 명백한 관심사인 그 테마들의 직접적인 상호간의 실행은 무관하거나 '연결되지' 않은 채로 나타난 것에는 별로 여지를 남겨두지 않았다(프로이트, 1919, p. 186). 그런 특성 때문에 공모의 회피와 분리와 다른 기제들뿐 아니라 그러한 단절도 다른 분석들에서보다 지금 고려 중인 분석에서 더욱 필수적인 것이 되었다.[10] 그런데도 프로이트의 논문에서 언급된 것(또한 언급되지 않은 것)으로부터 분명해지는 것과 동일한 경향들이 다른 분석들에서도 어느 정도까지는 존재해왔던 것처럼 보인다.

애슈(1981)는 프로이트의 논문이 "분석이론의 발달에서 너무 빨리 착상되었다"(p. 653)고 논평한다. 우리가 그의 분석수행자–딸한테 적극적으로 가르치는 분석가로서 프로이트의 역할을 부분적으로 실행해왔던 것으로 그 논문을 간주한다면 프로이트가 논문을 썼을 때 그 점을 생각했어야 하는 **이유**에 대해 얼마큼 밝혀질 수도 있을 것이다.

학습과 교육에 관련된 논평

세미나 준비에 대한 나의 사전 진술과 내가 결국 내 자신의 '감춰진 흔적'을 따라가게 된 그 길에 대한 진술뿐만 아니라 안나 프로이트의 논문과 프로이트의 논문이 갖는 관계의 어떤 측면들에 대한 나의 논의는 우리 연구소의 학습과 교육에 관련해서 몇 가지 논평할 수 있는 길을 닦아놓은 것이다.

---

10) 사이먼(1992)은 가족이나 지인들의 분석에서 "상징적인 근친상간"의 문제에 대해 언급하고 있다.

위반 : 가족이나 친구들을 분석하는 데서 일어나는 문제들—한계를 지키는 어려움과 그 결과로 오는 위반—은 우리가 분석 중인 정신분석 수련생에 대해 생각하고 싶었던 것보다 우리 집 문간에 더욱 가까이 다가와 있을 수 있다. 더욱 극단적인 사례들의 분석에 대한 우리 '선조들'의 연구에서 우리에게 '위반'이 허용된다면 우리는 분석 중인 우리 연구생들한테 저지른 우리 자신의 잘못에 대한 진실을 더욱 가까이 마주할 수 있게 될 것이다. 영-브루엘(1988)의 언급에 의하면, 안나 프로이트는 루 안드레아스-살로메가 그녀의 분석가라고 하는 잘못된 생각이 "지속되는 이유는 그녀의 아버지가 그녀의 분석가라고 생각하며 사람들이 험담을 했기 때문이라고"(p. 112) 생각했다는 것이다. 나는 나의 몇몇 독자들이 험담하지 않았다면 내가 해왔던 것처럼 그런 분석의 측면을 자세히 검토하는 것이 부적절하고 불필요하며 또한 세미나에서 지금 논의된 문제들에 초점을 맞출 수 있다고 암시하는 것도 부적절하고 불필요한 일로 생각할 수 있다는 것을 잘 알고 있다.

그런데도 가바드(1995)는 정신분석에서 한계 침범의 역사에 대한 최근의 검토에서 이런 초창기 위반으로부터 얼마나 귀중한 것을 배울 수 있는지 보여주고 있다. 그는 "당시의 정신분석 진료에서 이런 어려움들의 언급에 대한 제도상의 저항이 부분적으로 교육분석 그 자체에서 한계를 둘러싼 모호함에 관련될 수 있다"(p. 1115)고 주장한다. 오늘날 우리 연구소에서 한계를 유지하는 일 가운데 몇 가지 어려움들은 우리의 교육구조 속에 내재되어 있는데, 거기서는 흔히 교육분석가가 분석수행자한테 선생님이 되길 요구하고 있다. 세미나 과정에서 직접 언급되든 넌지시 언급되든 더욱 극단적인 사례들의 연구를 통해 그처럼 곤란한 문제들과의 대면—관련되고 혼란스럽고 항상 존재하지만 "숨겨진 문제들"의 공개—은 교육분석의 내재적 한계에 대한 인식과 재검토를 촉진시켜준다.

숨겨진 문제들: 그러한 문제들은 우리와 함께 끊임없이 존재하는 것들이고, 내가 여기서 예증해왔던 것처럼 가르치기 위해 교실에 들어오기 오래전부터 세미나의 준비과정에 그 결과뿐 아니라 그 뿌리도 두게 된다. 『아이가 매를 맞고 있어요』의 반복된 읽기 과정에서 흥미나 열광의 결여, 관련된 일에 대한 비자발성, 그리고 텍스트에 대한 심한 비판적 태도처럼 그 텍스트에 대해서 다양한 반응들이 나타났다. 나는 전환점에 도달하면서 개인적인 원인들이 이런 반응들을 강화시킨다는 것을 인식하게 되었다(아이퍼만, 1996b). 나는 텍스트가 나한테 환기시켜 주었던 "숨겨진 문제들"을 마지못해 직면하든가 확인해보기도 했으며, 여기서 논의된 두 텍스트들 간의 관계를 검토하여 나는 간접적일망정 그 문제들의 공개적인 조사를 마지못해 개시하게 되었다. 그처럼 인식되진 못했지만 고취시켜줄 뿐만 아니라 억제시키기도 하는 원인들은 항상 존재하기 마련이다. 갈등 없는 학습은 없다. 가드너(1994)는 최근의 저서에서 학습과 교육의 어떤 과정에나 다 있는 "숨겨진 문제들"의 중심성에 대해 말하고 있다. 그는 이렇게 말한다. "내 연구생들의 문제와 나의 숨겨진 문제들이 그 문제들에 대한 우리의 대답처럼 학습을 진전시키면서 동시에 방해하는 우리의 경향들의 다듬어진 표현이 된다는 것을 나는 반복적으로 발견해왔다"(p. 145). 우리 자신과 우리 연구생들의 내부에 있는 이런 복잡성의 인식이 이 문제들에 가까이 다가갈 마음의 준비를 더 크게 마련해주고 특히 학습과 교육

과정에 그것들을 위한 여지를 마련해준다.

세미나에서 큰 집단을 교육할 때 개인적인 동기로 생겨난 숨겨진 문제들에 마음을 맞추어 보는 것은 당연히 훨씬 더 어렵다. 가르칠 방법에 대해 『국제정신분석학』(그레이, 1995; 조셉, 1995) 잡지에 글을 써달라고 요청을 받은 두 명의 유명한 선생님들이 맨 먼저 개인적인 슈퍼비전 상황에 초점 맞추기를 선택했다는 것은 당연한 일이다.

"보여주기" "권유하기" "유혹기기" "만들어 내기": 이 세미나의 준비과정에 대한 나의 묘사는 결국 여기서 나의 시각을 발전시키도록 이끌어갔을 뿐이지만 그 묘사는 우리 연구소에 (또한 연구소 밖에) 있는 다른 선생님들도 유사한 경험들을 공유한다는 가정에 기초하고 있었다. 학습과 재학습의 집중적이고 광범위한 과정을 경험하면서 진정한 학습에는 선생님과 연구생 양쪽 모두한테 똑같이 상당한 투자가 필요하다는 것을 효과적으로 상기시켜 주었다. 숟가락으로 떠먹이는 요약이나 복습은 그들도 유능한 주최자가 될 수 있기 때문에, 즉 그들에게도 역시 커다란 수고를 덜어주기 때문에 흔히 학습과 교육의 선호된 방식이 된다. 그러나 평탄하고 용이할 수 없는 그런 과정 중에 내재된 어려움들을 회피하려는 우리의 시도는 우리의 교육을 결코 만족스럽지 못하게 만들 수도 있다. 우리는 어떤 교육방법에 너무 적극적으로 빠져들 수 있는데, 납득이 가도록 보여주고, 연구생들이 우리 견해를 받아들이도록 권유하며, 혹은 우리 연구생들이 우리의 견해를 그들 자신의 견해가 되는 것으로 믿게끔 유혹까지 한다. 참으로 우리는 그들로부터(혹은 그들에게로) 그것을 만들어 낼 수 있다. 따라서 우리는 우리 연구생들한테 연구할 특권과 무지의 상태에 머물 수 있는 특권과 그들 자신의 길을 자유롭게 닦아나갈 특권을 박탈할 수 있고, 또한 우리 자신들한테는 놀랄 수 있는 특권, 즉 그들의 길이 어떻게 될지 알게 되는 특권을 박탈당할 수도 있다. 정신분석 과정에서의 유사물—"적극적" 또는 그 반대—은 찾아내기가 어렵지 않다.

과도한 열성 혹은 가르치려는 "열광" : 정신분석 진료에서 치유하려는—혹은 연구하려는(또한 프로이트의 『아이가 매를 맞고 있어요』는 그런 열성에 사로잡힌 것은 아니었을까?)—과도한 열성은 역효과적인데, 그와 똑같이 가르치려는 열광도 추구된 결과를 획득하기가 쉽지 않다. 커다란 열성으로 선생님한테 제시된 가장 중요한 문제가 그의 연구생들에겐 중요치 않은 것으로 간주될 수도 있다. 우리 연구소의 세미나에 참석하고 있는 사람들은 모두가 아니더라도 그 대부분이 분석 중에 있다는 사실은 고려되어야 할 것이다. 어떤 개인적인 문제들이, 아마도 그 당시 그들 각자한테 화급한 문제들이 정신분석에 관하여 그들이 무엇을 경청하며 어떻게 경청할지 그 내용과 방법에 대해 매우 강렬한 견해를 개입시키고 있을까? 중점적이고 쉽게 추적할 수 있는 또 다른 영향력은 특히 경청해본 일이 있다면 유사한 세미나의 것이다. 다시 말해 남겨진 결과는 흔히 분명해지고 불시의 변환은 환영받지 못할 것이다. 가드너(1994)는 이런 관계에 대해 다음과 같이 논평하고 있다. "나는 내 연구생들보다 나에게 훨씬 더 매혹적인 주제들과 진전들을 반복적으로 추구하고 있는 내 자신을 발견하게 된다"(p. 53). 우리들 자신의 깊숙한 관심은 우리 연구생들의 관심사항에 대해 눈멀게 할 수도 있고, 또한 이런 사실을 알면서 연구생들은 특정한 질문이나 문제들의 야기를 회피할 수도 있으며, 따라서 우리의 열성은 그들의 시야뿐 아니라 우리 자신의 시야도 수축시킬 수 있다. 우리는 "거칠게 다뤄지고 학대되는" 느낌을 불러일으키면서 긴장과 저항의 분위기를 무심코 만들어낼 수도 있다.

이런 전제조건을 마음에 두면서 나는 나의 열광의 티끌이 가라앉기 전에 "『아이가 매를 맞고 있어요』의 예외적 위치"에 대해 가르쳐주고 싶어서 어떤 세미나에 뛰어들라고 잘못 충고할 것 같다.

참고문헌

Ash, S. 1981. Beating fantasies: Symbiosis and child battering. *Int. J. Psychoanal. Psychotherapy* 8: 653-58.

Blass, R.B. 1993. Insights into the struggle of creativity—A rereading of Anna Freud's "Beating Fantasies and Daydreams." *Psychoanal. Study Child* 48: 161-87.

Blum, H.P. 1995. The clinical value of daydreams and a note on their role in character analysis. In *On Freud's "Creative Writers and Daydreams."* ed. E. Spector Person et al., 39-52. New Haven, Conn.: Yale University Press.

Chasseguet-Smirgel, J. 1991. Sadomasochism in the perversions: Some thoughts on the destruction of reality. *J. Amer. Psychoanal. Assn.* 39: 399-416.

Dyer, R. 1983. *The work of Anna Freud.* New York: Jason Aronson.

Eifermann, R.R. 1993. Teaching and learning in an anlytic mode: A model for studying psychoanalysis at university. *Int. J. Psycho-Anal.* 74: 1005-15.

Eifermann, R.R. 1996a. Ambivalent sibling rivalry: Latent concerns in Anna Freud's candidacy paper. *In Psychoanalysis at the political border: Essays in honor of Rafael Moses.* ed. L. Rangell and R. Moses-Hrushovski, 133-45. Madison, Conn.: International Universities Press.

Eifermann, R.R. 1996b. Uncovering, covering, discovering analytic truth: Personal and professional sources of omission and disguise in psychoanalytic writings and their effects on psychoanalytic thinking and practice. *Psychoanal. Inq.* 16: 401-25.

Eifermann, R.R. 1997. Countertransference in the relationship between reader and text. *Common Knowledge* 6: 155-78.

Eifermann, R.R. and Blass, R.B. 1992. Manifeste und latente Inhalte in Anna Freud's "Schlagephantasie und Tagtraum." Presented at the international symposium *Über Masochismus*, Munich, 1992.

Freud, A. 1922. Schlagephantasie und Tagtraum. *Imago* 8: 317-32.

Freud, A. 1923. The relation of beating-phantasies to a day-dream. *Int. J. Psycho-Anal.* 4: 89-102.

Freud, A. [1922]. Beating fantasies and daydreams. *The Writings of Anna Freud.* New York: International Universities Press, 1: 137-57(1974).

Freud, S. 1907. The sexual enlightenment of children. *S.E.* 9.

Freud, S. 1908. On the sexual theories of children. *S.E.* 9.

Freud, S. 1919a. A child is being beaten. *S.E.* 17.

Freud, S. 1919b. Lines of advance in psychoanalytic psychotherapy. *S.E.* 17.

Freud, S. 1925. Some psychical consequences of anatomical distinction between sexes. *S.E.* 19.

Gabbard, G.O. 1995. The early history of boundary violations in psychoanalysis. *J. Amer. Psychoanal. Assn.* 43: 1115-36.

Galeson, E. 1981. Preoedipal determinants of a beating fantasy. *Int. J. Psychoanal. Psychotherapy* 8: 649-52.

Gardner, M.R. 1994. *On trying to teach.* Hillsdale, N.J.: Analytic.

Gray, P. 1995. My teaching self. *Int. Psychoanalysis* 4: 21-23.

Joseph, B. 1995. How do I teach? *Int. Psychoanalysis* 4: 23-25.

Joseph, E.D. 1965. Beating fantasies. In *Monograph I of the Kris Study Group*. ed. E.D. Joseph, 30-67. New York: International Universities Press.

Masson, J. trans. and ed. 1985. *The Complete Letters of Sigmund Freud to Wilhelm Fliess: 1877-1904*. Cambridge, Mass.: Harvard University Press.

Myers, W.A. 1981. The psychodynamics of a beating fantasy. *Int. J. Psychoanal. Psychotherapy* 8: 623-47.

Novick, J. and Novick, K. 1972. Beating fantasies in children. *Int. J. Psycho-Anal.* 53: 237-42.

Peters, U.H. 1985. *Anna Freud.* London: Weindenfeld & Nicolson.

Simon, B. 1992. "Incest—see under Oedipus Complex": The history of an error in psychoanalysis. *J. Amer. Psychoanal. Assn.* 40: 955-88.

Young-Bruehl, E. 1988. *Anna Freud: A biography.* London: MacMillan.

환상의 구조

『아이가 매를 맞고 있어요』 읽기

마르셀로 비냐르

프로이트가 1919년에 썼던 텍스트에 관한 1996년의 논평은 겉으로 보이는 것만큼 그렇게 간단한 작업이 아니다. 우리가 단지 원래의 작품에 급속히 증가하는 문헌들을 첨가하는 것이 아니라면 우리의 시각을 명시하는 일이 필수적인데, 그 문헌들은 지역 문화의 다양성에 의해 또한 학파와 개인적 스타일 간의 경쟁에 의해 마구 생겨난 것으로서 그런 것들이 최근에는 정신분석 운동 내에서 언어의 혼란을 만들어내고 있다. 그와 동시에 입으로든 문서로든 프로이트 작품의 전달에 대해 독자나 저자가 접근하는 방법의 참신성과 가능한 창조성을 그 어떤 정통성의 이름으로 질식시키지 않는 일이 중요하다. 나는 프로이트의 논문에 의해 내 안에 일어난 생각들의 표현과 원본의 해석 사이를 구별하려고 애쓸 것이다.

그런데도 분명한 구분선이 없다. 오늘날 프로이트를 읽으면서 단지 그의 말을 열거하는 것은 결코 아니고 오히려 그의 관심사와 대화를 나누게 되고 그의 생각을 현재로 불러오게 된다. 정본에 속하는 텍스트를 우리가 읽는 것이 현명한 일이든 바보 같은 짓이든 우리를 걱정하게 만드는 것과 우리가 생각하는 것 그리고 우리가 연구해보고 싶은 것을 표현하기 위해 필자로서 우리가 그것의 참조기능을 이용한다는 것에 동의할 수 있다. 이것은 불가피하게 다양한 접근방법을 야기해주는데, 그것은 분명히 이런 모노그라프라는 구상과 구조에 반영되어 있는 것과 같다.

프로이트의 작품과의 대화에 의해 생겨나는 또 다른 어려움도 동일한 원인에서 발생한다. 프로이트는 한두 가지의 중점적인 생각들에 집중하며 알려주는데(이 경우에는 도착증과 피학증의 발생), 그의 종합과 체계화에 대한 연구과정에서는 끊임없는 탐구정신이 모든 측면에 걸쳐 넘쳐나게 되어 프로이트의 생각이 발전해가기 때문에 독자는 저자의 명백히 주요한 초점보다 더 많은 관심을 기울인 테마와 조우할 수 있게 된다.

이 특별한 논문에 대한 나의 경험은 이런 것이었다. 즉 도착증과 피학증이란 외면적인 테마의 한가운데서 나는 프로이트식 경험의 변천에 나타나는 환상의 발생과 구조—다시 말해 주체의 구성—에 대한 비할 데 없는 명증성의 열쇠를 발견하게 되었다.

『아이가 매를 맞고 있어요』라는 논문이든 다른 논문이든 프로이트 텍스트의 중심적인 토픽을 실제로 구성하는 일에 대한 논의는 결코 무익하지 않다. 프로이트 저술들의 이론적 정교화는 어떤 측면에서 환자나 분석가가 어떤 것을 말하려고 시도하다가 실제로는 다른 것을 이야기하거나 알게 되는 분석 작업 중의 그런 풍요한 순간에 비유될 수 있다.

우리는 수월한 것은 아니지만 프로이트의 개념들을 시간이 흐르면서 점진적 발달의 맥락으로 바라보는 방법을 배우게 되었다. 그것들은 단위생식이란 즉각적인 행위에 의해 생겨났기보다는 오히려 프로이트가 일관성 있게 체계화할 수 있는 자신의 능력을 끈기 있는 마음의 탐구자란 유목주의에다 자신의 독특한 방식으로 결합시켰던 간혹 모순되는 과정에 의해 단계별로 서서히 발전되었다. 나한테 『아이가 매를 맞고 있어요』라는 논문은 일탈과 시종일관의 종합이란 패러다임이다.

그러나 자칭 해석자이자 논평자들이 70년 동안이나 그러한 텍스트에 부딪혀온 가장 큰 어려움은 그 저술 이후로 진행되어 온 문화적인 변화의 아찔한 행보이다. 인류학자들과 역사학자들은 텍스트에 관한 자신들의 접근과 이해에서 저자와 독자 사이의 문화적인 틈새가 주는 효과에 대한 인정의 중요성을 더욱더 강조하고 있다. 모든 텍스트는 특수한 문화적 코드로부터 그 의미를 끌어내는 반면에 모든 용어의 중요성과 공명은 관련된 해석적·문화적·과학적 공동체의 특수한 시각과 해석적 자세에 달려 있다.

따라서 프로이트 논문의 두 가지 중심 개념인 도착증과 피학증은 불가피하게 우리 시대의 다음(多音)적 혼란 속에 1920년대의 비엔나 시절 그것들의 함축과는 전혀 다른 고리를 갖고 있다. 역사학자인 니콜 로로의 감동적인 표현은 이렇다. “우리는 현재의 불꽃으로부터 과거를 조사해야 한다”(1994). 섹슈얼리티와 문화의 관계는 오늘날 70년 전에 우세했던 코드로 이해될 수 있을까? 정상적인 성과 병리적인 성 사이의 구별은 그 당시에는 엄격했지만, 이젠 적어도 규정짓는 기준을 구체화할 필요가 있을 것이다. 다시금 나는 정신분석이 규범적이고 분류하는 기능을 수행할 수 있거나 혹은 수행해야 하는지 그에 대한 합의가 분석 공동체 내에 있지 않을까 생각한다.

『아이가 매를 맞고 있어요』라는 논문에서 도착증과 피학증의 임상적 치료는 생물학적 체질이란 관점과 오이디푸스 콤플렉스의 변천을 처리하는 성감조성 신체라는 관점에서 고려되고 있다. 십 년 뒤에 『착각의 미래』(프로이트, 1927)와 『문명과 그 불만』(프로이트, 1930)에서 강조점은 섹슈얼리티와 문명 간의 인터페이스로 옮겨가고 있다.

우리 자신의 시대와 우리의 문화에서 서구세계적인 도덕관념의 기원에 관한 다니엘 질의 대대적인 연구는 쾌락과 죄책감과 죄 사이의 연결고리를 강조하고 있다(질, 1996). 죄책감은 쾌락의 원인으로 나타날 뿐만 아니라 바로 그 조건으로도 나타나는데, 그 결과로 섹슈얼리티는 생물학적 체질의 그 어떤 정신병리의 문제라기보다 더욱더 문화의 문제가 된다.

피학증과 성도착증의 개념화는 처음부터 정신분석가들한테 과제가 되어 왔지만 만일 우리가 본래의 규준에 단단히 매여 있고 지나친 정통성의 태도를 취하게 된다면 우리는 해이해질 것이다. 『아이가 매를 맞고 있어요』가 작성되었던 그 배경과 우리 자신의 상황 사이에 놓여 있는 시간적·언어적·문화적인 틈새를 참작하는 것은 필수적인 일이고, 이런 차이점뿐 아니라 오늘날 우리가 사용하는 진단기준을 자세히 설명하는 것도 필수적인 일이다. 1920년대의 비엔나와 우리의 현재 지구촌 사이의 틈새를 평가하는 일이 아무리 필수적일지라도 평생 동안 걸릴 수 있는 매우 어려운 일이다. 적어도 다음과 같은 프로이트의 격언은 기억해두어야 한다. 만일 우리가 분명하게 볼 수 없다면 우리는 적어도 그 모호함을 더욱 잘 알고 있어야 한다는 것이다.

섹슈얼리티와 문화의 관계에 대한 오늘날의 견해는 프로이트의 시대에 우세했던 견해들보다 더욱 다양한 색깔로 물들여 있는데, 그때는 정상과 병리 사이의 양극에 대한 표준적인 의학적 견해가 어떤 안내를 제공해주었다. 신-섹슈얼리티(neosexuality)의 정신병리(맥두갈, 1980)가 정신분석가의 진료실에서 그 얼굴을 들게 될 때, 정신분석 그 자체에 의해 뒤집는 데에 도움이 됐던 빅토리아 시대 도덕성의 명백한—어리석고 위선적이지만—지침이 새로우면서도 논리 정연한 구조로 대체되지 않았다고 증명해준다.

종말론적인 관심사들을 지닌 오늘날 우리의 세계에서 섹슈얼리티에 대한 합의에 도달한다는 것은 쉬운 일이 아닌데, 그것은 관행을 따르지 않는 소수집단들이 일탈의 정당성을 구하면서 용인된 의학 지식과 법률 지식에 도전하는 것처럼 이제 소란스런 영역이 되어 있다. 정신분석 치료의 목적과 목표로서의 정상화는 이젠 가장 확실하고 효과적인 성공의 기준이 아닌 것처럼 보인다. 또한 프로이트가 썼듯이 만일 치료적인 효과가 요구된다면 섹슈얼리티의 자리와 그 병리, 그리고 정신생활에서의 그 가능한 창조성에 대한 우리의 이해를 더욱 깊게 하는 것은 이젠 우리의 의무이다.

저자와 독자 사이

논문의 부제와 스트레이치의 논평에 따르면 『아이가 매를 맞고 있어요』의 주요한 주제가 피동적인 형태(피학증)로 욕동의 전환과 도착증의 발생이 되더라도 의식 체계와 무의식 체계 사이의 관계에서 환상의 설계에 대한 프로이트의 논의에 의해—즉 그가 매질환상(Schlagephantasie)의 '변형'이라 부르는 것에 의해(프로이트, 1919, p. 179)—나는 다시 읽으면서 가장 큰 감명을 받았다. 프로이트는 주체적인 입장의 변증법적 운동에서 연결고리를 형성하는 세 단계들의 연속물을 묘사하고 '순서대로 배열하고,' 그 안에서 오이디푸스 콤플렉스의 억압과 매몰은 '상호관계와 순서'로 귀착하는 근본적인 설명요인으로 작용하는데(프로이트, 1919, p. 186), 그것에 의해 관찰된 임상단계들은 이해되는 내용과 변형들의 연쇄로 통합되어 있다.

아마 끝내지도 못하고 끝낼 수도 없는 이런 핵심적인 텍스트에서 프로이트는 환상화의 작업을 논의하고 의식의 현실과 무의식적인 소망 사이의 양극을 형식적인 추상작용으로서가 아니라 그의 환자들이 내놓은 자료의 직접성으로부터 설정하고 있다. 이 텍스트의 주목할 만한 특성은 서술 속에 나오는 강렬한 극적인 요소이다. 즉 암시된 시각적 측면은 의미구성의 유효한 요소이다.

『아이가 매를 맞고 있어요』라는 논문이 매우 중요한 또 다른 이유는 프로이트가 관찰된 사실들을 이해할 수 있게 만들고 무질서 상태로부터 보호하기 위하여 관찰할 수 있는 임상작업을 초심리학—연구자의 추측 활동과 정신적 구성—과 결합시키는 방법을 보여주기 때문이다. 그러나 그의 논증은 경험과학에서 사용되는 그런 종류의 것이 아니다. 프로이트의 목표는 의미의 생산이고 그것은 여기서 자명한 것으로 받아들이는데, 실증주의의 자연과학에서 요구하는 정당성과 입증에 대한 열망이 없어 보이고 그는 여기서 그런 규준으로부터 벗어나 있다.

예를 들어서, 둘째 단계인 "나는 나의 아버지한테 매를 맞고 있어요"를 생각해보자. 여기서 프로이트가 주장하는 것은 "모든 단계들 가운데 **가장 중요하고 가장 중대하다.** 그러나 우리는 어떤 의미에서 **실재했던 일이 전혀 없었다고** 말할 수도 있다. 그것은 기억되지 못하고, 의식화되는 데에 성공한 일이 결코 없었다. 그것은 분석의 구성물이지만 그런데도 그런 이유 때문에 필연적이다"(프로이트, 1919, p. 185, 필자의 강조임). 이 문장은 프로이트가 임상의학의 자연주의적인 사실주의와 단절하고 분석적인 관찰과 이해의 특이성을 내보이는 분명한 실례들 가운데 하나이다. 동일한 논문의 다른 곳에서는 그가 관찰한 사례들의 통계적인 요소와 숫자를 강조하면서 통상적인 임상방식을 채택할지라도 그의 설명에서 중대하고 결정적인 시기에 그의 논증은 통계적이지 않고 논리적이다. 공식화는 그의 추리에서 내적인 일관성에 대한 필요에 근거하는 것이지 관찰된 데이터에 관한 증거를 고려하는 데에 근거하지 않는다.

자끄 라깡(1994, 세미나 제4권)은 이 텍스트에 대해 논평하면서 단계들의 순서가 그 특성상 발생적인 것이라기보다는 오히려 논리적인 것으로 보고 있다. 그는 첫째 단계를 "특정한 이름을 갖고" 삼각적인 것이라고 묘사하여 주체의 역사와 밀접히 관련되어 있다고 말한다. 그는 대개 형제자매중의 하나로서 미움받는 경쟁자의 특징을 갖는다. 그 주체는 벌하는 아버지와 희생자 사이에서 상징적인 조정자로 행동한다. 이 환상의 목표(telos)는 명백하다. 경쟁자를 사랑의 자리에서 내쫓아 그 주체가 특권의 위치, 즉 그가 사랑을 받고 욕망 되는 옥좌를 차지할 수 있게 되려는 것이다. 주체 자신은 다른 두 주인공들과의 관계 속에 있다. 이런 삼각적인 특징 덕분에 상징화의 작업은 주체적이면서 3원의 간주체적인 구조라는 현재의 풍요함을 표현하고 있다. 이런 3원 관계의 풍요는 신경증적 환상의 특징적인 모습이다.

둘째 단계에서부터 주인공의 숫자는 둘—주체와 벌하는 아버지—로 감소된다. 그 상황은 가학피학적인 순환성 내에 국한된다.

셋째 단계의 현저한 특징은 무대 위에 나오는 등장인물들이 희미해지고 흐려지거나 혹은 무대에서 제거되며, 또한 그들을 구성하는 상징화의 작업이 된다. 아버지는 치환인으로 변하고 희생자는 서서히 무명의 인물로 변하거나 많은 인물로 증식해간다. 또한 주체 자신은 단지 무관한 구경꾼인 하나의 눈으로 환원되어 더 이상 벌하는 인물과 희생자 사이의 상징적 조정자가 되지 못한다.

라깡은 상징화의 붕괴(무대 위의 주체와 등장인물들의 희석과 흐려짐)를 환상과 도착증적인 구조에 본질적이고 특수한 것으로 간주한다. 대리 인물들과 극적인 행동이 동일한 것일지라도 탈주체화의 과정이 일어났던 까닭은 그것들이 신경증적인 조직화의 주체 기능에 의해 더 이상 유지되지 못하기 때문이다.

"신경증은 성도착증의 부정적 측면이다"라는 프로이트의 유명한 경구는 신경증에서 억압에 의해 감춰진 것을 성도착증이 분명하게 내보인다는 의미로 이해되는 것이 아니라 양극성이 환상 조직의 내적인 질감과 관련되어야 한다는 의미로 이해된다고 라깡은 결론을 내린다. 여기서 환상은 3원적이고 신경증에서 완벽해지는 주체들과 관련되는데, 도착증적인 환상에서 그 주체들은 탈주체화되고 이름 없는 사람으로 희미해진다.

환상의 설계

유효하고 현저해지는 것은 프로이트가 특징적인 열의와 끈기로서 묘사하고 있는 세 단계들 각각의 내용뿐만 아니라 그가 "상호관계와 순서"(1919, p. 186)라고 부르는 것도 되는데, 후자의 변증법은 이해의 통일성을 만들어낸다.

관찰될 수 없는 둘째 단계는 프로이트가 필요한 구조를—임상관찰의 관점에서가 아니라 초심리학적인 가설에 의해—부여하지 않았다면 임의적이고 딜레탕트식이며 변덕스러운 유아론 속에 빠져 있었을 것이고, 또한 그에 의해 서술의 통일된 이해를 성취했던 것이다. 이것이 바로 프로이트 해석(Deutung)의 진수(eureka)이다. 프로이트는 교묘한 설명으로 고통을 쾌락이나 즐거움으로 바꾸는 변환의 수수께끼를 설명하기 위해 오이디푸스적인 기제를 정신·성 발달과정에 결합시킨다. 그것에 의해 그는 모순을 해결해보려고 한다.

프로이트 논증의 기본은 근친상간적인 소망에 대한 죄책감과 전(前)성기적인 단계로의 퇴행을 결합시켜서 쾌락이 구조상으로 가학적인 것이 된다. "매 맞는 것은 이제 죄책감과 성적인 사랑의 수렴이 된다. **그것은 금지된 성기적 관계에 대한 처벌일 뿐만 아니**

라 그런 관계에 대한 퇴행적 치환도 되다. … 여기서 우리는 처음으로 피학증의 본질을 보게 된다"(1919, p. 189).

두 가지 입장이 가능해지는데, 그 설명이 올바르고 정확한 것으로 간주될 수 있지만, 명확화나 첨부 혹은 논박의 추구는 부적절한 것으로 간주될 수도 있다. 이런 입장들 가운데 어느 쪽을 채택해야 할 필요성은 느끼지 못한다. 이 논문을 읽어가면서 내 자신은 그저 다시 한 번 프로이트가 인간의 정신생활에서 생각지도 못한 섹슈얼리티의 일면에 설정한 거대한 중요성 때문에 놀라고 매혹당할 수 있을 뿐이다. 또한 특히 그것의 애매함과 수수께끼가 그의 행동과 생각에서 그걸 즐기고 그로부터 고통당하는 것처럼 그 주체를 괴롭히며 도전하는 방식 때문에 놀라고 매혹당할 수도 있다.

달리 말해서 이 논문의 장점은 그 결과의 정확성에 있을 뿐만 아니라 정신생활의 사소한 세부사항처럼 보이는 것에 초점을 맞추는 방식에도 있다. 그 테마 자체와 그 발전된 방식에 대한 특별한 취급이 답변의 정확성보다 더욱 중요하다. 프로이트는 전성기적인 섹슈얼리티를 가장 애매하고 수수께끼 같은 표현들의 맥락 속에 놓아두고 있다. 또한 그가 해도에도 실려 있지 않은 이런 미지의 바다를 통과하듯이 이해를 해내려는 목표에서 성공하고 있다.

아마도 오늘날의 관점에서 보면 한 요소가 중점적인 측면이 될 것 같은데 프로이트의 텍스트에 결여되어 있는 그 요소는 단순히 고통을 짊어진 사람으로서가 아니라 오히려 지식의 생산에서 환자의 위치와 역할에 대해 고려해보는 일이다. 결국엔 연구자의 구성이 피학증의 발생에 대한 설명에 결코 반대되는 것은 아닐지라도 그 요점은 확실히 괴로워하는 주체의 위치를 결정해주는 일인데,

그는 충족시킬 수도 없지만 버리고 싶지도 않은 어떤 자극의 되풀이되는 악마적인 유혹을 해결할 수 없는 그의 무능력 때문에 추궁당하는 것처럼 보인다. 그 주체는 그의 환상의 서로 모순되는 투석기와 화살에 노출되지만 그의 정신생활의 다른 수준에서 그가 해내는 것과 동일한 의도의 일관성을 성취할 수 없게 된다. 우세해지는 것은 주체를 괴롭히는 특별한 능력과 함께 정신생활의 이런 모순된 측면이다.

나의 일상적인 생활경험과 나의 임상진료로는 매질환상이 사실상 보편적이라는 프로이트의 주장을 지지해주지 못하고 있다. 그것은 단지 우연한 현상이었을까? 아마도 그 당시의 공식적인 "암담한" 수업이 이젠 더욱 관대한 양식으로 바뀌었는데, 어린 아이들과의 관계에서 보는 진정한 발전은 교육당국이 성격상 바뀌지 않았지만 묽어져서 무능해진 그런 가식적인 태도와 뒤섞여 있다. 어른들과 아이들 사이의 대립은 비록 힘들고 모순되지만 매우 강력하고 어른 쪽에서 (제아무리 잘못되어도) 분명한 가치와 신념을 막아주지 못하는데, 그런 대립은 자발성이란 명목으로 채택된 철수나 절제나 모호함의 자세와 동일한 것이 아니다. 하여튼 『소피는 말썽꾸러기』와 『톰 아저씨의 오두막』(1919년 프로이트의 논문에서 언급됨)이 오늘날 자주 읽히는 것은 아니더라도 가학증의 실행은 허구에서뿐 아니라 현실에서도 더 많아지고 귀에 더욱 거슬린다. 텔레비전을 통해 언제나 테러에 대한 정보를 접할 수 있고 손에 넣을 수 있으며, 또한 불행하게도 현실은 항상 허구보다 더 잔혹하다.

만일 자극이 변한다면 그 비유적인 표현도 역시 그럴 것이다. 따라서 프로이트의 관심사는 아직도 그 근거가 확실하고, 또한 그 장신구가 바뀔 수는 있어도 현재 우리의 문화는 더 이상 매질환상의 형태로 나타나지 않긴 하지만 그 핵심에 동통음란증—통증을 통한 성적인 자극—이란 일반적인 정신 경험을 유지하고 있다.

쾌락추구가 정신생활의 중요한 요소라는 생각은 일반 상식에 위배되지 않는다. 프로이트의 호기심을 자아내는 것은 쾌락과 고통의 수수께끼 같은 결합이다. 단순하고 이해가 빠른 접근방법을 채택하여 그는 전형적인 백일몽을 구성하는 일상적이고 빈번한 경험에 초점을 맞췄다. 암시된 그것의 보편성이 쉽게 논증될 수 없는 까닭은 그런 현상이 프로이트의 정신분석 세팅과 임상 스타일에 익숙해질 때에만 드러나기 때문이다. 오늘날 이 환상의 장식물과 배치에서 보이는 차이에도 불구하고 모든 사람들이 자신의 정신병리에 따라 자신의 피학증을 다루는 방식에 쏠리는 관심에 있어서 또한 자신의 특수한 문화에 의해 좋아하든가 억제하는 표현수단에 있어서 쓸모없이 된 것은 아무것도 없다. 비록 표현형태가 바뀔지라도 수수께끼의 구성 요소들은 그대로 남아있다.

문화적인 배경과 환상 생성의 특성 간의 관계에 대하여 프로이트가 생활경험(일대기)과 환상활동과의 사이를 분명히 구별하는 데에 필요한 개념적 도구를 확실히 소유하고 있었다는 사실을 주목해보는 일은 중요하다. 그는 매질환상이 '실제적인 체벌'과는 무관하다고 말했다. 관련된 당사자들은 "어린 시절에 매 맞은 일이 매우 드물었거나, 아무튼 회초리의 도움으로 길러진 것은 아니다" (1919, p. 180).

환자의 관점이 존재할까?

환자는 자신에게 거부감이나 혐오감 혹은 공포감을 불러일으키는 특정한 표상들이 그의 마음을 끌기도 하고 반복적으로 그의 마음에 강요하기도 하는 그 방법과 원인에 대해 의아하게 여기는데—또한 우리에게 묻기도 하는데—간혹은 강박신경증의 강박행위(Zwang)에서처럼 눈에 띄게 그리고 끈덕지게 그로 하여금 고통과 자극이 희미해지고 애매하고 양가적인 윤곽을 취하는 환상들을 다시 만들어내도록 강요하고 있다. 라깡은 이미지의 정신적인 이용(쾌락은 동반되고 죄책감은 동반되지 않는 것)과 말해진 어구표현(혐오와 반발과 죄책감을 불러일으키는 것) 사이의 미묘한 차이점에 관심을 기울인다. 그 경계는 행동의 문제이다. 즉 환상과 함께 하는 정신적인 **놀이**(playing)는 그것에 대해 **말하기**(speaking)와 동일한 것이 아니다(라깡, 1994, p. 113).

외설적 응시(우리의 작업도 역시 우리를 노출시키는 것)를 위해서가 아니라 그러한 자료의 출현을 지켜보는 것이 중요한 일인데, 왜냐하면 간혹은—아마도 한층 더 빈번하게—정신적인 일련의 피학적 환상들과 승화 활동이 서로 가까이 존재하고 상호작용하기 때문이며 또한 그것들의 훈습이 흔히 유익한 정신적 성취와 변화로 가는 통로를 열어주기 때문이다.

직접적이고 반전된 오이디푸스 콤플렉스의 삼각 공간과 마찬가지로 프로이트가 여기서 피학증에 대해 한 사람의 유일한 인물보다는 3인조(결정적인 중심인물은 관찰된 것이 아니라 추정적임)로 가정할 때 그 전환 가능성이 내재된 인물들만큼 중요하거나 혹은 그보다 훨씬 더 중요한 그런 운동을 묘사하고 있다. 그 상황은 멜로디가 구성음보다 더욱 중요해지는 음악과 닮아 있다.

동시에 일어나는 두 가지 활동이 있다. (1) 가해진 폭력과 경험된 폭력이란 능동-수동적인 한 쌍의 활동, 그리고 (2) 억압된 단계에서 주요한 주인공으로서 폭력적인 장면 속에 있는 주체의 자리와 의식 단계에서 수동적으로 무관심하고 책임감도 적은 구경꾼으로 있는 주체의 자리에서의 활동이다. 만일 분석치료의 목표가 무의식을 의식화하는 것이라면(그리고 나는 이런 위험한 공식에는 동의하지 않는다) 이것은 주체가 단지 구경꾼으로 남아있지 않고 책임을 지는 중심적인 위치에 놓여 있든가 그런 위치까지 동반되어야 한다는 의미로 이해되는 것이다.

셋째 단계에 의해 제시된 장면에서 활동의 주체들은 무명이거나 일정치 않고 변덕스러우며, 둘째 단계를 "모든 단계들 가운데 가장 중요하고 가장 중대한"(1919, p. 185) 것으로 생각하는 프로이트는 가장 잘 회피되는 바로 그 속에 진실이 놓여 있다고 가정한다. 의식적인 단계에서 환상을 가진 사람은 매질하는 사람이나 매를 맞는 사람이 결코 아니며(p. 185), 분석 작용의 목적은 희석을 원상태로 돌리고 주체를 중심적인 위치로 데려다 주는 것이다. 그는 그런 위치에서 스스로 제외되었다고 생각하는데, 다시 말해 가해지고 고통당한 폭력에 대해 관여와 책임의 위치로 주체를 데려다 주는 일이다.

의식적인 단계의 "결코 아님"은 프로이트가 6년 뒤에 부정에 관한 논문(1925)을 쓸 때의 "아니오"를 예시해주는 것처럼 보인다. 프로이트가 슈레버 이후에 자기 뜻대로 사용해왔던 투사의 개념은 여기서 논의 중인 이 논문에서는 언급되지 않는다.

사실들을 열심히 설명하고 싶어서 들떠 있는 연구자로서 프로이트는 환자들의 위치를 명백하게 밝혀놓지 못했는데, 그들은 증상을 앓고 있는데다 그에 덧붙여 그걸 극복하기 위해 그것을 이론화해야 한다. 이런 일인(one-person) 정신분석적 접근방법은 많은 저자들에 의해 비판을 받아왔고 윌리 바란제르와 마들렌 바란제르의 이인(bipersonal)분야란 개념(1961-62)이 그를 능가하게 된다.

결론적으로 나는 매질에 대한 프로이트의 연구가 실제로 잔인성이란 인간의 보편적인 요소를 드러낸다고 주장하는데, 그런 요소는 욕동의 정신내적 인과론과 개인의 내부세계에 국한되는 것이 아니라 아버지와 문화를 포함하는 초개인적 역동에 관련되는 것이다. 결국 다수의 인물들이 실제로 가장 친밀하면서도 고백할 수 없는 매질환상의 비밀 속에서 그 단계를 취하게 된다.

매질에 관한 논문은 행동에 관한 한 가지 질문, 즉 가해지고 고통당한 폭력에 관한 질문을 포함하게 되고, 두 번째 질문은 희생자의 정체성과 가해자의 정체성에 관한 것으로서, 외래의 인물들—무명의 인물들이나 가족들—과 환상을 제조하는 환상자 자신과의 사이에서 왔다 갔다 하는데, 심지어 그 원작자를 부정하는 지점에 이르기까지 그 장면에서 그의 위치에 대한 책임을 부인하기 위해서 환상을 만들어낸다. 프로이트가 "모든 단계들 가운데 가장 중요하고 가장 중대한 [단계]"(p. 185)라고 언급할 때 그 다음에는 분석 작업의 방향을 가리키게 되어 있다. 즉 환상자의 "결코 아님"에서 저자—다시 말해, 책임자—의 지위로 향하게 된다. 이것은 오직 성도착증의 발생에만 관련될 수 있을까? 혹은 견딜 수 없는 폭력에 대항하는 인간의 보편적인 태도인가? 관심과 절제 사이에서의 동요의 모델을 성적인 가학피학증에 적용시킬 뿐만 아니라 사회적인 영역에서 폭력의 보편적인 기초로 보기도 하는 것은 확실히 적절해 보인다.

참고문헌

Baranger, W. and Baranger, M. 1961-62. Problemas del campo psicoanalitico. Kargieman/ *Revista Uruguaya de Psicoanalisis* 4(1).

Freud, S. 1919. A child is being beaten. *S.E.* 17.

——. Freud, S. 1925. Negation. *S.E.* 19.

——. Freud, S. 1927. The future of an illusion. *S.E.* 21.

——. Freud, S. 1930(1929). Civilization and its discontents. *S.E.* 21.

Gil, D. 1996. São Pablo: *La carne y el espiritu*. Unpublished.

Lacan, J. 1994. *Le séminaire*.(Livre IV. *La relation d'objet. 1956-57.*) Paris: Editions du Seuil.

Loraux, N. 1994. Entrevista de la prensa. *Le Monde Diplomatique.*

McDougall, J. 1980. *A plea for a measure of abnormality*. New York: International Universities Press.

필자 소개

Isidoro Berenstein은 부에노스아이레스 정신분석협회의 정신분석연구소에서 교수이자 교육분석가 겸 슈퍼비전분석가로서 정신분석연구소장을 역임한 바 있음. 1993년에 Mary S. Sigourney Trust에서 Sigourney상을 수상함.

Rivka R. Eifermann은 예루살렘의 히브리대학교 심리학과 부교수로서 이스라엘 정신분석연구소의 교육분석가 겸 슈퍼비전분석가임. 이스라엘 정신분석학회 회장을 역임함.

Marcio De F. Giovannetti는 상파울로 브라질학회의 교육분석가 겸 슈퍼비전분석가임.

Patrick Joseph Mahony는 캐나다학회의 펠로우이고 몬트리올대학교의 영문학 정교수임. 캐나다정신분석학회의 교육분석가 겸 슈퍼비전분석가로서 1993년에 Mary S. Sigourney Trust에서 Sigourney상을 수상함.

Arnold H. Modell은 하버드대학교 의과대학의 정신과 임상교수로서 보스턴 정신분석연구소의 교육분석가 겸 슈퍼비전분석가임.

Jack Novick은 미시간대학교와 웨인주립대학교의 정신과 임상부교수임. 뉴욕 프로이트학회의 교육분석가 겸 슈퍼비전분석가이고 미시간 정신분석연구소의 슈퍼비전분석가임.

Kerry Kelly Novick은 미시간 정신분석연구소의 교수단에 있으며 Allen Creek Preschool의 임상과장임.

Ethel Spector Person은 컬럼비아대학교의 정신분석 훈련 연구소의 교육분석가 겸 슈퍼비전분석가로서 이 연구소의 전임 소장을 역임했고 컬럼비아대학교 임상정신의학의 교수임. 그녀는 국제정신분석협회의 부회장이고 출판위원회의 의장임.

Jean-Michel Quinodoz는 스위스 정신분석학회의 교육분석가 겸 슈퍼비전분석가이고 제네바대학교의 정신과 컨설턴트임.

Leonard Shengold는 뉴욕대학교의 정신과 임상교수로서 뉴욕대학교의 정신분석연구소의 전임 소장이었고 현재 교육분석가 겸 슈퍼비전분석가임. 국제정신분석협회의 전임 부회장이었음.

Marcelo N. Viñar는 우루과이 정신분석협회의 정회원이고 교육분석가 겸 슈퍼비전분석가임.

찾아보기

ㅇ

역자 약력

김종주

연세의대 졸업. 세브란스병원 신경정신과에서 전공의 과정을 마치고, 원광의대에서 정신과 교수와 제2병원 원장을 지냈음. 인천기독병원에 근무하다가 반포에서 개원중임. 〈한국라깡과 현대정신분석학회〉를 창립하고 초대회장을 역임했음. 반포 클리닉에서 매주 토요일에 〈라깡독회〉를 열어 동료들과 함께 라깡의 『에크리』와 세미나들을 읽고 있으며, 라깡 정신분석에 관한 많은 책들을 쓰고 번역해냈음.

김아영

충북의대 졸업. 호주 멜버른에 있는 Deakin대학교에서 Russell Grigg 교수의 지도하에 문학 석사(정신분석학 전공). 용인병원에서 정신과 전공의 과정을 마치고, 유순형신경정신과에서 근무하면서 두 아들들을 키우고 있음. 이미 라깡에 관한 몇 권의 번역서가 있고, 두 아이가 넉넉하게 상징계에 들어오게 되면 영국 런던의 the New Lacanian School에 가서 분석치료를 공부하고 있을 것임.

김대연

가톨릭의대 졸업. 호주 Wollongong대학교에서 컴퓨터 사이언스(보안 전공)를 마쳤음. Neuro-psychoanalysis에 흥미를 갖고부터 뇌와 컴퓨터와 정신분석을 연결하고 싶어 함. 성폭력을 '영혼 살인'으로 규정한 Dr. Shengold의 "성도착증의 원인연구"라는 논문이 가장 흥미로웠음. 현재 국립법무병원 정신건강의학과 전공의 3년차로서 분석을 경험해가고 있음.

프로이트의 **"아이가 매를 맞고 있어요"**

현대의 프로이트 전환점과 중대한문제

초판인쇄일 : 2014년 9월 22일
초판발행일 : 2014년 9월 29일
편　　　집 : 국제정신분석학회 에셀.S.퍼슨
옮 긴 이 : 라깡 분석치료 연구소 김종주·김아영·김대연
펴 낸 이 : 오 무 근
펴 낸 곳 : 도서출판 **하나의학사**
출 판 신 고 : 제25100-2013-000061호(1988. 4. 1)
주　　　소 : 서울시 서대문구 거북골로7-7 하나빌딩 1층
전 화 번 호 : (02) 730-2555, 2556
팩　　　스 : (02) 730-2557
이 메 일 : hanampc1@naver.com

정가 25,000원

ISBN 979-11-85696-05-8 93510

ㅎ

영어

D

H